中国教育报告·标准与指南

高等职业教育本科专业简介（2022年）

中国教育出版传媒集团

高等教育出版社·北京

图书在版编目（CIP）数据

高等职业教育本科专业简介.2022年 /《职业教育专业简介（2022年）》编写组编. -- 北京 : 高等教育出版社，2022.12

ISBN 978-7-04-059452-2

Ⅰ. ①高… Ⅱ. ①职… Ⅲ. ①高等职业教育-本科-招生-目录-中国- 2022 ②高等职业教育-本科-专业-介绍-中国-2022 Ⅳ. ①G647.32

中国版本图书馆 CIP 数据核字(2022)第 183972 号

高等职业教育本科专业简介（2022年）
GAODENG ZHIYE JIAOYU BENKE ZHUANYE JIANJIE（2022NIAN）

| 策划编辑 | 贾瑞武 | 责任编辑 | 田伊琳 | 封面设计 | 赵　阳 | 版式设计 | 范晓红 |
| 责任校对 | 刘丽娴 | 责任印制 | 赵义民 | | | | |

出版发行	高等教育出版社	网　　址	http://www.hep.edu.cn
社　　址	北京市西城区德外大街 4 号		http://www.hep.com.cn
邮政编码	100120	网上订购	http://www.hepmall.com.cn
印　　刷	北京中科印刷有限公司		http://www.hepmall.com
开　　本	787mm×1092mm　1/16		http://www.hepmall.cn
印　　张	25		
字　　数	500 千字	版　　次	2022 年12月第 1 版
购书热线	010-58581118	印　　次	2022 年12月第 1 次印刷
咨询电话	400-810-0598	定　　价	54.00 元

全面界定职业教育专业内涵
持续规范职业院校教育教学

日前，教育部发布新版《职业教育专业简介》（以下简称《简介》）。教育部职业教育与成人教育司负责人就有关问题回答了记者提问。

一、请介绍一下新版《简介》研制的背景。

职业教育专业简介是介绍专业基本信息与人才培养核心要素的标准文本，是职业教育国家教学标准体系的重要组成部分，对于落实立德树人根本任务，规范职业院校教育教学，深化育人模式改革，提高人才培养质量等具有重要基础性意义。

此前，中职、高职专科专业简介是分别根据 2010 年修订的中等职业教育专业目录、2015 年修订的高等职业教育专科专业目录编制的。2021 年，教育部发布新版职业教育专业目录，一体化设计了中职—高职专科—高职本科专业体系，并通过新增、更名、合并、撤销等方式，专业总体调整幅度超过 60%。作为专业目录更新的工作延伸，迫切需要根据新版专业目录并通过专业简介的形式对专业内涵进行全面、系统、权威的阐释。

二、请介绍一下新版《简介》研制的过程。

研制工作落实新修订的职业教育法的有关要求，系统总结吸纳专业目录研制成果，积极发挥专家顾问、研究机构、职教学会、各行指委教指委作用，充分调动行业企业、职业院校等专家参与，共分为四个阶段：一是工作启动，组织专家研究中高本一体化简介模板框架，设置 63 个行业领域工作组，分行业领域、分专业类组建研制团队。二是研制初稿，来自 4 600 余家单位的 11 600 余名专家参与起草初稿。三是集中统稿，21 个统稿专家工作小组分组分类审核统稿，召开线上统稿会 200 余场次。四是修改完善，面向地方、行业、学会协会、院士专家等征求意见，先后收到 5 700 多条意见建议，逐条研究，充分吸纳，反复修改完善，最终成稿。

三、新版《简介》的体例和内容较原来有哪些变化？

新版《简介》将中职、高职专科、高职本科专业简介框架统一调整为 9 项内容：专业代码、专业名称、基本修业年限、职业面向、培养目标定位、主要专业能力要求、主要专业课程与实习实训、职业类证书举例、接续专业举例。其中，与原中职专业简介相比，职业面向、培养目标定位、主要专业能力要求、主要专业课程与实习实训、职业类证书举例 5 项内容进行了调整优化；与原高职专科专业简介相比，职业面向、主要专业能力要求、主要专业课程与实习实训、职业类证书举例 4 项内容进行了调整优化。

从内容上来看，新版《简介》主要有以下显著变化：一是将原"就业面向"调整为"职业面向"，更加明确本专业对应的职业、岗位（群）或技术领域。二是将原"职业能力要求"和"主要职业能力"调整为"主要专业能力要求"，按专业对应的职业、岗位（群）或技术领域需求，更加突出根据典型工作任务分析出的主要专业能力要求。三是将原"专业教学主要内容"和"核心课程与实习实训"调整为"主要专业课程与实习实训"，具体包括专业基础课程、专业核心课程和实习实训，新版《简介》专业课程体系更加完整，对各学校制订专业人才培养方案的指导性更强，同时也为学校教育教学改革留出了合理空间。四是将原"职业资格证书举例"调整为"职业类证书举例"，按照职业资格证书、职业技能等级证书等进行列举，更加符合新修订的职业教育法的要求，有利于推进职业教育岗课赛证综合育人。

四、新版《简介》主要有哪些特点？

一是体现全局性，呈现人才培养概貌。新版《简介》系统体现中职、高职专科、高职本科人才培养体系架构，全面展现职业教育各层次各类型专业基本信息，科学规范德智体美劳全面发展的高素质技术技能人才培养核心要素和环境要求，为学生报考职业院校及继续深造提供权威指导，为院校制订人才培养方案提供基本遵循，为社会用人单位选用毕业生提供重要参考。

二是聚焦适应性，优化职业教育类型特征。新版《简介》深度匹配新技术和产业变革需要，深度对接职业岗位场景，突出职业岗位能力培养，更新课程体系，升级专业内涵，淡化学科教育色彩，同时注重科学文化知识和专业类通用技术技能培养，强调科学精神、工程思维等的培养，强调全面贯彻质量、安全、绿色等现代产业理念要求，强化实习实训等实践性教学环节，推动技术技能人才供给侧改革。

三是注重前瞻性，提升未来职业能力。新版《简介》紧盯行业变革，对标科技创新，优化专业定位，在职业面向中强调专业对应的数字化新职业场景和新岗位，列举对应的职业资格证书和职业技能等级证书等职业类证书，前瞻布局培养学生掌握数字技能、绿色技能等未来职业能力，使职业教育专业成为更好适应、支撑、引领经济社会高质量发展的"快变量"。

四是发挥整体性，促进贯通融通培养。新版《简介》统筹规划职业教育不同层次培养规格、能力要求、课程体系，各层次有机贯通、逐层提升。新版《简介》还着力体现职普融通理念，列举职业院校贯通培养中每一层级接续高一层级的专业，为学生继续学习时的专业选择提供参考，为畅通技术技能人才成长成才打开通道。

五是保持简明性，展示职业教育良好形象。新版《简介》通篇以列举要点的形式，按照需求导向展开，以高度凝练的"千字文"，将职业道德、文化知识、技术技能内化为职业综合素质，外化为行动能力具体要求，课程名称、实习实训内容体现职业教育特点，通俗易懂、简洁明了，让家长能看懂、学校易操作、社会能理解，为社会各界全面认识职业教育提供有效帮助。

五、如何落实好新版《简介》？

下一步，教育部将组织力量依据专业目录和简介，修订完善专业教学、岗位实习、实训教学条件等职业教育国家教学标准，并根据修订后的《中华人民共和国职业分类大典》等，对接经济社会发展形势需要，进行动态更新。

各职业院校要认真组织学习研究专业简介，结合实际修订专业人才培养方案，更新课程体系，加强科学文化与专业知识教育，组织好实习实训，持续推进教育教学改革。要通过课程和教材建设、教师研修、集体备课、展示典型人才培养方案和教案等方式，持续推动职业教育国家教学标准体系的宣传贯彻。

目　　录

34　旅游大类

高等职业教育本科专业简介（2022年）

21 农林牧渔大类

2101 农业类

专业代码 210101

专业名称 现代种业技术

基本修业年限 四年

职业面向

面向农业技术员等职业，农作物种子生产、种子质量检测、种子销售及技术服务、新品种培育、种子企业经营与管理等岗位（群）。

培养目标定位

本专业培养德智体美劳全面发展，掌握扎实的科学文化基础和植物生理、作物遗传育种、土壤肥料等知识，具备种子生产、种子经营、种子质量控制、作物育种等能力，具有工匠精神和信息素养，能够从事种子生产管理、种子质量检测、农作物新品种选育、种子营销管理、种子企业经营管理等工作的高层次技术技能人才。

主要专业能力要求

1. 具有农作物绿色高效种子生产管理及质量控制能力；
2. 具有农作物品种选育和品种测试及数据统计分析的能力；
3. 具有农作物有害生物诊断鉴定和综合防治能力；
4. 具有种子田间生产质量控制和种子质量检测能力；
5. 具有种子加工成套智能化设备的操作和维护能力；
6. 具有种子企业经营与管理及品牌打造能力；
7. 具有农作物种源关键核心技术攻关和农业科技创新能力；
8. 具有按照技术规范进行种子绿色生产、标准化生产、安全生产操作及管理的能力；
9. 具有信息技术、数字技术的应用能力；
10. 具有探究学习、终身学习和可持续发展的能力。

主要专业课程与实习实训

　　专业基础课程：植物与植物生理、分子生物技术、作物遗传育种、试验设计与统计分析、土壤与肥料、农业气象、农业应用化学、农业信息技术。

　　专业核心课程：作物栽培技术、种子生产技术、植物绿色保护技术、作物育种技术、种子质量检测技术、种子加工与贮藏、种子经营与管理、种子市场营销。

　　实习实训：对接真实职业场景或工作情境，在校内外进行种子繁育、作物栽培、种子质量检测、作物病虫草害防治、种子营销、新品种选育等实训。在种子企业、大中型农场、农业科研院所、农业技术推广站（中心）等单位进行岗位实习。

职业类证书举例

　　职业技能等级证书：家庭农场粮食生产经营

接续专业举例

　　接续专业硕士学位授予领域举例：农业

　　接续硕士学位二级学科举例：作物栽培学与耕作学、作物遗传育种

专业代码　　210102

专业名称　　作物生产与品质改良

基本修业年限　　四年

职业面向

　　面向农业技术员等职业,作物生产技术服务、农产品质量检测、作物育种等岗位(群)。

培养目标定位

　　本专业培养德智体美劳全面发展，掌握扎实的科学文化基础和土壤肥料、作物栽培、作物育种等知识，具备作物种植、作物病虫草害防治、农产品质量检测、农业企业经营管理等能力，具有工匠精神和信息素养，能够从事优质农产品生产、品质改良、农产品检测、作物育种、农业企业经营管理等工作的高层次技术技能人才。

主要专业能力要求

　　1. 具有优质农产品生产能力；

　　2. 具有主要农作物病虫草害诊断鉴定、预测预报和综合防治的能力；

　　3. 具有开展农产品质量检测、贮藏与加工的能力；

　　4. 具有农业企业经营与管理及品牌打造的能力；

5. 具有数字农业技术应用的能力；
6. 具有应用分子生物技术及环境调控技术改良作物品质的能力；
7. 具有应用绿色农业生产技术和农业科技创新的能力；
8. 具有探究学习、终身学习和可持续发展的能力。

主要专业课程与实习实训

专业基础课程：植物与植物生理、农业生物化学、农业微生物、土壤与肥料、分子生物技术、植物遗传基础、农业信息技术、农业产业化经营与管理。

专业核心课程：作物栽培技术、作物育种技术、种子种苗生产技术、作物病虫草害绿色防控、农产品质量安全与检测、设施农业技术、田间试验与统计、智慧农作技术、农业企业经营与管理。

实习实训：对接真实职业场景或工作情境，在校内外进行作物生产、作物育种、测土配方施肥、作物病虫草害防治、农产品质量检测、智慧农作等实训。在农业科技示范园区、大中型农场、农业科技服务企业、农业技术推广站（中心）、农业科研院所等单位或场所进行岗位实习。

职业类证书举例

职业技能等级证书：粮农食品安全评价、家庭农场粮食生产经营

接续专业举例

接续专业硕士学位授予领域举例：农艺与种业
接续硕士学位二级学科举例：作物栽培学与耕作学、作物遗传育种

专业代码 210103
专业名称 智慧农业技术
基本修业年限 四年

职业面向

面向农业技术指导人员等职业，智慧农业生产、智慧农业管理、农机装备智能化应用、智慧农产品安全等岗位（群）。

培养目标定位

本专业培养德智体美劳全面发展，掌握扎实的科学文化基础和生物化学、植物生理、农业信息技术及农业智能控制等知识，具备作物数字化生产与管理、农业智能装备应用、

农业信息采集与处理等能力，具有工匠精神和信息素养，能够从事农业数字化生产与智能化管理、智慧植保方案制定与实施、智能农机装备应用、农业物联网应用、农业信息技术应用、智慧农产品安全控制等工作的高层次技术技能人才。

主要专业能力要求

1. 具有大田作物、园艺作物数字化生产管理和智能化采收的能力；
2. 具有识别作物主要病虫草害并进行有害生物绿色防控的能力；
3. 具有安装、调试、操作和维护常用农业机械、智能装备的能力；
4. 具有运用农业信息技术对农业生产过程智能化监测，并对农产品产前规划、产中管理与产后销售进行大数据分析的能力；
5. 具有应用管理科学和电子商务等方面知识，并为现代农业企业及家庭农场经营者制定生产经营方案和产品营销策略的能力；
6. 具有运用智慧农业技术进行农产品质量追溯的能力；
7. 具有农业绿色生产、安全防护能力；
8. 具有探究学习、终身学习和可持续发展的能力。

主要专业课程与实习实训

专业基础课程：植物与植物生理、植物生产环境、农作物绿色防控技术、农业生物化学、农业信息技术、智能控制原理、农业气象、田间试验与统计分析。

专业核心课程：作物数字化生产技术、智慧设施农业技术、智能农机装备技术、农业机器人技术、农业物联网技术、农业遥感技术、农业大数据采集与分析应用、植保无人机应用技术、现代农业企业经营与管理、农产品质量安全管理与溯源。

实习实训：对接真实职业场景或工作情境，在校内外进行大田作物及园艺作物数字化生产、农作物绿色防控、智慧农机操作、现代农业装备操控及农业物联网应用等实训；在现代化农业企业、大中型农场、农业科技示范园区、农业科研院所、农业技术推广站（中心）等单位进行岗位实习。

职业类证书举例

职业技能等级证书：物联网智慧农业系统集成和应用、植保无人飞机应用、家庭农场粮食生产经营

接续专业举例

接续专业硕士学位授予领域举例：农业

接续硕士学位二级学科举例：作物栽培学与耕作学、蔬菜学、农业机械化工程

专业代码 210104

专业名称 设施园艺

基本修业年限 四年

职业面向

面向园艺技术人员等职业，设施园艺作物生产、种子种苗繁育、园艺设施使用与管护、园艺企业经营与管理等岗位（群）。

培养目标定位

本专业培养德智体美劳全面发展，掌握扎实的科学文化基础和植物遗传育种、土壤与肥料、园艺设施等知识，具备设施园艺作物生产、园艺作物病虫草害防治、园艺设施的使用与维护、农业企业经营与管理等能力，具有工匠精神和信息素养，能够从事设施蔬菜生产、设施果树生产、设施花卉生产、园艺种子种苗繁育、园艺技术推广等工作的高层次技术技能人才。

主要专业能力要求

1. 具有园艺种子、种苗生产的能力；
2. 具有设施蔬菜、果树和花卉生产的能力；
3. 具有园艺作物病虫草害绿色防控的能力；
4. 具有园艺设施的常规使用、维护和管理的能力；
5. 具有现代农业园区经营与管理的能力；
6. 具有进行园艺作物育种和田间试验的能力；
7. 具有农业数字化和农业物联网应用的能力；
8. 具有探究学习、终身学习和可持续发展的能力。

主要专业课程与实习实训

专业基础课程： 植物与植物生理、植物遗传基础、土壤与肥料、农业气象、园艺生物技术、田间试验与统计分析、农业微生物、园艺机械、数字农业技术。

专业核心课程： 园艺种子生产、园艺种苗生产、设施蔬菜生产、设施花卉生产、设施果树生产、园艺植物保护、园艺设施操作与管护、园艺作物育种、农业园区规划与施工管理。

实习实训： 对接真实职业场景或工作情境，在校内外进行设施园艺作物生长环境测定、设施园艺作物生产、设施园艺作物育种、园艺作物病虫草害防治、园艺设施的操作与维护、节水与水肥一体化操控等实训；在农业科技示范园区、大中型农场、农业科技服务企业、农业技术推广站（中心）、农业科研院所等单位进行岗位实习。

职业类证书举例

职业技能等级证书：设施蔬菜生产、植保无人飞机应用

接续专业举例

接续专业硕士学位授予领域举例：农业

接续硕士学位二级学科举例：园艺学

专业代码　210105

专业名称　现代农业经营与管理

基本修业年限　四年

职业面向

面向经济规划专业人员等职业，农业农村经济规划与经营、农业产业规划与经营、农业企业规划与经营、农村财务管理与控制等岗位（群）。

培养目标定位

本专业培养德智体美劳全面发展，掌握扎实的科学文化基础和经济管理基础、农村经济、农业经济统计分析及相关法律法规等知识，具备农村经济分析、农业产业规划、农业企业经营与管理、农村财务管理等能力，具有工匠精神和信息素养，能够从事农业农村经济规划与经营、农业产业规划与经营、农业企业规划与经营、农村财务管理与控制等工作的高层次技术技能人才。

主要专业能力要求

1. 具有较强的农村政策与法规、经济法律解读与应用能力；

2. 具有农业数据采集与处理、信息沟通、文献检索、资料查询等技术应用能力，具有农业农村经济调查研究、实证分析与处理应用能力；

3. 具有农业绿色生产管理、农产品质量管理与生态环境保护能力；

4. 具有农业行业企业战略规划、经营决策、目标控制、内外协调、品牌建设、运营效益分析与优化能力；

5. 具有参与农业经营项目、组织架构、生产工艺、管理流程、运行机制、管理制度的论证、设计、运行、评估、优化、咨询与指导的能力；

6. 具有从事现代农业经营与管理领域中高端业务模式研发、指导与咨询服务的能力，以及解决岗位现场较复杂问题与实施现场管理的能力；

7. 具有适应农业农村数字化发展需求的大数据运营、网络化经营、数字化管理等数字技能与专业信息技术应用的能力；

8. 具有一定的国际视野和跨文化交流能力；

9. 具有探究学习、终身学习和可持续发展的能力。

主要专业课程与实习实训

　　专业基础课程：农村政策与法规、经济基础、管理基础、会计基础、现代农业技术概论、管理经济分析、农村管理决策模型与方法、农业经济统计分析、ERP 软件应用、农业大数据分析与应用。

　　专业核心课程：农村区域规划与实施、农村经济管理、农村党政管理、农业经济数据分析与应用、农业产业规划与经营、农业投资项目管理、农业企业规划与经营、农产品规划与经营、农村电子商务、农村财务管理。

　　实习实训：对接真实职业场景或工作情境，在校内外进行农村经济调查、农业产业规划、农业企业经营与管理、ERP 软件应用、农业数据采集与分析、农村电商运营等实训。在乡村经济管理部门、县乡（镇）乡村振兴服务部门、农业集体企业、农业科技示范园区等单位进行岗位实习。

职业类证书举例

　　职业技能等级证书：农业经济组织经营管理、家庭农场粮食生产经营、家庭农场畜禽养殖

接续专业举例

　　接续专业硕士学位授予领域举例：农业管理、农村发展
　　接续硕士学位二级学科举例：农林经济管理

2102　林业类

专业代码　210201
专业名称　智慧林业技术
基本修业年限　四年

职业面向

面向林业工程技术人员、测绘和地理信息工程技术人员、管理（工业）工程技术人员等职业，森林培育、林草资源监测与管理、林草保护、自然保护地监测与管理等岗位（群）。

培养目标定位

本专业培养德智体美劳全面发展，掌握扎实的科学文化基础和植物学、生态学、森林调查技术、林业 3S 技术、林业信息化软硬件及林业相关法律法规等知识，具备森林培育、林草保护、生态环境因子监测、林业信息化技术应用等能力，具有工匠精神和信息素养，能够从事林木设施育苗生产、森林营造与经营、林业有害生物防治、林业资源监测与评价、森林灾害智能监测与管理、自然保护地智能监测与管理等工作的高层次技术技能人才。

主要专业能力要求

1. 具有树木识别与分类、立地调查、生态环境因子智能监测能力；

2. 具有良种选育推广、林木种苗生产和设施育苗能力；

3. 具有营造林设计、各类抚育与采伐作业设计、造林绿化与森林质量提升、造林成效监测能力；

4. 具有林业有害生物常规识别与防治能力，具有应用综合信息化技术进行森林灾害智能识别、防治与预测分析能力；

5. 具有物联网、大数据、3S 技术等信息化应用能力；

6. 具有应用综合信息化技术进行林业资源调查、规划设计、动态监测与分析管理、自然保护地智能监测与管理能力；

7. 具有进行生态要素监测信息化管理项目方案设计能力，具有针对各类生态要素监测软硬件产品进行技术培训与售后技术服务能力；

8. 具有林业专业法律法规知识，具有依法从事相关工作的能力；

9. 具有良好的语言文字表达、人际交往和沟通协调能力，具有独立获取知识、调查研究与决策、组织管理以及社会适应的能力；

10. 具有探究学习、终身学习和可持续发展的能力。

主要专业课程与实习实训

专业基础课程：植物与植物生理、森林生态学、林业遥感技术、无人机应用技术、森林调查技术、林业地理信息系统、Python 程序设计、数据库技术。

专业核心课程：森林培育技术、林业有害生物防治技术、林业资源监测与评价、森林资源经营管理、森林灾害智能监测与管理、自然保护地智能监测与管理、林业物联网技术应用、林业信息工程管理。

实习实训：对接真实职业场景或工作情境，在校内外进行森林调查、森林培育、林业资源监测与评价、森林资源经营管理、森林灾害智能监测与管理、自然保护地智能监测与管理、林业信息技术综合应用等实训。在林业行业的智慧林业企业、林业生产与服务企事业单位、自然保护地管理机构等单位进行岗位实习。

职业类证书举例

职业资格证书：森林消防员、环境影响评价工程师

职业技能等级证书：无人机驾驶、测绘地理信息数据获取与处理

接续专业举例

接续专业硕士学位授予领域举例：林业、农业

接续硕士学位二级学科举例：林木遗传育种、森林培育学、森林保护学、森林经理学、野生动植物保护与利用、森林植物资源开发与利用、水土保持与荒漠化防治

专业代码 210202
专业名称 园林工程
基本修业年限 四年

职业面向

面向园林绿化工程技术人员、园林植物保护工程技术人员、风景园林工程技术人员等职业，园林植物智能生产与养护管理、生态修复工程设计与施工、综合性园林工程施工与管理等岗位（群）。

培养目标定位

本专业培养德智体美劳全面发展，掌握扎实的科学文化基础和生态环境、植物分类、

园林文化与艺术、园林法规等知识，具备苗木栽培智能设施应用、园林工程设计、园林工程施工组织与管理、园林设施安全检测等能力，具有工匠精神和信息素养，能够从事苗圃技术管理、园林工程项目管理、公园管理等工作的高层次技术技能人才。

主要专业能力要求

1. 具有绿色生产、环境保护、安全生产的基本能力，具有熟悉相关专业法律法规、依法从事工作的能力；

2. 具有园林植物生产、养护、智能设施应用的能力；

3. 具有计算机辅助设计、园林工程设计的能力；

4. 具有应用无人机、地理信息系统技术进行测绘的能力；

5. 具有综合性园林工程、生态修复工程等施工技术与信息管理的能力；

6. 具有园林树木、园林建筑、园林道路、园林设施等维护与安全检测的能力；

7. 具有公园绿地管理、活动管理、经营管理、卫生管理、应急管理等能力；

8. 具有较好的历史、文化、艺术素养和美术功底，具备良好的语言文字表达和沟通协调能力，具有能够长时间开展户外工作的身心素质；

9. 具有探究学习、终身学习和可持续发展的能力。

主要专业课程与实习实训

专业基础课程：土壤学概论、植物生理生态、园林树木学、园林花卉、园林传统文化与技艺、中西方园林史、园林美术、园林工程制图、园林数字化测绘技术、园林计算机辅助设计。

专业核心课程：园林苗圃生产与智能管理、园林养护技术与智能管理、园林有害生物防治、园林工程设计、植物造景、生态修复工程施工、园林工程施工、园林工程信息化管理、园林工程造价、公园管理。

实习实训：对接真实职业场景或工作情境，在校内外进行园林苗木生产与养护、综合性园林工程设计、园林工程施工及管理等实训。在大型苗圃、园林或市政工程公司、公园、风景名胜区、园林管理部门等单位进行岗位实习。

职业类证书举例

职业资格证书：注册城乡规划师、建造师

接续专业举例

接续专业硕士学位授予领域举例：风景园林

接续硕士学位二级学科举例：风景园林学、园林植物与观赏园艺

专业代码　210203

专业名称　木业产品智能制造

基本修业年限　四年

职业面向

面向林业工程技术人员、木业企业管理人员等职业，产品设计、生产管理、生产技术开发、家具设计制造等岗位（群）。

培养目标定位

本专业培养德智体美劳全面发展，掌握扎实的科学文化基础和人造板生产、制材与干燥、木业产品智能制造等知识，具备木业企业智能化生产、品质控制、数字化产品开发等能力，具有工匠精神和信息素养，能够从事产品工艺设计、木业产品生产管理、智能化生产技术开发、整体定制家具设计制造等工作的高层次技术技能人才。

主要专业能力要求

1. 具有绿色低碳、节能环保意识，具有依法安全从事生产的基本能力；

2. 具有木质材料鉴别与应用、制图、计算机辅助设计软件应用、木质制品设计与表达等专业技能；

3. 具有人造板生产、制材与干燥、木质地板智能生产、木质门窗智能生产、木质家具数字化制造工艺技术路线编制能力；

4. 具有整体定制家具方案设计与优化技术，具有运用整体定制家具计算机辅助设计软件进行个性化定制设计能力；

5. 具有利用生产辅助软件进行木质产品智能化工艺设计、数据对接、生产排程、订单合并、物料管理等能力；

6. 具有从事木业产品过程监控、质量控制、解决现场技术问题和现场创新的能力；

7. 具有研究和创新发展的能力；

8. 具有较好的团队合作、语言文字表达、沟通协调和管理能力；

9. 具有探究学习、终身学习和可持续发展的能力。

主要专业课程与实习实训

专业基础课程：木质材料鉴别与检验、工程制图、机械设计基础、刀具调试与配置、通用木工机械操作与故障诊断、木质产品设计表达、电工电子技术、PLC控制技术、人工智能技术应用、自动化概论。

专业核心课程：人造板生产工艺、制材与木材干燥技术、木质地板智能化生产技术、木质门窗智能化生产技术、木质家具生产工艺控制与管理、整体定制家具计算机辅助设计、数控自动化设备操作与编控、整体定制家具数字化制造、智能化数据构建与生产管理、木制品质量检验与品控。

实习实训：对接真实职业场景或工作情境，在校内外进行木制品生产工艺编制、生产设备操作、产品质量检验、整体定制家具设计等实训。在木材加工、人造板生产、木业产品智能制造、整体定制家具设计与生产企业或生产性实训基地进行岗位实习。

职业类证书举例

暂无

接续专业举例

接续专业硕士学位授予领域举例：林业、材料工程

接续硕士学位二级学科举例：木材科学与技术、木材加工装备与信息化、木材科学与家具设计、家具设计与工程

2103 畜牧业类

专业代码 210301

专业名称 动物医学

基本修业年限 四年

职业面向

面向兽医技术人员、动物疫病防治人员等职业，禽病防治、猪病防治、牛羊病防治、动物疫病检验、动物防疫与检疫、兽医卫生监督等岗位（群）。

培养目标定位

本专业培养德智体美劳全面发展，掌握扎实的科学文化基础和动物生理生化、动物病理与药理、动物疫病发生发展与流行规律、动物防疫与检疫、兽医公共卫生、动物疫病防控体系建设与管理及相关的法律法规等知识，具备畜禽疾病防控和诊治、动物及动物产品检疫检验、动物防疫活动监督和兽医公共卫生体系建设与管理等能力，具有工匠精神和信息素养，能够从事禽病防治、猪病防治、牛羊病防治、动物疫病检验、动物及动物产品检疫、兽医卫生监督等工作的高层次技术技能人才。

主要专业能力要求

1. 具有动物流行病学调查的能力；
2. 具有禽病、猪病、牛羊病的监测、检验和评价的能力；
3. 具有禽病、猪病、牛羊病的防控和诊治能力；
4. 具有依法开展动物及动物产品的检疫、动物防疫活动的监督管理与执法能力；
5. 具有动物疾病检验、预防控制、诊断治疗常用仪器设备规范操作和维护的能力；
6. 具有对动物疫病预防、检测与诊断及治疗的能力，以及具有动物疫病防控新技术、新方法、新设备应用及推广的能力；
7. 具有现代养殖场畜禽疫病防控体系建设与信息化技术应用与管理的能力；
8. 具有建立和维护畜牧兽医生物安全体系的能力；
9. 具有动物医学科学研究和创新能力；
10. 具有探究学习、终身学习和可持续发展的能力。

主要专业课程与实习实训

专业基础课程： 现代畜牧概论、动物生物化学、动物解剖与组织胚胎、动物生理、动物药理与毒理、动物病理、兽医微生物与免疫。

专业核心课程：兽医临床诊疗技术、禽病防治技术、猪病防治技术、牛羊病防治技术、动物防疫与检疫技术、兽医公共卫生、中兽医、畜禽疫病防控体系建设与管理、兽医法律法规与行政执法。

实习实训：对接真实职业场景或工作情境，在校内外进行动物流行病调查、禽病防治、猪病防治、牛病防治、羊病防治、病死动物处理等实训。在畜禽养殖企业、家庭养殖场、动物医院、兽医诊所等单位进行岗位实习。

职业类证书举例

职业资格证书：执业兽医

接续专业举例

接续专业硕士学位授予领域举例：兽医

接续硕士学位二级学科举例：预防兽医学、临床兽医学、基础兽医学

专业代码　210302

专业名称　动物药学

基本修业年限　四年

职业面向

面向动物药品生产管理、检测、技术服务、研发和动物药品监督管理等岗位（群）。

培养目标定位

本专业培养德智体美劳全面发展，掌握扎实的科学文化基础和动物药品制剂工艺、安全生产、动物药品管理法律法规、动物疾病防治、实验动物管理等知识，具备动物药品生产管理、质量检验、临床应用与残留分析、新制剂研发、监督管理等能力，具有工匠精神和信息素养，能够从事动物药品生产、管理、检测、技术服务、研发和市场监督管理等工作的高层次技术技能人才。

主要专业能力要求

1. 具有动物药品生产工艺设计、新制剂研发和临床试验能力；
2. 具有动物药品生产、管理能力；
3. 具有动物药品质量检验与分析能力；
4. 具有动物源性产品药物残留检测与分析能力；
5. 具有智能化生产设备、高精尖检测仪器的使用与维护能力；

6. 具有动物药品市场监督管理能力；

7. 能够诊断常见动物疾病、制定科学给药方案和处理药物不良反应；

8. 具有动物药品创新发展能力，以及对信息技术、数字技术的应用能力；

9. 具有探究学习、终身学习和可持续发展的能力。

主要专业课程与实习实训

专业基础课程：生物化学、药物化学、仪器分析、动物解剖生理、动物病理、动物微生物与免疫技术、动物药理与毒理、动物疾病防治概论、实验动物管理。

专业核心课程：兽药生产技术、兽药检测技术、制药工艺设计、兽药代谢动力学、兽药新技术及新工艺、动物药品营销与技术服务、兽药监督管理。

实习实训：对接真实职业场景或工作情境，在校内外进行动物药品制剂制备、动物药品质量检验、动物源性食品药物残留检测、动物疾病临床用药指导等实训。在动物药品生产企业、经营企业、检测与研发企业，市场监管部门、畜禽养殖企业等单位进行岗位实习。

职业类证书举例

职业资格证书：执业兽医

职业技能等级证书：药物制剂生产

接续专业举例

接续专业硕士学位授予领域举例：兽医

接续硕士学位二级学科举例：基础兽医学、预防兽医学、临床兽医学

专业代码 210303

专业名称 宠物医疗

基本修业年限 四年

职业面向

面向宠物医师等职业，宠物内科病诊疗、宠物外产科病诊疗、宠物疫病防控、动物医院经营管理等岗位（群）。

培养目标定位

本专业培养德智体美劳全面发展，掌握扎实的科学文化基础和宠物解剖生理、宠物病理、宠物疾病诊断与治疗、宠物免疫接种及有关法律法规等知识，具备宠物内科病和

外产科病诊断与治疗、宠物疫病防控和动物医院经营管理等能力，具有工匠精神和信息素养，能够从事宠物内科病诊疗、宠物外产科病诊疗、宠物疫病防控、动物医院经营管理等工作的高层次技术技能人才。

主要专业能力要求

1. 具有宠物疾病宠物疾病临床检验、实验室诊断、分子生物学诊断、影像学诊断及治疗的能力；
2. 具有熟练进行宠物外科手术操作的能力；
3. 具有宠物犬、猫内科病、外产科病及传染病防治能力；
4. 具有爬行宠物、飞禽宠物等异类宠物疾病诊断与防治能力；
5. 具有中兽医基本理论及宠物疾病诊疗的基本能力；
6. 具有动物医院规范化、数字化经营与管理的能力；
7. 具有环境保护、生物安全防护、宠物医疗质量管理等的相关能力；
8. 具有探究学习、终身学习和可持续发展的能力。

主要专业课程与实习实训

专业基础课程：动物生物化学、宠物解剖与组织胚胎、动物生理、宠物病理、动物微生物、动物免疫、宠物药理与毒理、宠物心理与行为、兽医法律法规。

专业核心课程：宠物疾病临床检验、宠物疾病临床诊疗、宠物疾病影像诊断、宠物外科手术、中兽医、犬猫内科病防治、犬猫外产科病防治、犬猫疫病与公共卫生、异类宠物疾病防治、动物医院经营管理。

实习实训：对接真实职业场景或工作情境，在校内外进行宠物疾病诊疗、宠物疫病防控和动物医院经营管理等实训。在动（宠）物医院、宠物诊所、宠物犬猫养殖场等单位进行岗位实习。

职业类证书举例

职业资格证书：执业兽医

接续专业举例

接续专业硕士学位授予领域举例：兽医
接续硕士学位二级学科举例：预防兽医学、临床兽医学

专业代码　210304
专业名称　现代畜牧

基本修业年限　四年

职业面向

面向畜禽良种繁育、现代畜禽生产、畜禽智能化装备应用、畜牧技术创新及新产品研发等岗位（群）。

培养目标定位

本专业培养德智体美劳全面发展，掌握扎实的科学文化基础和畜牧遗传育种、畜禽良种繁育、动物营养、养殖环境检测与控制及相关法律法规等知识，具备现代畜禽养殖场规划设计、养殖场生物安全与环境控制、畜禽饲养与管理、畜禽饲料配制与加工、养殖场数据采集及分析等能力，具有工匠精神和信息素养，能够从事畜禽良种繁育、饲料生产、现代畜禽生产、生物安全防控、疫病防控、畜牧技术创新及新产品研发等工作的高层次技术技能人才。

主要专业能力要求

1. 具有家畜发情识别与调控、胚胎移植和畜禽人工授精的能力；
2. 具有饲料检测、配合饲料配方设计及加工的能力；
3. 具有畜禽智能化饲养、数字化管理能力；
4. 具有对现代畜禽养殖场进行环境检测并调控的能力；
5. 具有现代化畜禽养殖设施设备应用与维护的能力；
6. 具有现代畜禽养殖场生物安全防控能力；
7. 具有畜禽养殖场数据采集、分析和信息化软件管控的能力；
8. 具有节能减排、绿色低碳发展理念；
9. 具有探究学习、终身学习与可持续发展能力。

主要专业课程与实习实训

专业基础课程： 动物生物化学、动物解剖与组织胚胎、动物生理、动物遗传育种、动物营养、生物统计与试验设计、物联网应用技术、畜牧微生物、动物防疫技术、畜牧法律法规。

专业核心课程： 猪生产技术、禽生产技术、牛生产技术、羊生产技术、动物繁殖技术、配合饲料生产技术、现代牧场规划与环境控制、畜禽养殖场装备使用与维护、畜禽废弃物处理及利用、畜禽养殖场生物安全防控、畜禽养殖场经营与管理。

实习实训： 对接真实职业场景或工作情境，在校内外进行畜禽繁殖、畜禽饲养、畜禽疫病防控、饲料配制与加工、饲料品质检测、畜禽舍环境控制等实训。在畜牧养殖企业、饲料生产企业、畜禽技术科研院所、畜牧技术推广站（中心）等单位进行岗位实习。

职业类证书举例

职业技能等级证书：家庭农场畜禽养殖

接续专业举例

接续专业硕士学位授予领域举例：农业

接续硕士学位二级学科举例：动物遗传育种与繁殖、动物营养与饲料科学

2104　渔业类

专业代码　210401
专业名称　现代水产养殖技术
基本修业年限　四年

职业面向

面向水产苗种繁育、动物营养与饲料、疾病防治、养殖与管理以及水产品和水产投入品营销等岗位（群）。

培养目标定位

本专业培养德智体美劳全面发展，掌握扎实的科学文化基础和现代水产养殖及相关法律法规等知识，具备水生经济动植物繁殖与管理、水生动物病害防治、养殖水环境控制与尾水处理、水产技术推广等能力，具有绿色低碳理念和信息素养，能够从事水产养殖生产、水生动植物病害防治、养殖水体水质监测与调控、智能化水产养殖设备设施使用与维护、水产技术推广、水产品及水产投入品营销等工作的高层次技术技能人才。

主要专业能力要求

1. 具有根据水体常见生物形态结构和分类知识鉴别常见水产经济动植物的能力；
2. 具有水域渔业资源、生物资源和水域环境调查与分析能力；
3. 具有养殖水体水质分析与调控、养殖尾水处理的能力；
4. 具有水产经济动物增养殖、营养需求分析与饲料配方设计、病虫害防治的能力；
5. 具有水产信息收集、分析能力和信息技术应用能力，掌握现代化养殖工程、技术标准和智慧渔业等新技术；
6. 具有水产养殖行业绿色发展新技术、新材料、新模式、新方法等的应用与推广能力；
7. 具有开展水产相关项目的实验设计与研究的能力，以及信息技术、数字技术等应用能力；
8. 具有探究学习、终身学习和可持续发展的能力。

主要专业课程与实习实训

专业基础课程：渔业法规与渔政管理、鱼类学、水生生物学、水产微生物、鱼类遗传育种技术、鱼类生理、水产动物组织胚胎。

专业核心课程：鱼类增养殖技术、虾蟹增养殖技术、水产动物疾病防治技术、养殖水环境检测与调控技术、水产动物营养与饲料配制技术、现代设施渔业技术、水产技术推广。

实习实训：对接真实职业场景或工作情境，在校内外进行水生生物资源调查、水质检测与调控、水生经济动物苗种繁育、智能化渔业生产、水生动物疾病防治等实训。在水产养殖场、水产饲料及投入品生产企业、农民水产养殖合作社、水产养殖家庭农场、水产技术推广站（中心）等单位进行岗位实习。

职业类证书举例

职业资格证书：执业兽医

接续专业举例

接续专业硕士学位授予领域举例：渔业发展

接续硕士学位二级学科举例：水产养殖、渔业资源、渔业发展

22 资源环境与安全大类

2201 资源勘查类

专业代码 220101
专业名称 资源勘查工程技术
基本修业年限 四年

职业面向

面向地质矿产调查工程技术人员、地球物理地球化学与遥感勘查工程技术人员等职业，区域地质调查、区域矿产调查、矿产勘查、矿山地质环境调查与评价等岗位（群）。

培养目标定位

本专业培养德智体美劳全面发展，掌握扎实的科学文化基础和区域地质调查、综合勘查技术方法、矿产资源勘查、矿山环境地质及相关法律法规等知识，具备地质填图、成矿远景区矿产资源调查与评价、矿产详查、矿产资源勘查与开发对环境影响评价等能力，具有工匠精神和信息素养，能够从事区域地质调查、区域矿产调查、矿产勘查、矿山地质环境调查与评价等工作的高层次技术技能人才。

主要专业能力要求

1. 具有观测记录较复杂的各类地质现象、鉴定各类地质标本、编制相关图件等基础能力；

2. 具有野外踏勘、地质剖面测量、路线地质调查、野外取样、地质填图的能力；

3. 具有应用矿产勘查技术方法、矿产资源潜力评价、成矿远景区圈定、找矿靶区优选的能力；

4. 具有勘查类型选择、勘查工程布置、原始地质编录、矿产取样、矿产资源储量估算等能力；

5. 具有矿产普查、详查阶段矿产资源储量估算及项目报告编制的能力；

6. 具有从事矿山地质环境调查、评价和环境恢复治理工作的能力；

7. 具有矿产资源勘查评价、开发、科学研究、技术创新的能力；

8. 具有适应矿产勘查领域数字化发展需要的数字技术应用能力；

9. 具有探究学习、终身学习和可持续发展的能力。

主要专业课程与实习实训

　　专业基础课程：基础地质、矿物鉴定、岩石鉴定、构造地质、地球物理、地球化学、测绘技术、数字化地质填图、古生物与地史。

　　专业核心课程：矿床与矿相、矿产勘查技术、地学信息处理技术、勘查地球化学、勘查地球物理、遥感信息技术、矿山地质环境调查与评价、矿产资源政策与法规、工程项目管理。

　　实习实训：对接真实职业场景或工作情境，在校内外进行地质标本鉴定、普通地质认识、地质填图、矿产勘查与生产等实训。在地勘单位、矿山企业、自然资源管理部门等单位进行岗位实习。

职业类证书举例

　　暂无

接续专业举例

　　接续专业硕士学位授予领域举例：地质工程、资源与环境

　　接续硕士学位二级学科举例：矿产普查与勘探、矿物学、岩石学、矿床学

2202　地质类

专业代码　220201
专业名称　环境地质工程
基本修业年限　四年

职业面向

面向地质调查员、水工环地质工程技术员和矿山环境复垦工程技术员等职业，地质勘查、水工环地质调查、环境治理等岗位（群）。

培养目标定位

本专业培养德智体美劳全面发展，掌握扎实的科学文化基础和地质环境调查与评价、水文地质勘查、矿山生态环境调查与评价及相关法律法规等知识，具备地质环境调查与评价、水文地质勘查评价、矿山生态环境调查评价等能力，具有工匠精神和信息素养，能够从事地质环境调查与评价、地质灾害调查与防治、水文地质勘查、生态修复工程设计与施工等工作的高层次技术技能人才。

主要专业能力要求

1. 具有基础地质图识读、编制基础地质图件和分析基础地质现象的能力；
2. 具有分析各种环境地质问题、建立评价模型等地质环境调查与评价的能力；
3. 具有地质灾害勘查评价、治理工程设计与施工、地质灾害防治的能力；
4. 具有地下水资源勘查评价与水文地质调查、评价的能力；
5. 具有矿山生态修复工程设计、施工、项目管理等能力；
6. 具有编制地灾防治、水文勘察、矿山生态修复工作方案及组织项目实施的能力；
7. 具有探究学习、终身学习和可持续发展的能力。

主要专业课程与实习实训

专业基础课程：地质基础、矿物岩石、构造地质、水文地质基础、土力学计算及工程应用、工程力学计算与工程应用、地貌及第四纪地质、地质制图、环境生物化基础、环境土壤基础。

专业核心课程：资源与环境信息技术、环境地质评价、地质灾害调查与评价、地质灾害防治技术、水文地质勘察、生态修复技术、工程地质勘察、工程项目管理。

实习实训：对接真实职业场景或工作情境，在校内外进行地质灾害调查与评价、水文地质勘察、矿山生态修复规划方案设计、环境与水文地质等实训。在地质院、地质灾害防治公司等单位进行岗位实习。

职业类证书举例

暂无

接续专业举例

接续专业硕士学位授予领域举例：地质工程

接续硕士学位二级学科举例：地质工程、岩土工程、地下水科学与工程

2203　测绘地理信息类

专业代码　220301

专业名称　导航工程技术

基本修业年限　四年

职业面向

面向测绘地理信息服务行业的测绘和地理信息工程技术人员等职业，导航数据采集、高精度导航地图生产、智能导航产品研发、导航产品运维与测试、导航数据分析与位置服务等岗位（群）。

培养目标定位

本专业培养德智体美劳全面发展，掌握扎实的科学文化基础和导航软硬件研发、高精度导航、导航工程设计与管理及相关法律法规等知识，具备导航软硬件开发、导航设备检测、导航数据采集处理、高精度导航地图生产等能力，具有工匠精神和信息素养，能够从事智能导航软硬件开发与应用、导航定位产品设计与检测、导航数据采集、高精度导航地图生产与应用、数据分析与位置服务、导航工程设计与管理等工作的高层次技术技能人才。

主要专业能力要求

1. 具有智能导航定位产品设计、研发、安装测试与维护的能力；
2. 具有对不同场景中使用的卫星导航类设备进行选型与应用的能力；
3. 具有对不同导航终端输出的数据进行处理与分析能力；
4. 具有使用全站仪、无人机等设备进行导航数据采集、处理与分析的能力；
5. 具有应用三维激光扫描仪等点云数据进行特征信息提取，制作高精度地图的能力；
6. 具有地理信息系统开发、应用及项目管理的信息技术、数字技术等能力；
7. 具有导航定位系统应用方案设计和项目管理能力，能够解决项目实施过程中的问题，具有技术手段革新的能力；
8. 掌握测绘地理信息法律法规等相关知识，具有依法依规工作的能力；
9. 具有探究学习、终身学习和可持续发展的能力。

主要专业课程与实习实训

专业基础课程：数字地形测量、测绘 CAD、导航学、导航装备基础、遥感原理与应用、导航程序设计、信号与系统、卫星导航原理。

专业核心课程： 高精度导航地图与位置服务、数字摄影测量、地理信息系统应用、室内定位与智能导航、高精度导航电子地图制作与应用、惯性导航原理、组合导航定位技术、嵌入式系统。

实习实训： 对接真实职业场景或工作情境，在校内外进行导航软件开发、硬件测试维护、导航数据采集与处理、高精度导航地图制作、惯性导航、组合导航定位技术、导航工程项目设计等实训。在导航设备生产研发、导航应用等单位进行岗位实习。

职业类证书举例

职业技能等级证书： 测绘地理信息数据获取与处理、无人机摄影测量

接续专业举例

接续专业硕士学位授予领域举例： 资源与环境

接续硕士学位二级学科举例： 大地测量学与测量工程、摄影测量与遥感、地图制图学与地理信息工程、地图学与地理信息系统

专业代码 220302
专业名称 测绘工程技术
基本修业年限 四年

职业面向

面向大地测量工程技术人员、工程测量工程技术人员、摄影测量与遥感工程技术人员等职业，测量技术设计与施测、数据处理与分析、地图编绘与建库、运维管理等技术领域。

培养目标定位

本专业培养德智体美劳全面发展，掌握扎实的科学文化基础和高精度定位测量、遥感、地理信息系统及相关法律法规等知识，具备测量技术设计与施测、数据处理与分析、地图编绘与建库、质量验收与总结等能力，具有工匠精神和信息素养，能够从事测绘工程项目设计、组织、实施与管理等工作的高层次技术技能人才。

主要专业能力要求

1. 能够熟练使用和维护全站仪、水准仪、GNSS 接收机、陀螺全站仪、重力仪、三维激光扫描仪、无人机等测量仪器设备，具备一定的仪器检验与校正能力；
2. 具有 GNSS 控制网、精密导线（网）、高等级水准网的设计、施测与数据处理能力；

3. 具有国家基本比例尺地形图测绘的组织与施测能力;

4. 具有建筑工程、交通工程、水利工程、精密工程等专项工程建设中在各阶段测量工作的设计、组织、实施与数据处理能力;

5. 具有自然资源调查与监测、地籍调查、房产测量和界线测绘的设计、组织、施测与图件制作能力;

6. 具有基础地理信息数据加工、处理、建库与运维管理能力;

7. 具有测绘工程项目成果质量检查与验收、质量控制方法持续改进与创新能力;

8. 具有综合利用计算机、大数据、物联网等知识,实施测绘地理信息产业领域空、天、地一体化数据采集与分析处理的数字化能力;

9. 掌握测绘地理信息法律法规等相关知识,具有依法依规工作的能力;

10. 具有探究学习、终身学习和可持续发展的能力。

主要专业课程与实习实训

专业基础课程:测绘基础、工程制图与 CAD、误差理论与测量平差、摄影测量基础、测绘程序设计与开发、空间数据库基础、测绘法律法规与项目管理、自然资源概论。

专业核心课程:大地测量、数字地形图测绘、GNSS 定位测量、不动产测绘、工程测量、变形监测、精密工程测量、数字摄影测量、无人机测绘、遥感技术应用、地理信息系统技术应用。

实习实训:对接真实职业场景或工作情境,在校内外进行数字地形图测绘、控制测量、测绘程序开发、工程测量、无人机摄影测量、地理信息系统应用等实训。在测绘地理信息生产、应用服务等单位进行岗位实习。

职业类证书举例

职业技能等级证书:测绘地理信息数据获取与处理、不动产数据采集与建库、无人机摄影测量

接续专业举例

接续专业硕士学位授予领域举例:资源与环境、土木水利

接续硕士学位二级学科举例:大地测量学与测量工程、摄影测量与遥感、地图制图学与地理信息工程、地图学与地理信息系统

专业代码 220303
专业名称 地理信息技术

基本修业年限　四年

职业面向

面向地理信息工程技术人员等职业，地理信息工程、地图制图工程、摄影测量与遥感工程、地理信息服务等技术领域。

培养目标定位

本专业培养德智体美劳全面发展，掌握扎实的科学文化基础和地理信息、制图、遥感、测量及相关法律法规等知识，具备地理空间信息获取、处理、分析与应用等能力，具有工匠精神和信息素养，能够从事地理信息数据处理与管理、地理信息工程设计与开发、地图设计与制作、摄影测量与遥感等工作的高层次技术技能人才。

主要专业能力要求

1. 具有地理信息数据采集、编辑、处理、管理、维护与建模的能力；

2. 具有地理信息集成、分析、应用及地理信息系统设计与开发、分发与服务的能力；

3. 具有数字地图设计与编制，多媒体、互联网地图开发制作的能力；

4. 具有数字影像产品生产、遥感图像判读处理、解译分析和信息提取的能力；

5. 具有地理信息工程项目技术设计书和技术总结报告编写、地理信息工程项目设计、实施和成果质量检查与验收的能力；

6. 具有依照测绘法律法规开展安全防护、维护版图、保守秘密的能力；

7. 具有运用创新思维、信息技术、数字技术分析、研究并解决较复杂地理信息问题的能力；

8. 具有探究学习、终身学习和可持续发展的能力。

主要专业课程与实习实训

专业基础课程：测绘基础、计算机程序设计、数据结构、地图学基础、地理信息系统基础、遥感基础、计算机制图、测绘地理信息导论、自然地理学。

专业核心课程：数字测图、无人机测绘、GIS 软件应用、空间数据库技术应用、地图制图技术应用、数字摄影测量、遥感图像处理、三维建模与可视化、GIS 空间分析、GIS 设计与开发。

实习实训：对接真实职业场景或工作情境，在校内外进行数字地形图测绘、地图设计与编绘、空间数据库建立与维护、GIS 设计与开发、三维 GIS 建模等实训。在地理信息行业的地图院、遥感院、测绘工程院、科研院所等单位进行岗位实习。

职业类证书举例

    职业技能等级证书：测绘地理信息数据获取与处理、无人机摄影测量、不动产数据采集与建库

接续专业举例

    接续专业硕士学位授予领域举例：资源与环境

    接续硕士学位二级学科举例：地图学与地理信息系统、地图制图学与地理信息工程、大地测量学与测量工程、摄影测量与遥感、自然地理学、人文地理学

2204 石油与天然气类

专业代码 220401

专业名称 油气储运工程

基本修业年限 四年

职业面向

面向油气输送工、油品储运工、石油天然气储运工程技术人员等职业，智慧化油气集输、数字化管道输送、油气仓储智能管理、燃气调度与输配等岗位（群）。

培养目标定位

本专业培养德智体美劳全面发展，掌握扎实的科学文化基础和油气计量交接、储存输送、场站安全运维等知识，具备较强的储运设备运行管理、工艺控制与参数调节、场站运营与安全管理等能力，具有工匠精神和信息素养，能够从事智慧化油气集输、数字化管道输送、油气仓储智能管理、燃气调度与输配等工作的高层次技术技能人才。

主要专业能力要求

1. 具有正确识读和绘制油气储运工艺流程图和设备图，以及一定的结构设计、零部件设计和强度计算的能力；

2. 具有运用相关理论分析解决工程实际问题，以及对生产装置和仪器进行维护保养、故障诊断与排除的能力；

3. 具有运用油气计量、油料分析和化学知识进行油气计量交接运算、油料分析检验、生产运营核算的能力；

4. 具有按照技术要求完成维护保养和更换维修的能力，能够正确操作储运仪表和自控系统；

5. 具有按照安全规程和操作规范，依据生产工艺和技术参数要求，完成仪器设备及装置的生产运行操作的能力；

6. 具备适应石油工程领域数字化、智能化发展需要的基本技能以及参与装置数字化改造的能力；

7. 具备安全生产和环境保护意识，具有风险和危害管控、清洁生产、场站安全管理、完整性管理的能力；

8. 具有对油气站库和班组进行技术管理与生产运行管理的能力；

9. 具有探究学习、终身学习和可持续发展的能力。

主要专业课程与实习实训

专业基础课程：工程制图与 CAD、工程力学、机械设计基础、流体力学、热工与传热、油气计量技术、电工电子技术、石油化学。

专业核心课程：油气集输技术、油气储库智能管理、油气管道输送技术、泵和压缩机、压力容器与管道、油气储运自动化与仪表、燃气输配与运营管理、油气储运安全技术。

实习实训：对接真实职业场景或工作情境，在校内外进行设备维护保养、油气储运工艺仿真、油气计量与分析检验、生产装置联合操作等实训。在油气田、管道公司、石油化工企业、油气储库、燃气公司等单位进行岗位实习。

职业类证书举例

暂无

接续专业举例

接续专业硕士学位授予领域举例：石油与天然气工程

接续硕士学位二级学科举例：油气储运工程、油气田开发工程

专业代码　220402
专业名称　石油工程技术
基本修业年限　四年

职业面向

面向钻井工、石油开采工、天然气开采工和井下作业设备操作维修技术人员等职业，钻井、油气智能开采、钻采技术设计与应用、井下作业设备操作维修等技术领域。

培养目标定位

本专业培养德智体美劳全面发展，掌握扎实的科学文化基础和钻采设备与石油仪表的运行与维护、油气田开采生产等知识，具备较强的石油与天然气钻井、开采生产技术管理和改进工艺，以及分析处理石油天然气钻井、开采生产技术问题等能力，具有工匠精神和信息素养，能够从事石油与天然气钻井、开采技术和方法研究、设计与应用等工作的高层次技术技能人才。

主要专业能力要求

1. 具有钻井工程方案设计、钻井复杂事故处理以及钻井工艺改进的能力；
2. 具有钻井液配制和性能测定、钻井液污染处理、正确使用及维护相关设备、钻

井液工艺配方设计和优选的能力；

3. 具有研究应用采油工艺、优选采油方法和油气层保护技术的能力；

4. 具有分析处理石油天然气钻井、开采的生产技术问题及指导生产人员作业的能力；

5. 具有石油和天然气开采业相关岗位安全、环保、经济和清洁生产运行和管理的能力；

6. 具备适应石油行业产业数字化、智能化发展需求的基本技能以及参与装置数字化改造的能力；

7. 具有对石油工程技术专业领域相关标准、法律法规进行查询、理解和执行的能力；

8. 具有探究学习、终身学习和可持续发展的能力。

主要专业课程与实习实训

专业基础课程：人工智能导论、工程制图与 CAD、机械设计基础、石油地质基础、油层物理、渗流力学、油田化学技术。

专业核心课程：油气田开发地质、钻井技术、钻井液技术、采油技术、井下作业技术、钻采设备自动化技术、石油工程 HSE 管理。

实习实训：对接真实职业场景或工作情境，在校内进行金属加工、电工电子、钻井技能、井控、采油仿真、采油技能、石油工程安全等实训。在校企合作企业或学生签约的企业等单位进行岗位实习。

职业类证书举例

暂无

接续专业举例

接续专业硕士学位授予领域举例：资源与环境

接续硕士学位二级学科举例：石油与天然气工程

2205 煤炭类

专业代码 220501

专业名称 智能采矿技术

基本修业年限 四年

职业面向

面向矿山工程技术人员、矿物采选人员等职业，智能矿山开采规划设计、技术开发、工程施工和生产管理等技术领域。

培养目标定位

本专业培养德智体美劳全面发展，掌握扎实的科学文化基础和智能采矿方法、矿山机械及智能化技术、矿井智能通风、安全防护及相关法律法规等知识，具备智能化矿山设计、建设、管理等能力，具有工匠精神和信息素养，能够从事智能开采工艺设计与应用、智能开采控制系统的软硬件实现、现场安装调试与维护操作、智能控制系统的规划与管理等工作的高层次技术技能人才。

主要专业能力要求

1. 具有识读、绘制和设计矿井采掘工程图的能力；

2. 具有针对不同的地质条件合理设计与应用智能开采工艺的能力；

3. 具有规划设计透明工作面体系模型，实现基于地质信息的开采系统流程化作业的能力；

4. 具有设计、安装、调试、维护操作智能开采控制系统的能力；

5. 具有人工智能、大数据、云计算、物联网等高新技术应用的能力和规划设计智能采矿系统、煤矿开采环境智能感知系统的能力；

6. 具有规划设计智能通风、智能监测监控系统的能力；

7. 具有智能矿井生产组织、生产管理、工程质量管理、技术管理、安全管理的能力；

8. 具有依照矿山安全生产相关的国家法律、行业规定和安全防护等相关知识与技能，进行作业和组织管理的能力；

9. 具有探究学习、终身学习和可持续发展的能力。

主要专业课程与实习实训

专业基础课程：工程制图与 CAD、电工与电子技术、工程力学、流体力学与液压传动、煤矿地质学、现代测量、岩石力学与工程、矿山系统工程。

专业核心课程：智能化矿井设计、智能采矿技术、矿山机械及智能化技术、矿山压力与岩层控制、智能采掘设备操作与维护、井巷工程与智能掘进技术、测试与控制技术、矿井灾害智能监测与防治、矿井智能通风与安全、矿山物联网技术、矿井通信技术。

实习实训：对接真实职业场景或工作情境，在校内外进行矿山机械及智能化技术、井巷工程与智能掘进技术、矿井智能通风技术、矿山物联网技术等实训。在采矿企业、矿产开采设计院、采矿工程施工企业、矿产管理机构等单位进行岗位实习。

职业类证书举例

职业技能等级证书：煤矿智能化开采

接续专业举例

接续专业硕士学位授予领域举例：资源与环境

接续硕士学位二级学科举例：采矿工程、安全技术及工程、智能制造技术

专业代码　220502
专业名称　煤炭清洁利用工程
基本修业年限　四年

职业面向

面向矿物加工工程技术人员、化工生产工程技术人员等职业，内操员、技术员等岗位（群）。

培养目标定位

本专业培养德智体美劳全面发展，掌握扎实的科学文化基础和煤炭洗选、煤化工、节能减排、绿色环保及相关法律法规等知识，具备故障判断处理、参数优化、设备选型等能力，具有工匠精神和信息素养，能够从事集散控制系统的控制、工艺故障处理、参数优化、工艺优化等工作的高层次技术技能人才。

主要专业能力要求

1. 具有化工热力学、动力学计算及泵、风机、换热器、塔器、反应器等设备计算选型的能力；

2. 具有煤炭洗选生产工艺控制、参数优化调整、判断故障并进行处理的能力；

3. 具有煤炭气化、煤炭液化生产工艺控制、参数优化调整、判断故障并进行处理的能力；

4. 具有煤化工工艺模拟软件使用、根据模拟结果制定工艺优化改进方案并按照方案进行工艺优化的能力；

5. 具有根据绿色生产、节能减排、提高产品质量等要求制订工艺优化方案并按照方案进行工艺优化的能力；

6. 具有危机与突发事件初步处理、消防安全知识宣传教育、风险评估及管理体系、风险评价的能力；

7. 具有装置操作规程编制、技术研发、技改方案实施的能力；

8. 具有智能仪表、设备、控制系统的操作、控制、选型、优化能力，能适应煤炭清洁利用领域数字化发展；

9. 具有探究学习、终身学习和可持续发展的能力。

主要专业课程与实习实训

专业基础课程：无机及分析化学、有机化学、物理化学、煤化学、工程制图及 CAD、化工设备控制与选型、化工单元操作、化工仪表及自动控制。

专业核心课程：热力学应用工程、反应工程、煤炭洗选技术、煤气化技术、煤制油技术、煤化工过程模拟与优化、低碳节能减排技术、化工安全技术。

实习实训：对接真实职业场景或工作情境，在校内外进行煤炭洗选、煤化工工艺仿真、煤炭清洁生产、毕业设计等实训。在煤炭洗选企业、煤化工企业、煤炭管理机构等单位进行岗位实习。

职业类证书举例

职业技能等级证书：煤炭清洁高效利用

接续专业举例

接续专业硕士学位授予领域举例：材料与化工、资源与环境
接续硕士学位二级学科举例：化学工程与技术、矿业工程

2207　气象类

专业代码　220701
专业名称　智慧气象技术
基本修业年限　四年

职业面向

面向气象服务行业的综合气象业务、航空气象观测与预报、气象应急减灾等岗位（群）。

培养目标定位

本专业培养德智体美劳全面发展，掌握扎实的科学文化基础和气象装备保障、智慧气象服务、气象灾害应急管理及相关法律法规等知识，具备天气预报预警、气象仪器安装维护、气象信息系统保障、气象防灾减灾服务等能力，具有工匠精神和信息素养，能够从事重要天气监测预报预警、气象装备服务保障、气象数据分析与质量保障、气象灾害应急管理等工作的高层次技术技能人才。

主要专业能力要求

1. 具有天气图分析、制作短期和短时临近天气预报以及数值预报产品的释用能力；
2. 具有中小尺度、灾害性天气的监测预警及应急处置能力；
3. 具有气象信息系统保障及气象数据统计分析和质量控制的能力；
4. 具有民用航空气象要素的观测、记录、机场天气报告编制以及特殊天气报告标准的制定能力；
5. 具有天气雷达、自动气象站等气象仪器的出厂调试、安装、维护和维修能力；
6. 具有参与智慧气象技术方案制订，利用信息技术、数字技术从事技术研发、科技成果或实验成果转化的能力；
7. 具有熟悉绿色生产、环境保护、安全防护、质量管理等相关知识，具有智慧气象技术创新和服务创新能力；
8. 具有探究学习、终身学习和可持续发展的能力。

主要专业课程与实习实训

专业基础课程：大气物理、动力气象学、天气学原理、电工电子技术、计算机网络技术、编程语言、大数据分析与应用技术、人工智能技术、智慧气象服务。

专业核心课程：中国天气、航空气象观测技术、短临预报技术、数值预报产品的释用、气象数据分析与质量控制、天气雷达原理与维护、自动气象站维护与维修、气象信息系统保障。

实习实训： 对接真实职业场景或工作情境，在校内外进行气象观测、天气预报、气象数据处理、雷达和自动气象站保障、气象数据质量控制等实训。在校内气象实训基地、气象相关企事业单位等场所进行岗位实习。

职业类证书举例

暂无

接续专业举例

接续专业硕士学位授予领域举例： 地理学、大气科学

接续硕士学位二级学科举例： 气象学、大气物理与大气环境、大气遥感与大气探测、应用气象学

2208　环境保护类

专业代码　220801
专业名称　生态环境工程技术
基本修业年限　四年

职业面向

面向环境污染防治、环境监测、环境咨询、碳排放管理、生态环境管理等岗位(群)。

培养目标定位

本专业培养德智体美劳全面发展,掌握扎实的科学文化基础和环境污染防治、环境监测与环境影响评价、绿色节能新技术及生态环境相关法律法规等知识,具备生态环境污染控制、环境工程设计、碳排放管理等能力,具有工匠精神和信息素养,能够从事环境污染防治、环境工程、环境监测、环境咨询、碳排放管理、生态环境管理等工作的高层次技术技能人才。

主要专业能力要求

1. 具有一定的生态环境领域法律法规解读及应用能力;
2. 具有融合生态环境领域产业发展现状与趋势,以及综合运用环境工程原理、电工电子技术、工程制图、安全生产等专业基础知识的能力;
3. 具有从事环境污染防治、环境工程设计施工与运营、成本核算与投资控制等岗位工作的能力;
4. 具有从事环境监测、环境影响评价、清洁生产审核、环保管家、碳排放管理等中高端技术咨询服务的能力;
5. 具有环境工程工艺过程监控、专业信息及智能化管理、降碳减排、解决现场较复杂技术问题和专业创新的能力;
6. 具有参与技术规程与技术方案制订、生态环境相关技术和设备研发、工程试验或科技成果转化及推广应用的能力;
7. 具备创新思维与创业意识,具有较强的分析问题和解决问题的能力;
8. 具有探究学习、终身学习和可持续发展的能力。

主要专业课程与实习实训

专业基础课程: 无机化学、有机化学、分析化学、环境工程原理、工程制图基础与CAD、PLC控制技术、环境生态学。

专业核心课程：环境监测、水污染控制工程、大气污染控制工程、固体废物处理与处置、环境影响评价、环境工程设计、环境工程施工与管理、环保设施运行与管理。

实习实训：对接真实职业场景或工作情境，在校内外进行环保设施调试及运行管理、环境工程工艺设计、常规污染指标监测、环境影响评价、设备仪表安装及维护等实训。在工艺成熟先进的污染源防治企业、环境咨询与服务企业等单位进行岗位实习。

职业类证书举例

职业技能等级证书：污水处理、水环境监测与治理

接续专业举例

接续专业硕士学位授予领域举例：资源与环境、能源动力

接续硕士学位二级学科举例：资源与环境、环境工程、清洁能源技术

2209　安全类

专业代码　220901
专业名称　安全工程技术
基本修业年限　四年

职业面向

面向安全生产管理工程技术人员、安全评价工程技术人员、消防工程技术人员等职业。

培养目标定位

本专业培养德智体美劳全面发展，掌握扎实的科学文化基础和安全原理、安全生产技术、安全监察、安全评价技术等知识，具备企业安全生产管理、安全评价、事故调查等能力，具有责任担当精神和信息素养，能够从事安全管理、安全监察、安全评价、应急救援、安全教育与培训等工作的高层次技术技能人才。

主要专业能力要求

1. 具有制订企业安全生产工作计划、编制安全技术措施、评估重大安全隐患的能力；
2. 具有编制安全施工方案、配备安全防护用具、管理安全档案的能力；
3. 具有编写安全监理方案和安全监理实施细则的能力；
4. 具有编制、审核安全评价报告的能力；
5. 具有编制、组织实施各类安全生产事故应急救援预案的能力；
6. 具有开展安全教育与培训工作的能力；
7. 具有将物联网、大数据等现代信息技术应用于安全工程领域的能力；
8. 具有探究学习、终身学习和可持续发展的能力。

主要专业课程与实习实训

专业基础课程：安全生产法律法规、工程制图与 CAD、安全系统工程、安全原理、安全人机工程、流体力学与流体机械、燃烧与爆炸学、企业安全管理、电工电子技术、环保概论。

专业核心课程：工业通风与除尘、空气净化与调节技术、消防工程技术、建筑安全技术、电气安全技术、化工安全技术、安全监测与监控、安全监察和管理、安全评价技术、事故应急救援。

实习实训：对接真实职业场景或工作情境，在校内外进行防火防爆、安全评价报告编制、安全技术措施编制、安全监测监控、应急救援等实训。在生产型企业和施工企业的安全管理部门等单位进行岗位实习。

职业类证书举例

  职业资格证书：注册安全工程师、注册消防工程师、消防员
  职业技能等级证书：矿山应急救援

接续专业举例

  接续专业硕士学位授予领域举例：安全工程
  接续硕士学位二级学科举例：安全科学与工程

专业代码 220902
专业名称 应急管理
基本修业年限 四年

职业面向

  面向消防和应急救援人员、安全工程技术人员、其他安全和消防人员等职业，应急管理、应急指挥等岗位（群）。

培养目标定位

  本专业培养德智体美劳全面发展，掌握扎实的科学文化基础和风险评估、监测预警、应急预案编制与演练等知识，具备应急救援装备的使用与管理、应急救援决策与指挥等能力，具有责任担当精神和信息素养，能够从事应急管理、应急指挥等工作的高层次技术技能人才。

主要专业能力要求

1. 具有一定的风险辨识、评估与防范的能力；
2. 具有灾害事故监测预警的能力；
3. 具有应急预案编制、组织与实施的能力；
4. 具有应急演练策划与组织的能力；
5. 具有应急救援装备储备、调配与管理的能力；
6. 具有应急通信设备操作与维护的能力；
7. 具有灾害事故现场评估、制订救援方案的能力；

8. 具有灾害事故救援决策、调度与指挥的能力；

9. 具有将物联网、大数据等现代信息技术应用于应急管理领域的能力；

10. 具有探究学习、终身学习和可持续发展的能力。

主要专业课程与实习实训

  专业基础课程：安全管理、应急法律法规、安全生产技术、防火防爆技术、安全人机工程、安全系统工程、危险源辨识与处置、公共事故管理、现场应急救护、工程制图与 CAD。

  专业核心课程：应急管理概论、应急风险评估、灾害监测预警、应急预案编制与演练、应急通信技术、应急救援装备、事故应急救援技术、应急决策与指挥。

  实习实训：对接真实职业场景或工作情境，在校内外进行应急预案编制与演练、应急救援装备、事故应急救援技术等实训。在政府机构、企事业单位的灾害监测预警、应急决策与指挥部门等单位进行岗位实习。

职业类证书举例

  职业资格证书：注册安全工程师

  职业技能等级证书：航空器灭火救援与救护、矿山应急救援

接续专业举例

  接续专业硕士学位授予领域举例：安全工程

  接续硕士学位二级学科举例：安全科学与工程

23 能源动力与材料大类

2301 电力技术类

专业代码 230101
专业名称 电力工程及自动化
基本修业年限 四年

职业面向

面向电力工程技术人员、电力生产和供应人员等职业，电力系统运维、电气设备检修调试、电力工程设计与电力客户服务等岗位（群）。

培养目标定位

本专业培养德智体美劳全面发展，掌握扎实的科学文化基础和电力工程基础及相关法律法规等知识，具备解决较复杂电力工程技术问题、进行较复杂电力生产运行维护、检修调试操作等能力，具有工匠精神和信息素养，能够从事新型电力系统及相关设备的设计、运维、检修、调试，电力项目管理和客户服务等工作的高层次技术技能人才。

主要专业能力要求

1. 具有新型电力系统及相关设备的运行维护、检修调试能力；

2. 具有掌握电气设备运行原理和内部结构、分析处理设备检修调试中的技术问题、指导生产人员作业和设备技术改造的能力；

3. 具有电力工程设计及项目组织与管理能力；

4. 具有电力客户服务能力，能引导、指导电力客户低碳、安全、高效、规范用电并开展综合能源服务；

5. 具有安全生产意识和质量意识，能正确使用现代电力工器具，按照全面质量管理的要求和标准化作业流程规范作业；

6. 具有参与节能环保、电能替代、智能电网、综合能源管理等方面的新技术、新产品、新方法的研究和应用推广的能力；

7. 具有适应电力产业数字化发展需求的数字化应用能力和创新实践能力；

8. 具有本专业领域职业健康、安全防护意识；

9. 具有探究学习、终身学习和可持续发展的能力。

主要专业课程与实习实训

　　专业基础课程：电路与磁路、电机技术、电子技术、电力电子技术、电力安全技术、工程制图与 CAD、C 语言程序设计、电气控制技术、电力系统通信技术。

　　专业核心课程：新型电力系统概论、电气设备运行与维护、新型电力系统保护技术、电力系统自动化技术、电气试验与过电压防护、电气运行技术、分布式发电和微电网技术、能源互联网技术、综合能源服务技术、电力工程管理。

　　实习实训：对接真实职业场景或工作情境，在校内外进行变电运维、继电保护调试、电气试验等实训。在发电企业（含新能源发电企业）、供电公司、电力建设公司、电气设备生产企业、电力设计公司等单位进行岗位实习。

职业类证书举例

　　职业技能等级证书：变配电运维、继电保护检修

接续专业举例

　　接续专业硕士学位授予领域举例：电气工程

　　接续硕士学位二级学科举例：电力系统及其自动化、电力电子与电力传动、高电压与绝缘技术、电机与电器、电工理论与新技术

专业代码　230102
专业名称　智能电网工程技术
基本修业年限　四年

职业面向

　　面向电力工程技术人员、电力设备检修人员等职业，智能电网规划设计和施工建设，智能电网设备安装、调试、管理和检修等技术领域。

培养目标定位

　　本专业培养德智体美劳全面发展，掌握扎实的科学文化基础和电力设备原理、电力工程技术、智能电网技术等知识，具备智能电网厂站以及输配电线路等系统设备的分析、设计、安装、调试、运维等能力，具有工匠精神和信息素养，能够从事智能电网规划设计、施工建设、安装调试、调控运行、维护检修、设备制造等工作的高层次技术技能人才。

主要专业能力要求

1. 具有运用电工技术、电子技术、电机技术和计算机技术的能力；

2. 具有操作电气一、二次设备和分析电力系统运行状态的能力；

3. 具有应用光纤、无线、载波等电力系统通信技术及本专业相关通信标准的能力；

4. 具有智能电网厂站以及输配电线路等系统设备的安装、调试、运维的能力；

5. 具有进行分布式新能源接入分析、设计、安装、维护的能力；

6. 具有运用电力数字化技术进行智能电网信息处理、设备运维、用户服务和调度控制的能力；

7. 具有安全意识，能遵守电力工程安全生产规程；

8. 具有解决工程实际问题的能力；

9. 具有探究学习、终身学习和可持续发展的能力。

主要专业课程与实习实训

专业基础课程：电路与磁路、电子技术、电机与电气控制技术、电力电子技术、自动控制原理、计算机语言与程序设计、工程识图与 CAD 绘图、电力安全技术、电网智能技术概论。

专业核心课程：电力系统分析、电气设备及运行、高电压技术及应用、电力系统继电保护运行与调试、智能电网通信技术、智能微电网技术与应用、智能配电集成与运维、电力工程管理。

实习实训：对接真实职业场景或工作情境，在校内外进行电气设备安装检修、继电保护调试、电网通信设备安装调试、智能微网接入与管理、智能配电集成与运维、智能变电站运行与维护等实训。在电力供应服务企业、智能电网设备制造企业、智能电网工程实施企业、智慧能源管理服务企业等单位进行岗位实习。

职业类证书举例

职业技能等级证书：智能配电集成与运维、继电保护检修、变配电运维

接续专业举例

接续专业硕士学位授予领域举例：电气工程、能源动力

接续硕士学位二级学科举例：电机与电器、电力系统及其自动化、高电压与绝缘技术、电力电子与电力传动、电工理论与新技术

2302　热能与发电工程类

专业代码　230201
专业名称　热能动力工程
基本修业年限　四年

职业面向

面向发电工程技术人员、电力热力生产和技术管理人员等职业，热力发电机组运行、热力发电设备点检、热力设备检修、热力设备安装调试等技术领域。

培养目标定位

本专业培养德智体美劳全面发展，掌握扎实的科学文化基础和热力基础、热能动力技术和工程管理等知识，具备一定的节能技术研发和热力系统设计、实施能源科技成果和实验成果转化、解决较复杂的热能发电工程问题和进行较复杂热力发电机组综合操作等能力，具有工匠精神和信息素养，能够从事热能动力工程设计及节能管理、热力发电厂运行维护和技术管理、热能动力设备安装与检修技术管理等工作的高层次技术技能人才。

主要专业能力要求

1. 具有绘制热力系统设备工作图、撰写设备操作说明书的能力；
2. 具有设计热力系统、能源系统，编制节能升级改造方案的能力；
3. 具有组织发电厂热力设备安装、调试和检修的能力，能分析和处理设备安装、调试、检修的技术问题，指导生产人员安全作业；
4. 具有发电厂热力设备运行与维护、设备运行与维护技术督导的能力；
5. 具有使用工器具和信息化平台实施热力设备巡回检查、分析设备运行状况、处理设备运行故障的能力；
6. 具有识别和表达热力系统及设备的运行状态，并对其进行分析和综合评估的能力；
7. 具有适应电力产业数字化发展需求的数字化应用的能力；
8. 具有应用与推广节能减碳、储能、智慧发电、综合能源管理等方面的新技术、新产品、新方法的能力；
9. 具有探究学习、终身学习和可持续发展的能力。

主要专业课程与实习实训

专业基础课程：机械设计、金属材料及监督技术、电工电子应用技术、工程热力学及应用、工程流体力学及应用、工程传热学及应用、现代信息技术、电力安全管理。

专业核心课程：泵与风机运行及分析、锅炉设备运行及分析、汽轮机设备运行及分析、热力设备安装与检修技术、热力发电厂系统分析及运行、发电厂电气设备及运行、单元机组经济运行、发电生产节能减碳技术、热工测量与智能控制。

实习实训：对接真实职业场景或工作情境，在校内外进行火电机组仿真运行、垃圾焚烧发电机组仿真运行、热力设备安装与检修等实训。在热力发电厂、电力建设企业、发电设备调试和检测企业、电力行业仿真实习基地等单位进行岗位实习。

职业类证书举例

职业技能等级证书：垃圾焚烧发电运行与维护、发电集控运维

接续专业举例

接续专业硕士学位授予领域举例：能源动力

接续硕士学位二级学科举例：工程热物理、热能工程、动力机械及工程、流体机械及工程、制冷及低温工程

2303　新能源发电工程类

专业代码　230301
专业名称　新能源发电工程技术
基本修业年限　四年

职业面向

面向新能源发电领域的电力工程技术人员、电力生产和供应人员等职业，新能源发电相关的规划设计、技术研发、工艺改造、生产运行和管理服务等技术领域。

培养目标定位

本专业培养德智体美劳全面发展，掌握扎实的科学文化基础和太阳能、风能等新能源发电工程应用领域的能量转换与储存、发电系统设计、多种能源综合利用等知识，具备一定的新能源发电工程领域的成果转化、应用研究、工程实践、技术推广和创新发展等能力，具有工匠精神和信息素养，能够从事新能源电站的规划设计和运行维护、技术研发和工艺改造、技术服务和推广等工作的高层次技术技能人才。

主要专业能力要求

1. 具有新能源发电系统的规划设计和施工管理的能力；
2. 具有新能源发电机组安装调试和运行维护的能力；
3. 具有新能源发电项目的评估能力；
4. 具有新能源发电项目的运营和管理的能力；
5. 具有电力信息化系统的应用、维护和初步开发的能力；
6. 熟悉新能源发电领域相关的国家法律、行业规定，掌握绿色生产、环境保护、安全防护、质量管理等相关知识与技能；
7. 具有创新意识和能力，能对新能源发电系统、关键设备进行技术或工艺改造，能解决较复杂的工程问题；
8. 具有适应产业数字化发展需求的基本数字技能和信息技术能力，能够对新能源发电领域的新技术、新模式、新方法进行推广和应用；
9. 具有探究学习、终身学习和可持续发展的能力。

主要专业课程与实习实训

专业基础课程：电路分析、机械基础、电子技术、程序语言设计、电机电控与 PLC 技术、电力电子技术、供配电技术、传感器与检测技术、电气绘图与电子 CAD、电力安全。

专业核心课程：光伏发电工程、风力发电工程、电力系统储能技术、电站设计与施工、风电机组运行与维护、并网技术、分布式发电与智能微电网技术、工业控制网络技术、风光储一体化应用技术。

实习实训：对接真实职业场景或工作情境，在校内外进行新能源电站数字化设计、光伏发电系统安装与调试、风力发电系统运行与维护、多种能源综合利用等实训。在新能源电站设计、建设、发电和技术推广等单位进行岗位实习。

职业类证书举例

职业技能等级证书：光伏电站运维、用户侧微电网工程应用

接续专业举例

接续专业硕士学位授予领域举例：动力工程、电气工程、控制工程

接续硕士学位二级学科举例：热能工程、动力机械及工程、流体机械及工程、电机与电器、电力电子与电力传动、检测技术与自动化装置

2304 黑色金属材料类

专业代码 230401

专业名称 钢铁智能冶金技术

基本修业年限 四年

职业面向

面向黑色金属冶炼与压延加工行业的冶炼工程技术人员等职业，炼铁生产和炼钢生产操作、质量控制、工程设计、技术创新与应用等技术领域。

培养目标定位

本专业培养德智体美劳全面发展，掌握扎实的科学文化基础和炼铁生产、炼钢生产及相关法律法规等知识，具备钢铁智能生产各工序复杂操作、过程质量控制、产品与工程设计、安全生产管理、创新技术应用、科技成果转化等能力，具有工匠精神和信息素养，能够从事冶炼生产、工程设计、技术创新与应用等工作的高层次技术技能人才。

主要专业能力要求

1. 具有炼铁生产、炼钢生产方面较强的整合知识和综合运用知识的能力；
2. 具有钢铁智能生产中复杂操作过程质量控制、生产现场管理的能力；
3. 具有钢铁冶炼生产产品与工程设计、技术研发与应用、创新创业等实践能力；
4. 具有从事钢铁智能冶金技术领域加工中高端钢铁产品、提供中高端深加工服务的能力；
5. 具有绿色生产、环境保护、安全生产等意识，能够遵守职业道德准则和行为规范；
6. 具有适应钢铁智能冶金技术领域数字化发展需求的数字化技能；
7. 具有探究学习、终身学习和可持续发展的能力。

主要专业课程与实习实训

专业基础课程：工程制图与CAD、机械设计基础、电工电子技术、物理化学、冶金传输原理、冶金原理、金属学及热处理、工程力学、液压技术、冶金过程检测及自动控制。

专业核心课程：炼铁生产与智能控制技术、炼钢生产与智能控制技术、烧结与球团生产技术、炉外精炼技术、连续铸钢生产技术、炼铁厂设计原理、炼钢厂设计原理、现代冶金及试验研究方法、冶金安全生产、冶金资源综合利用及环保、冶金生产与人工智能技术、钢铁生产能源与物流控制技术。

  实习实训：对接真实职业场景或工作情境，在校内外进行金工实习、炼铁还原、炼钢水模型、冶金基础实验操作等实训。在现代绿色智能化炼铁炼钢厂、钢铁生产虚拟仿真实训基地、冶金设计院、冶金研究院等单位或场所进行岗位实习。

职业类证书举例

  职业技能等级证书：冶金机电设备点检

接续专业举例

  接续专业硕士学位授予领域举例：冶金工程
  接续硕士学位二级学科举例：冶金物理化学、钢铁冶金

2305　有色金属材料类

专业代码　230501
专业名称　材料化冶金应用技术
基本修业年限　四年

职业面向

面向冶金工程技术人员、金属材料工程技术人员等职业，有色金属冶炼、黑色金属冶炼等技术领域。

培养目标定位

本专业培养德智体美劳全面发展，掌握扎实的科学文化基础和材料化冶金应用技术复杂生产操作、生产工艺优化、生产事故处理等知识，具备解决复杂问题、实施现场管理、应用绿色化智能化技术等能力，具有工匠精神和信息素养，能够从事材料提取提纯、金属冶炼、电解等工序的复杂操作、过程质量控制、生产管理、产品与工程设计、创新技术应用、科技成果转化等工作的高层次技术技能人才。

主要专业能力要求

1. 具有完成材料化冶金的生产操作和产品质量控制的能力；

2. 具有处理材料化冶金生产事故，解决复杂问题的能力；

3. 具有材料化冶金生产管理的能力；

4. 具有材料化冶金产品设计、设备选型、车间设计等工程设计的能力；

5. 具有在材料化冶金生产中进行简单的技术研发与创新，进行科技成果转化的能力；

6. 具有安全生产意识、环保意识和法律意识，以及在材料化冶金生产中应用绿色化、智能化技术的能力；

7. 具有探究学习、终身学习和可持续发展的能力。

主要专业课程与实习实训

专业基础课程：冶金原理、物理化学、分析化学、材料科学基础、金属学及热处理、工程力学、工程制图与 CAD、机械设计基础、电工电子技术、工业自动化系统与技术。

专业核心课程：现代智能冶金技术、材料化冶金技术、合金材料制备技术、粉末冶金技术、电化学冶金技术、冶金短流程技术、特种冶金技术、现代冶金及实验研究方法、冶金生产过程检测与控制、冶金生产设备操作与维护、冶金环境工程技术、工业生产企业现场管理。

实习实训：对接真实职业场景或工作情境，在校内外进行化学基础、金属加工、材料化冶金等实训。在冶金生产企业、冶金生产实训基地、冶金生产虚拟仿真实训基地等单位进行岗位实习。

职业类证书举例

职业技能等级证书：冶金机电设备点检

接续专业举例

接续专业硕士学位授予领域举例：冶金工程

接续硕士学位二级学科举例：冶金物理化学、钢铁冶金、有色金属冶金

专业代码 230502
专业名称 金属智能成型技术
基本修业年限 四年

职业面向

面向硬质合金生产人员、金属压延加工人员、金属制品制造人员、增材制造人员等职业，生产制造、工程技术和管理等岗位（群）。

培养目标定位

本专业培养德智体美劳全面发展，掌握扎实的科学文化基础和金属成型及智能控制、金属性能及检测分析、安全环保及质量管理等知识，具备产品研发及数字化创新、中高端产品制造、产品性能评价等能力，具有工匠精神和信息素养，能够从事智能设备操作与维护、现场生产工艺改进、生产组织与技术管理、产品质量控制、技术研发与成果转化等工作的高层次技术技能人才。

主要专业能力要求

1. 具有操控增材制造、金属压延加工等智能设备，并进行维护和保养的能力；

2. 具有安全意识、环保意识和法律意识，在生产中应用绿色生产技术，进行安全防护和质量管控的能力；

3. 具有生产工艺改进、过程控制、现场管理、解决复杂技术问题的能力；

4. 具有从事金属成型领域中高端产品制造的能力；

5. 具有对金属成型领域新材料、新技术、新工艺和新设备的实施效果进行评估，

并提出改进意见的能力；

6. 具有参与制订技术规程与技术方案，从事技术研发和成果转化的能力；
7. 具有满足产业信息化、数字化发展需求的基本信息技能和数字技能；
8. 具有探究学习、终身学习和可持续发展的能力。

主要专业课程与实习实训

　　专业基础课程：冶金技术史、金属材料热处理及加工应用、物理化学、材料物理力学性能、机械原理与液压传动、冶金智能生产技术概论、机械制图与CAD、电工电子技术、热工仪表及维护、金属腐蚀与防护。

　　专业核心课程：材料成型与智能控制技术、粉末冶金及成型技术、增材制造技术、金属压力加工技术、可编程控制技术与应用、材料质量检验、工业数据分析、材料现代分析方法、智能测量技术、金属性能控制技术、工业企业生产现场管理、企业安全生产与节能环保。

　　实习实训：对接真实职业场景或工作情境，在校内外进行金属加工、增材制造、材料分析检测专业技能综合实践等实训。在铁路、船舶、航空航天企业和其他运输设备制造、新金属材料、增材制造、金属压延加工、金属制品生产企业等单位进行岗位实习。

职业类证书举例

　　职业技能等级证书：增材制造模型设计、冶金机电设备点检

接续专业举例

　　接续专业硕士学位授予领域举例：材料与化工、能源动力
　　接续硕士学位二级学科举例：材料科学与工程、冶金工程

专业代码　230503
专业名称　储能材料工程技术
基本修业年限　四年

职业面向

　　面向储能材料和电池行业的储能材料制备、储能电池及系统研发、制造与应用等技术领域。

培养目标定位

本专业培养德智体美劳全面发展，掌握扎实的科学文化基础和储能材料生产制造专业等知识，具备储能材料和电池研发设计、工艺管理、设备运维、质量控制、创新发展等能力，具有工匠精神和信息素养，能够从事储能材料合成与试验、储能电池智能制造、储能电池系统设计与应用等工作的高层次技术技能人才。

主要专业能力要求

1. 具有储能材料合成试验、储能材料与电池工艺设计、优化和改进的能力；
2. 具有储能材料与电池智能制造设备调试、故障解决及维护等的能力；
3. 具有储能电池系统设计、开发、改进及创新的能力；
4. 具有产品检测及质量管理、控制与改进的能力；
5. 具有应用计算机辅助设计技术、PLC 与自动化控制技术、信息技术、数据统计与分析技术等数字化、信息化、智能化技术的能力；
6. 具有绿色生产、环境保护、安全防护和法律法规意识，能够遵守职业道德准则和行为规范；
7. 具有参与制订技术规程与技术方案，参与技术研发和成果转化的能力；
8. 具有探究学习、终身学习和可持续发展的能力。

主要专业课程与实习实训

专业基础课程：大学物理、机械制图与 CAD、电工电子技术、储能技术概论、储能化学基础、电化学基础、储能材料基础、PLC 控制技术、碳中和与碳管理、数据统计与分析。

专业核心课程：储能材料合成与试验、先进储能材料制备技术、储能电芯智能制造技术、储能电池包智能制造技术、新型储能电池技术、储能电池系统设计、储能检测技术、储能电池阶梯利用与回收技术、储能企业质量控制与管理、储能企业工业工程应用、储能企业绿色安全生产、储能技术创新应用。

实习实训：对接真实职业场景或工作情境，在校内外进行电工电子、机械加工、储能电池材料合成/改性与测试、储能电芯设计/制作与检测、储能电池装置的设计与开发等实训。在储能材料和储能电池研发、生产制造企业、生产性实训基地、虚拟仿真实习基地等单位进行岗位实习。

职业类证书举例

职业技能等级证书：智能制造生产管理与控制、冶金机电设备点检

接续专业举例

　　接续专业硕士学位授予领域举例：材料工程、材料与化工、资源与环境、机械

　　接续硕士学位二级学科举例：材料科学与工程、材料学、材料加工工程

2306　非金属材料类

专业代码　230601

专业名称　高分子材料工程技术

基本修业年限　四年

职业面向

面向高分子材料加工及改性行业的生产管理、质量控制、产品设计、项目开发等岗位（群）。

培养目标定位

本专业培养德智体美劳全面发展，掌握扎实的科学文化基础和高分子材料合成、结构、性能、加工、改性及应用等知识，具备对高分子材料进行分析与选用、产品设计、质量控制、经营管理等能力，具有工匠精神和信息素养，能够从事高分子材料生产管理、技术改进与创新、产品设计及营销管理等工作的高层次技术技能人才。

主要专业能力要求

1. 具有应用数学、化学及化工基础的基本原理表达、分析高分子材料加工及改性领域科学问题的能力；

2. 具有运用高聚物加工及合成原理、工艺、设备等方面的专业知识解决高分子材料加工中的复杂工程问题的能力；

3. 具有高分子材料加工及改性领域产品设计、工艺优化的能力；

4. 具有正确选择与使用现代材料检测技术对高分子材料结构与性能进行检测与分析，并获取合理有效的结论的能力；

5. 具有一定工程制图能力；

6. 能够运用网络文献检索基本方法和相关语言工具了解高分子材料领域的国内外发展现状；

7. 具有高分子工程领域数字化、智能化发展需要的基本技能及参与装置数字化改造的能力；

8. 具有本专业领域职业健康、安全防护、法律法规意识；

9. 具有探究学习、终身学习和可持续发展的能力。

主要专业课程与实习实训

专业基础课程：材料科学基础、无机及分析化学、有机化学、物理化学、化工原理、工程制图、自动化控制技术、HSE 管理体系。

专业核心课程： 高分子化学、高分子物理、高分子合成技术、高分子材料与配方、高分子智能制造技术及装备、功能高分子材料开发技术、高分子材料现代测试技术、高分子工程项目管理。

实习实训： 对接真实职业场景或工作情境，在校内外进行高分子加工、配方设计、模具设计、化学与化工基础技能、常规结构与性能检测及分析等实训。在高分子材料加工企业、高分子材料改性企业等单位进行岗位实习。

职业类证书举例

职业技能等级证书： 化工危险与可操作性（HAZOP）分析

接续专业举例

接续专业硕士学位授予领域举例： 材料与化工

接续硕士学位二级学科举例： 材料科学与工程

专业代码 230602
专业名称 新材料与应用技术
基本修业年限 四年

职业面向

面向新材料工程技术人员等职业，先进化工材料、关键战略材料、前沿新材料等技术领域。

培养目标定位

本专业培养德智体美劳全面发展，掌握扎实的科学文化基础和化学化工基础、新材料合成制备、智能化生产设备操作维护、工艺设计与生产安全管理及相关法律法规等知识，具备新材料分析表征、开发与转化、品质控制、应用验证与评估等能力，具有工匠精神和信息素养，能够从事新材料绿色智能制造与精益生产管理、检测与品质管理、应用支持、技术研发等工作的高层次技术技能人才。

主要专业能力要求

1. 具有化学化工基础知识及材料物性特性与微观结构分析的能力；
2. 具有安全操作智能化生产设备与搭建绿色材料试验线的能力；
3. 具有新材料生产计划与现场管理、进度管控与清洁生产的能力；

4. 具有新材料产品质控、产品认证、生产许可证管理的能力；

5. 具有新材料成本、性能与环保的验证、评估、制程提升的能力；

6. 具有化工新材料合成制备等创新关键技术与生产转化的能力；

7. 具有分析解决新材料研发中的技术和工程问题的能力；

8. 具有持续收集、分析与学习国际化新材料信息与技术的能力；

9. 具有本专业领域职业健康、安全防护、法律法规意识；

10. 具有探究学习、终身学习和可持续发展的能力。

主要专业课程与实习实训

专业基础课程：基础化学、物理化学、材料化学、材料物理、高分子化学与物理、材料科学基础、材料工程基础。

专业核心课程：化工新材料合成与制备、新材料绿色智能制造、新材料精益生产管理、新材料分析检测、新材料标准化与品质控制、化工新材料配方与工艺设计、新材料应用验证与评估、新材料安全与环保、新材料专业英语。

实习实训：对接真实职业场景或工作情境，在校内外进行化学基础技能、新材料微观形貌与结构分析表征、高分子新材料合成与制备、化工新材料配方设计、复合新材料应用验证与评估等实训。在化工新材料检测机构、新材料智能化生产制造企业、新材料创新研发企业等单位进行岗位实习。

职业类证书举例

职业技能等级证书：化工危险与可操作性（HAZOP）分析

接续专业举例

接续专业硕士学位授予领域举例：材料与化工

接续硕士学位二级学科举例：材料科学与工程、化学工程与技术

2307　建筑材料类

专业代码　230701
专业名称　建筑材料智能制造
基本修业年限　四年

职业面向

面向硅酸盐工程技术人员、非金属矿物及制品工程技术人员、无机非金属材料工程技术人员等职业，建筑材料性能优化设计、节能诊断、智能赋能技术与智能工厂等技术领域。

培养目标定位

本专业培养德智体美劳全面发展，掌握扎实的科学文化基础和建筑材料智能生产工艺、材料性能设计、绿色低碳管理及相关法律法规等知识，具备管理控制、产品研发、节能诊断等能力，具有工匠精神和信息素养，能够从事建筑材料性能优化设计、智能制造、新产品开发、节能诊断与绿色低碳生产管理等工作的高层次技术技能人才。

主要专业能力要求

1. 具有工程制图、识图、数字化动手操作与技术应用能力；

2. 具有建筑材料智能制造领域相关标准、规程规范、法律法规查询、理解和执行能力；

3. 具有建筑材料智能制造相关机械设备、电工与电子、仪表及自动化等方面的应用及维护保养能力；

4. 具有产品质量标准编制，原燃材料、半成品及成品的质量检验与分析能力；

5. 具有材料性能优化设计、人工智能设备操控、质量检测控制、绿色低碳生产运作管理能力；

6. 具有工艺设计、智能生产过程质量控制及生产管理的能力；

7. 具有参与制订技术规程与技术方案的能力，能够开展技术研发、新产品开发并实现成果转化；

8. 具有进行建筑材料智能工厂绿色生产、安全环保、节能诊断、质量管理和对生态环境影响评价的能力；

9. 具有探究学习、终身学习和可持续发展的能力。

主要专业课程与实习实训

　　专业基础课程：无机非金属材料概论、工程制图与 CAD 技术、电工电子技术、硅酸盐物理化学、材料科学基础、建筑材料热工技术、机械设计、矿物岩石学、硅酸盐岩相分析技术、流体力学。

　　专业核心课程：建筑材料生产工艺、粉体工程及设备、建筑材料热工设备、建筑材料性能测试与优化、建材绿色智能工厂工艺设计、建材企业节能诊断技术、建材清洁生产技术、安全生产与环境保护、建材生产智慧管理、建材智能制造技术。

　　实习实训：对接真实职业场景或工作情境，在校内外进行建筑材料工厂工艺设计、粉体材料制备、建材生产节能诊断等实训。在水泥基建筑材料智能制造企业、玻璃陶瓷智能制造企业、墙体材料智能制造企业、装配式建筑部品智能制造企业及战略性新材料企业等单位进行岗位实习。

职业类证书举例

　　职业技能等级证书：土木工程混凝土材料检测、装配式混凝土预制构件质量检验

接续专业举例

　　接续专业硕士学位授予领域举例：材料与化工
　　接续硕士学位二级学科举例：材料加工工程、材料学

24 土木建筑大类

2401 建筑设计类

专业代码 240101

专业名称 建筑设计

基本修业年限 四年

职业面向

面向建筑设计工程技术人员等职业，建筑方案设计、建筑施工图设计、建筑表现、装配式建筑深化设计、建筑设计业务管理等技术领域。

培养目标定位

本专业培养德智体美劳全面发展，掌握扎实的科学文化基础和建筑设计基础、建筑制图、中外建筑简史、建筑法规等知识，具备民用建筑方案设计、民用建筑施工图设计、建筑设计草图绘制、效果图表现、建筑信息模型（BIM）应用等能力，具有工匠精神和信息素养，能够从事建筑方案设计、建筑施工图设计、建筑信息模型（BIM）应用、绿色建筑技术应用、装配式建筑深化设计等工作的高层次技术技能人才。

主要专业能力要求

1. 具有运用计算机专业软件辅助设计的能力；
2. 具有建筑设计草图、效果图表现能力；
3. 具有民用建筑方案设计能力；
4. 具有民用建筑施工图设计能力；
5. 具有较强的建筑信息模型（BIM）应用的能力；
6. 具有初步的绿色建筑技术应用能力；
7. 具有初步的装配式建筑深化设计能力；
8. 具有应用信息技术、数字技术研究和创新发展能力；
9. 具有探究学习、终身学习和可持续发展的能力。

主要专业课程与实习实训

专业基础课程：建筑美术、设计概论、建筑设计基础、建筑制图、建筑表现、中外建筑简史、建筑法规、计算机辅助设计、建筑信息模型（BIM）应用。

专业核心课程：场地设计、建筑设计、建筑施工图设计、居住区规划设计、城市设计、建筑材料与构造、绿色建筑技术应用、建筑结构与设备、建筑数字化设计。

实习实训：对接真实职业场景或工作情境，在校内外进行建筑设计表达、建筑方案设计、建筑施工图设计、中小型建筑场地设计、建筑材料与构造设计等实训。在建筑设计企业、虚拟仿真实习基地、建筑设计行业相关设计咨询公司等单位进行岗位实习。

职业类证书举例

职业资格证书：注册建筑师

职业技能等级证书：建筑信息模型（BIM）、建筑工程识图

接续专业举例

接续专业硕士学位授予领域举例：建筑学

接续硕士学位二级学科举例：建筑历史与理论、建筑设计及其原理、建筑技术科学

专业代码　240102
专业名称　建筑装饰工程
基本修业年限　四年

职业面向

面向土木建筑工程技术人员、项目管理工程技术人员、室内装饰设计师等职业，建筑装饰设计、建筑装饰施工技术、建筑装饰工程项目管理等技术领域。

培养目标定位

本专业培养德智体美劳全面发展，掌握扎实的科学文化基础和建筑装饰设计、建筑装饰施工、建筑装饰工程项目管理及相关法律法规等知识，具备方案设计、施工图设计与深化、设计计算、造价编制、施工现场技术与管理等能力，具有工匠精神和信息素养，能够从事建筑装饰设计、建筑装饰工程施工技术与管理等工作的高层次技术技能人才。

主要专业能力要求

1. 具有建筑装饰装修领域中高端产品创意设计、建造与管理的能力；

2. 具有按照规范标准、工作流程进行设计与施工管理的能力；

3. 具有建筑装饰工程项目全生命周期 BIM 应用能力；

4. 具有解决设计、施工与管理岗位现场复杂问题的能力；

5. 具有适应产业数字化发展需要的数字化技能；

6. 具有综合运用绿色生产、安全防护、质量管理及法律法规相关知识的能力；

7. 具有建筑装饰设计、建筑装饰施工、建筑装饰项目管理与应用技术研究和创新发展能力；

8. 具有较强的沟通协调、环境适应和团队协作能力；

9. 具有探究学习、终身学习和可持续发展的能力。

主要专业课程与实习实训

专业基础课程：建筑艺术造型、建筑装饰设计基础、中外建筑简史、建筑装饰表现技法、建筑装饰制图与识图、计算机辅助设计、建筑装饰材料与构造、建筑工程基础。

专业核心课程：住宅建筑装饰设计、公共建筑装饰设计、建筑装饰施工图设计、建筑装饰施工技术、建筑装饰工程深化全案设计、建筑室内绿色环境控制、建筑装饰工程计量与计价、建筑装饰工程项目管理、建筑信息模型（BIM）技术。

实习实训：对接真实职业场景或工作情境，在校内外进行建筑装饰设计、装饰工程计量与计价、工程项目管理、建筑信息模型（BIM）等实训。在校内生产性实训基地、校外装饰企业、建筑装饰设计院等单位进行岗位实习。

职业类证书举例

职业资格证书：建造师、造价工程师、监理工程师

职业技能等级证书：室内设计、建筑信息模型（BIM）、建筑工程识图

接续专业举例

接续专业硕士学位授予领域举例：建筑学

接续硕士学位二级学科举例：建筑设计及其理论、建筑技术科学

专业代码 240103
专业名称 古建筑工程
基本修业年限 四年

职业面向

面向土木建筑工程技术人员等职业，古建筑修缮与保护、仿古建筑设计、施工、管理等技术领域。

培养目标定位

本专业培养德智体美劳全面发展，掌握扎实的科学文化基础、文物保护知识和古建筑修缮与保护、仿古建筑设计、施工、造价及相关法律法规等知识，具备古建筑工程测绘、施工图设计、施工、项目管理、计量与计价等能力，秉持文物保护基本原则，具有工匠精神和信息素养，能够从事仿古建筑设计、古建筑维修施工、工程项目管理等工作的高层次技术技能人才。

主要专业能力要求

1. 具有运用数字化技术进行大中型古建筑测绘的能力；
2. 具有古建筑修缮工程和仿古建筑工程施工图设计的能力；
3. 具有古建筑修缮主要工种（木作、瓦石作、油漆彩画作等）的操作能力和工程项目管理能力；
4. 具有古建筑工程计量与计价的能力；
5. 具有建筑信息模型（BIM）技术应用的能力；
6. 具有综合运用建筑与文物保护法律法规、绿色生产、安全防护、质量管理等相关知识的能力；
7. 具有探究学习、终身学习和可持续发展的能力。

主要专业课程与实习实训

专业基础课程：艺术造型、中国建筑史、古建筑材料与构造、古建筑工程制图与识图、古建筑结构安全性鉴定、古建筑工程法规、古建筑数字化技术。

专业核心课程：古建筑测绘、古建筑修缮与保护、仿古建筑设计、古建筑木作、古建筑瓦石作、古建筑油漆彩画作、古建筑信息模型（BIM）、古建筑工程计量与计价。

实习实训：对接真实职业场景或工作情境，在校内外进行古建筑测绘、仿古建筑设计、古建筑 BIM 应用、古建筑造价等实训。在古建筑设计、施工、监理企业和生产性实训基地、虚拟仿真实训基地等单位进行岗位实习。

职业类证书举例

职业资格证书：建造师、文物保护工程从业资格

职业技能等级证书：建筑工程识图、建筑信息模型（BIM）

接续专业举例

接续专业硕士学位授予领域举例：建筑学

接续硕士学位二级学科举例：建筑历史与理论

专业代码 240104

专业名称 园林景观工程

基本修业年限 四年

职业面向

面向风景园林工程技术人员、园林绿化工程技术人员等职业，园林景观设计、园林景观施工、园林项目管理等岗位（群）。

培养目标定位

本专业培养德智体美劳全面发展，掌握扎实的科学文化基础和园林生态、制图、植物、材料、测量、美学等知识，具备园林景观设计、工程施工及管理、园林植物应用等能力，具有工匠精神和信息素养，能够从事园林景观设计、施工与管理等工作的高层次技术技能人才。

主要专业能力要求

1. 具有园林景观空间序列设计及尺度把握的能力；
2. 具有园林植物应用的能力；
3. 具有解决园林景观工程施工中复杂技术问题的能力；
4. 具有运用所学的技术与规范进行园林景观工程施工组织和信息化管理的能力；
5. 具有园林景观工程计量与计价的能力；
6. 具有综合运用园林领域相关法律法规、绿色生产、环境保护、安全施工等相关知识的能力；
7. 具有服务生态文明的使命感和责任感，具有园林项目技术创新和研发的能力；
8. 具有探究学习、终身学习和可持续发展的能力。

主要专业课程与实习实训

专业基础课程：园林美术、园林景观材料与构造、园林景观生态、园林景观制图、计算机辅助设计、园林景观设计初步、园林树木、园林景观测量、中国园林史。

专业核心课程：园林景观规划设计、园林景观建筑设计、园林植物景观设计、园林景观工程施工技术、园林景观工程概预算、园林景观工程设计信息模型（BIM）、生态保护与修复技术、园林景观工程项目信息化管理。

实习实训：对接真实职业场景或工作情境，在校内外进行园林景观设计、工程施工、工程概预算、项目信息化管理等实训。在园林规划设计院、园林景观建设公司、园林工程咨询服务公司等单位进行岗位实习。

职业类证书举例

    职业资格证书：建造师、注册建筑师、注册城乡规划师

    职业技能等级证书：建筑信息模型（BIM）、建筑工程识图

接续专业举例

    接续专业硕士学位授予领域举例：风景园林、建筑学、城市规划

    接续硕士学位二级学科举例：风景园林学、建筑设计及其理论、城乡规划与设计

专业代码   240105

专业名称   城市设计数字技术

基本修业年限   四年

职业面向

    面向城乡规划工程技术人员等职业，城市信息采集与处理、城市设计、城市历史保护与更新、智慧城市技术等岗位（群）。

培养目标定位

    本专业培养德智体美劳全面发展，掌握扎实的科学文化基础和城市形态与构成、空间规划设计、城市设计技术等知识，具备城市大数据分析技术及应用、多尺度空间的城市设计与创作、城市历史保护与更新等能力，具有工匠精神和信息素养，能够从事城市大数据管理与应用、城市更新设计、城市设计方案设计、城市历史文化保护规划设计等工作的高层次技术技能人才。

主要专业能力要求

    1. 具有应用地理信息技术、城市大数据统计与分析技术采集并处理城市信息的能力；

    2. 具有较强的城市空间形态研读及综合分析的能力；

    3. 具有多尺度空间的城市设计和创作的能力；

    4. 具有运用图形软件、建模软件绘制设计图和编制设计文件的能力；

    5. 具有运用专业知识解读并阐述城市设计意图和成果的能力；

    6. 具有应用城市信息模型的能力；

    7. 具有良好的中华优秀传统文化素养和工匠精神，具备技术研发和创新创业的能力；

    8. 具有熟悉相关专业法律法规，依法从事工作的能力；

9. 具有探究学习、终身学习和可持续发展的能力。

主要专业课程与实习实训

　　专业基础课程：造型基础、设计基础、城市建设史与建筑史、建筑制图、城乡规划原理、城市设计概论、城乡社会调查、计算机编程。

　　专业核心课程：城市形态与构成、空间规划设计、城市规划设计、城市设计技术、城市历史保护与更新、地理信息技术、大数据分析技术及应用、计算机辅助设计、城市信息模型应用。

　　实习实训：对接真实职业场景或工作情境，在校内外进行城市信息采集与处理、多尺度空间城市设计、城市历史保护与更新设计等实训。在规划设计院、建筑设计院等单位进行岗位实习。

职业类证书举例

　　职业资格证书：注册城乡规划师、注册建筑师、建造师

　　职业技能等级证书：建筑信息模型（BIM）

接续专业举例

　　接续专业硕士学位授予领域举例：建筑学、城市规划、风景园林

　　接续硕士学位二级学科举例：城市规划与设计、城乡规划与设计

2402　城乡规划与管理类

专业代码　240201
专业名称　城乡规划
基本修业年限　四年

职业面向

　　面向城乡规划工程技术人员等职业，国土空间规划编制、国土空间规划信息化管理等岗位（群）。

培养目标定位

　　本专业培养德智体美劳全面发展，掌握扎实的科学文化基础和国土空间规划、国土空间规划信息化管理等知识，具备国土空间规划综合表达、国土空间规划方案设计、国土空间规划信息化管理等能力，具有工匠精神和信息素养，能够从事国土空间规划编制、控制性详细规划编制、修建性详细规划编制、村庄规划编制、专项规划编制、规划咨询、规划审核审批与监督、技术标准与公共政策制定等工作的高层次技术技能人才。

主要专业能力要求

　　1. 具有规划设计徒手表达、软件操作、规划文本编制等综合表达能力；

　　2. 具有国土空间规划基础资料收集、城乡社会综合调查能力；

　　3. 具有适应数字城市、国土空间信息化发展新需求的 3S（GIS、RS、GPS）技术应用能力和一定的建筑信息模型（BIM）技术应用能力；

　　4. 具有编制乡镇国土空间规划、控制性详细规划、修建性详细规划、村庄规划及专项规划能力和参与编制市县级以上国土空间总体规划能力；

　　5. 具有城市更新规划、城市设计、景观设计能力；

　　6. 具有规划编制管理、用地规划管理、工程规划管理与信息化管理等能力；

　　7. 具有国土空间规划法律法规应用能力；

　　8. 具有一定的解决城乡规划较复杂问题、城乡规划应用研究、创新发展能力；

　　9. 具有探究学习、终身学习和可持续发展的能力。

主要专业课程与实习实训

　　专业基础课程：美术与表现、制图与构造、城乡规划原理、建筑设计基础、计算机辅助设计、中外城市发展史、地理信息系统（GIS）应用技术、规划测量。

　　专业核心课程：国土空间总体规划、控制性详细规划、修建性详细规划、村庄规划、城乡工程规划、城市设计、国土空间规划法规与信息化管理实务、园林景观设计。

实习实训：对接真实职业场景或工作情境，在校内外进行国土空间规划、控制性详细规划设计、修建性详细规划设计、村庄规划设计等实训。在建筑规划设计院、自然资源规划管理部门、房地产公司、国土空间规划咨询公司、虚拟仿真实习基地等单位进行岗位实习。

职业类证书举例

职业资格证书：注册城乡规划师

职业技能等级证书：建筑信息模型（BIM）

接续专业举例

接续专业硕士学位授予领域举例：城市规划、风景园林、建筑学

接续硕士学位二级学科举例：区域发展与规划、城乡规划与设计、住房与社区建设规划、城乡发展历史与遗产保护规划、城乡规划管理

2403　土建施工类

专业代码　240301

专业名称　建筑工程

基本修业年限　四年

职业面向

面向建筑设计工程技术人员、土木建筑工程技术人员、项目管理工程技术人员等职业，建筑结构设计和施工等岗位（群）。

培养目标定位

本专业培养德智体美劳全面发展，掌握扎实的科学文化基础和建筑制图、建筑材料、建筑力学、建筑构造、工程测量、工程岩土等知识，具备中小型建筑结构设计、解决大型复杂工程施工技术问题和建筑工程项目施工策划与组织管理等能力，具有工匠精神和信息素养，能够从事建筑结构设计、建筑施工技术与施工项目管理等工作的高层次技术技能人才。

主要专业能力要求

1. 具有中小型建筑结构设计的能力；

2. 具有组织和实施建筑施工测量与建筑变形观测的能力；

3. 具有按照设计文件、标准规范等进行建筑工程项目施工策划，并科学组织指导施工的能力；

4. 具有大型复杂建筑工程施工计算、建筑施工技术文件编制的能力；

5. 具有运用 BIM 等现代技术进行施工项目进度、质量、安全、成本、资料、合同等管理的能力；

6. 具有编制建筑工程量清单报价，进行工程投标的能力；

7. 具有判断和分析施工中的结构问题、处理施工中复杂技术问题的能力；

8. 掌握房屋建筑领域相关法律法规，具有安全至上、质量第一、绿色环保的意识和良好的沟通合作能力；

9. 具有探究学习、终身学习和可持续发展的能力。

主要专业课程与实习实训

专业基础课程：建筑制图与 CAD、理论力学、材料力学、结构力学、土力学与地基基础、建筑材料、建筑工程测量、房屋建筑学、建筑设备、建筑信息模型基础等。

专业核心课程：建筑结构、建筑抗震、建筑施工技术、高层建筑施工、建筑施工组织、建筑工程质量与安全管理、建筑工程项目管理、建筑工程计量与计价、智能建造技术、建筑信息模型应用。

实习实训：对接真实职业场景或工作情境，在校内外进行钢筋混凝土框架结构设计、钢结构深化设计、施工组织设计文件编制、危险性较大的工程专项施工方案编制、BIM应用等实训。在建筑设计、建筑施工、项目管理企业等单位进行岗位实习。

职业类证书举例

职业资格证书：建造师、注册结构工程师

职业技能等级证书：建筑工程识图、建筑信息模型（BIM）、建筑工程施工工艺实施与管理

接续专业举例

接续专业硕士学位授予领域举例：土木水利、工程管理

接续硕士学位二级学科举例：岩土工程、结构工程、防灾减灾工程及防护工程、市政工程

专业代码 240302

专业名称 智能建造工程

基本修业年限 四年

职业面向

面向土木建筑工程技术人员、项目管理工程技术人员等职业，建筑智能化施工等岗位（群）。

培养目标定位

本专业培养德智体美劳全面发展，掌握扎实的科学文化基础和建筑结构、建筑构造、建筑力学、建筑信息模型、智能测量、自动控制、工程岩土等知识，具备建筑构件深化设计、智能化测量放线、建筑机器人应用与管理、智能化检测与评定、解决大型复杂智能化施工技术问题和建筑工程项目施工策划与组织管理等能力，具有工匠精神和信息素养，能够从事大型复杂建筑构件深化设计、建筑智能化施工、智能化施工项目管理工作的高层次技术技能人才。

主要专业能力要求

1. 具有运用建筑结构与构造相关知识，并借助深化设计软件进行构件深化设计的能力；

2. 具有施工计算，临时支撑设计、检算的能力；

3. 具有进行智能化施工项目策划、编制智能化施工方案、指导智能化施工的能力；

4. 具有设计开发智能化施工工艺与方法，进行项目信息化管理的能力；

5. 具有借助建筑信息模型进行多专业协同及使用现代信息手段进行进度管理、质量管理、造价管理、安全管理的能力；

6. 具有选择智能化检测设备，编制工程质量检测方案，对采集的数据进行分析与判断，并提出解决办法的能力；

7. 具有绿色施工、安全防护、质量管理、节能减排意识及正确应用建设工程法律法规的能力；

8. 具有一定的国际视野、创新能力及适应建筑业数字化转型升级的数字化应用与管理能力；

9. 具有探究学习、终身学习和可持续发展的能力。

主要专业课程与实习实训

专业基础课程：建筑构造与识图、建筑材料、土力学与地基基础、建筑力学、智能机械与机器人、自动控制与人工智能、建筑结构、智能测量技术。

专业核心课程：建筑信息模型应用、智能建造施工技术、高层建筑施工、建筑工程智能检测建筑施工组织、建筑工程质量与安全管理、建筑工程计量与计价、工程项目智慧管理。

实习实训：对接真实职业场景或工作情境，在校内外进行建筑深化设计、施工方案编制、智能检测与监测、智慧工地建设与管理等实训。在建筑实习实训基地、施工企业、部品部件加工企业等单位进行岗位实习。

职业类证书举例

职业资格证书：建造师、注册结构工程师、注册土木工程师

职业技能等级证书：建筑信息模型（BIM）、智能建造设计与集成应用

接续专业举例

接续专业硕士学位授予领域举例：土木水利、工程管理

接续硕士学位二级学科举例：岩土工程、结构工程

专业代码　240303

专业名称　城市地下工程

基本修业年限　四年

职业面向

面向建筑设计工程技术人员、土木建筑工程技术人员、项目管理工程技术人员等职业，城市地下工程设计和施工等岗位（群）。

培养目标定位

本专业培养德智体美劳全面发展，掌握扎实的科学文化基础和土木工程制图、工程材料选择与检测、力学分析计算、地下工程测量、工程地质勘察、地下工程施工与管理等知识，具备进行一般地下工程结构设计、解决特殊地质条件或复杂工程施工技术问题、进行地下工程施工策划与组织管理等能力，具有工匠精神和信息素养，能够从事城市地下工程的施工、项目管理等工作的高层次技术技能人才。

主要专业能力要求

1. 具有确定城市工程材料、构件和施工机械的能力；

2. 具有一般城市地下工程结构设计的能力；

3. 具有按照设计文件、标准规范等进行城市地下工程项目施工策划，组织指导施工的能力；

4. 具有特殊地质条件或复杂地下工程施工计算、施工技术文件编制的能力；

5. 具有运用 BIM 等现代信息技术进行城市地下工程施工项目进度、质量、安全、成本、资料、合同等管理的能力；

6. 具有编制城市地下工程工程量清单报价，进行工程投标的能力；

7. 具有判断和分析施工中的结构问题、相对特殊地质条件或困难施工条件下复杂技术问题的能力；

8. 具有绿色、环保、文明、法规等意识，良好的团队协作和沟通能力；

9. 具有探究学习、终身学习和可持续发展的能力。

主要专业课程与实习实训

专业基础课程：工程材料、土木工程制图与 CAD、建筑力学、岩土力学、工程地质、地下工程测量、基础工程、BIM 建模。

专业核心课程：地下建筑构造、城市地下工程结构设计、城市地下建筑施工、盾构施工、智能建造施工技术、城市地下工程防灾减灾、城市地下工程计量与计价、智能化施工组织与管理。

实习实训：对接真实职业场景或工作情境，在校内外进行城市地下建筑结构设计、城市地下工程施工方案编制、城市地下工程施工组织设计文件编制等实训。在土木工程设计、土木工程施工、项目管理企业等单位进行岗位实习。

职业类证书举例

职业资格证书：建造师、注册土木工程师、注册结构工程师

职业技能等级证书：建筑信息模型（BIM）、建筑工程施工工艺实施与管理、装配式建筑构件制作与安装

接续专业举例

接续专业硕士学位授予领域举例：土木水利、工程管理

接续硕士学位二级学科举例：岩土工程、结构工程、市政工程、防灾减灾工程及防护工程、桥梁与隧道工程

专业代码 240304

专业名称 建筑智能检测与修复

基本修业年限 四年

职业面向

面向土木建筑工程技术人员、房屋安全鉴定工程技术人员等职业，建筑工程检测、建筑工程监测、建筑工程修复等技术领域。

培养目标定位

本专业培养德智体美劳全面发展，掌握扎实的科学文化基础和建筑制图、建筑构造、建筑材料、建筑力学、建筑工程测量、建筑结构、计算机网络、传感器与物联网及相关法律法规等知识，具备建筑工程智能检测与修复方案设计、施工图与详图设计、结构检测与评定、智能监测、结构修复及管理等能力，具有工匠精神和信息素养，能够从事建筑智能化系统搭建、建筑智能检测、建筑智能监测、建筑修复设计、建筑修复施工与管理等工作的高层次技术技能人才。

主要专业能力要求

1. 具有建筑工程施工图绘制与识读的能力；

2. 具有建筑结构智能检测、监测与修复方案设计、施工图修复与详图设计的能力；

3. 具有搭建智能化系统并进行检测、监测与评定的能力；

4. 具有编制建筑工程施工组织设计、修复施工与质量监控的能力；

5. 具有编制建筑工程量清单报价、组织工程招投标和工程项目管理的能力；

6. 具有建筑工程监测数据采集与分析、建筑工程 BIM 建模、构件碰撞检查与模拟施工等数字化技术的应用能力；

7. 具有建筑工程修复节能减排意识、绿色施工和质量管理能力；

8. 掌握建筑工程相关法律法规，具有安全至上、质量第一的意识和良好的沟通合作能力；

9. 具有探究学习、终身学习和可持续发展的能力。

主要专业课程与实习实训

专业基础课程：建筑制图与 CAD、建筑构造、建筑力学、建筑材料与检测、建筑工程测量、计算机网络技术、建筑结构与计算机辅助设计、传感器与物联网技术。

专业核心课程：建筑施工技术、建筑施工组织、建筑修复技术、建筑信息模型应用、建筑智能检测技术、建筑智能监测技术、工程项目管理、建筑工程计量与计价。

实习实训：对接真实职业场景或工作情境，在校内外进行建筑智能化监测系统搭建与应用、建筑智能检测、建筑修复方案设计等实训。在建筑检测企业、建筑加固与修复企业、建筑设计企业等单位进行岗位实习。

职业类证书举例

职业资格证书：建造师、注册结构工程师、监理工程师

职业技能等级证书：土木工程混凝土材料检测、建设工程质量检测、装配式混凝土预制构件质量检验

接续专业举例

接续专业硕士学位授予领域举例：土木水利、工程管理
接续硕士学位二级学科举例：结构工程、防灾减灾工程及防护工程

2404　建筑设备类

专业代码　240401
专业名称　建筑环境与能源工程
基本修业年限　四年

职业面向

　　面向建筑和市政设计工程技术人员、土木建筑工程技术人员、节能技术应用推广服务人员、新能源技术推广服务人员等职业，建筑环境营造工程建设、建筑运行能耗管理、节能技术研发与应用等技术领域。

培养目标定位

　　本专业培养德智体美劳全面发展，掌握扎实的科学文化基础和流体力学、工程热力学、传热传质学、建筑环境学及相关法律法规等知识，具备建筑环境营造工程建设、建筑环境监控等能力，具有工匠精神和信息素养，能够从事建筑内热湿环境、空气质量相关工程的建设管理、建筑环境监测与控制、建筑运行能耗管理工作的高层次技术技能人才。

主要专业能力要求

　　1. 具有建筑环境与能源工程施工图的识读与绘制能力；

　　2. 具有正确使用建筑环境测试、产品测试等相关工具的能力；

　　3. 具有建筑环境与能源相关的大型复杂工程设计、建设、管理与咨询能力；

　　4. 具有 BIM 技术、信息技术、数字技术综合应用能力；

　　5. 具有综合能源应用与能效管理能力；

　　6. 具有在建筑环境与能源工程应用中运用建筑节能技术、绿色建筑技术和进行建筑节能管理的能力；

　　7. 具有建筑环境与能源工程相关应用技术研究、成果转化能力；

　　8. 具有建筑环境与能源工程专业外文资料查阅、搜集与整理能力；

　　9. 具有探究学习、终身学习和可持续发展的能力。

主要专业课程与实习实训

　　专业基础课程：机械识图、流体力学、工程热力学、传热传质学、建筑环境学、城市能源概论、电工与电子学、建筑 CAD 与 BIM 建模基础。

　　专业核心课程：供热工程、空气调节技术、冷热源工程、建筑电气、建筑设备施工技术与管理、传感器与物联网技术、建筑节能技术、建筑设备自动化技术。

实习实训：对接真实职业场景或工作情境，在校内外进行建筑热湿环境及空气品质环境设计、冷热源设计、工种操作、工程造价、暖通空调系统调试等实训。在工程设计、建筑工程建设、工程造价、能源管理、建筑设备生产等单位进行岗位实习。

职业类证书举例

职业资格证书：注册公用设备工程师、造价工程师、建造师

职业技能等级证书：建筑信息模型（BIM）、建筑工程识图

接续专业举例

接续专业硕士学位授予领域举例：土木水利

接续硕士学位二级学科举例：供热、供燃气、通风及空调工程，热能工程，制冷及低温工程

专业代码 240402

专业名称 建筑电气与智能化工程

基本修业年限 四年

职业面向

面向建筑电气与智能化工程设计、施工、运维等技术领域。

培养目标定位

本专业培养德智体美劳全面发展，掌握扎实的科学文化基础和建筑设备管理、公共安全、信息设施与信息化应用、建筑节能及相关法律法规等知识，具备工程设计、施工、系统运维管理等能力，具有工匠精神和信息素养，能够从事大型复杂建筑电气与智能化工程设计、施工管理及智慧运维等工作的高层次技术技能人才。

主要专业能力要求

1. 具有建筑工程制图及 BIM 建模、碰撞检查及模拟施工的综合应用能力；
2. 具有建筑电气工程、建筑智能化工程设计的能力；
3. 具有建筑电气工程、智能化工程计量计价及招投标的能力；
4. 具有建筑电气工程、建筑智能化工程项目管理，处理施工现场复杂问题的能力；
5. 具有建筑智能化系统集成、大数据分析，建筑设备智慧检测、运维与管理的能力；

6. 具有建筑电气与智能化、电气节能、绿色低碳技术应用研究和创新发展能力；

7. 具有探究学习、终身学习和可持续发展的能力。

主要专业课程与实习实训

专业基础课程：自动控制原理、智能建筑概论、建筑电气控制技术、传感器与检测技术、通信网络技术、大数据分析与云计算、建筑信息传输技术。

专业核心课程：建筑设备与自动化、建筑供配电技术、智能建筑公共安全技术、建筑智能化系统集成、建筑信息模型综合应用、建筑设备工程计量计价、建筑设备工程项目管理、建筑设备智慧运维与管理。

实习实训：对接真实职业场景或工作情境，在校内外进行建筑电气及智能化工程设计、建筑智能化系统集成、建筑设备工程计量计价、BIM 建模和碰撞、建筑设备智慧运维与管理等实训。在设计院、施工企业、监理企业、造价咨询公司等单位进行岗位实习。

职业类证书举例

职业资格证书：建造师、注册电气工程师

职业技能等级证书：建筑信息模型（BIM）

接续专业举例

接续专业硕士学位授予领域举例：土木水利、控制工程

接续硕士学位二级学科举例：电机与电器、控制理论与控制工程

2405 建设工程管理类

专业代码　240501
专业名称　工程造价
基本修业年限　四年

职业面向

面向工程造价确定、工程造价管理等技术领域。

培养目标定位

本专业培养德智体美劳全面发展,掌握扎实的科学文化基础和工程造价相关的管理、经济、法规和土木工程技术等知识,具备运用数字化技术进行建设工程计量与计价、价值工程分析、成本管理、工程造价全过程咨询服务等能力,具有工匠精神和信息素养,能够从事大型或复杂工程项目投资决策分析与评价、项目估概算、预算、工程计量计价、项目招投标、合同及成本管理、项目结算编审及后评价等全过程数字造价管理与咨询服务工作的高层次技术技能人才。

主要专业能力要求

1. 具有识读大型或复杂工程图纸的能力;

2. 具有编制和审核工程项目决策、设计、发承包、施工、竣工等不同阶段造价成果文件的能力;

3. 具有编制企业定额、制定企业工程造价文件编审规程的能力;

4. 具有工程项目财务评价及设计方案技术经济比选的能力;

5. 具有编制和审查工程招投标策划方案、组织实施招投标工作,进行合同管理的能力;

6. 具有编制和审查资金使用计划和工程成本规划,处理工程变更和索赔,实施工程造价审计的能力;

7. 具有运用数字技术、绿色生产、安全防护、质量管理及法律法规开展建设项目全过程工程造价咨询服务的能力;

8. 具有建设专业信息数据库,分析和运用工程建设全过程造价数据、鉴定工程造价纠纷等应用技术研究和创新发展能力;

9. 具有探究学习、终身学习和可持续发展的能力。

主要专业课程与实习实训

  专业基础课程：工程制图与 CAD、土木工程材料、房屋建筑学、建筑力学与结构、建筑信息模型建模技术、土木工程施工、装配式建筑施工、建设工程项目管理。

  专业核心课程：数据分析与定额编制、建筑工程计量与计价、建筑工程造价数字化应用、工程结算与审计、工程造价管理、建设项目招投标与合同管理、全过程工程咨询方法与实务、建设工程经济。

  实习实训：对接真实职业场景或工作情境，在校内外进行工程计量与计价、工程造价数字化应用、建设项目招投标和合同管理、全过程工程咨询、建筑信息模型应用等实训。在建筑行业的开发、施工、咨询等单位（场所）进行岗位实习。

职业类证书举例

  职业资格证书：造价工程师、建造师

  职业技能等级证书：工程造价数字化应用、建筑信息模型（BIM）、建筑工程识图

接续专业举例

  接续专业硕士学位授予领域举例：工程管理

  接续硕士学位二级学科举例：技术经济及管理、管理科学与工程

专业代码 240502
专业名称 建设工程管理
基本修业年限 四年

职业面向

  面向项目管理工程技术人员等职业，建设工程项目管理等技术领域。

培养目标定位

  本专业培养德智体美劳全面发展，掌握扎实的科学文化基础和建设工程管理相关的技术、管理、经济和法律等知识，具备建设工程项目管理规划、过程管理、目标控制等能力，具有工匠精神和信息素养，能够从事大型或复杂建设工程的项目管理等工作的高层次技术技能人才。

主要专业能力要求

  1. 具有工程制图与识图、信息化建模的能力；
  2. 具有编制和审核概算、预算与结算文件的能力；

3. 具有实施项目管理规划和施工部署，有序组织指导施工的能力；

4. 具有组织工程招投标与合同管理活动的能力，具备工程经济分析与评价、工程成本管理的能力；

5. 具有大型复杂工程施工现场进度、质量、安全、环保等综合管理能力，具备建立健全项目目标管理保证体系，全面履约工程合同的能力；

6. 掌握建设工程管理等技术领域数字化技术技能，具备运用建筑信息模型管理技术配合项目决策层，实施信息化项目管理的能力；

7. 掌握建设工程管理等技术领域相关法律法规，具有质量意识、环保意识、安全意识和创新思维，具有编制和优化工程技术、经济与管理方案的能力；

8. 具有参与制订技术规程与技术处理方案的能力，能够从事建筑业"四新"技术成果推广应用工作；

9. 具有探究学习、终身学习和可持续发展的能力。

主要专业课程与实习实训

专业基础课程：管理学原理、经济学原理、工程制图与 CAD、房屋建筑学、建筑信息模型建模技术、土木工程材料、工程测量、工程力学、混凝土结构设计原理、建设法规。

专业核心课程：建设工程经济、土木工程施工、建筑工程计量与计价、建设项目管理原理与应用、建设项目招投标与合同管理、建筑信息模型应用、建筑工程施工质量验收、工程建设环境与安全管理、建设工程成本计划和控制、建设项目全过程工程咨询实务。

实习实训：对接真实职业场景或工作情境，在校内外进行建设工程招标文件编制、建设工程施工现场综合管理、建设项目成本规划与控制、建设项目 BIM 管理方案设计等实训。在建筑施工企业、工程咨询企业等单位进行岗位实习。

职业类证书举例

职业资格证书：建造师、造价工程师

职业技能等级证书：建筑信息模型（BIM）、建筑工程识图、工程造价数字化应用

接续专业举例

接续专业硕士学位授予领域举例：工程管理、项目管理

接续硕士学位二级学科举例：管理科学与工程

2406 市政工程类

专业代码 240601

专业名称 市政工程

基本修业年限 四年

职业面向

面向市政设计工程技术人员、土木建筑工程技术人员、道路与桥梁工程技术人员等职业，市政工程设计、施工、管理等技术领域。

培养目标定位

本专业培养德智体美劳全面发展，掌握扎实的科学文化基础和市政道路、桥梁、管道、地铁、管廊工程设计、施工、管理与维护等知识，具备市政道路、桥梁、管道、地铁、管廊工程设计、施工、管理与维护等能力，具有工匠精神和信息素养，能够从事大型复杂市政工程的设计、施工、施工管理与维护等工作的高层次技术技能人才。

主要专业能力要求

1. 具有编制大型复杂市政工程建设项目方案设计、初步设计和施工图设计文件的能力；

2. 具有编制大型复杂市政工程建设项目任务书、标书，组织工程招投标活动的能力；

3. 具备编制和管理工程量清单、概算、预算和结算的能力；

4. 具有编制大型复杂市政工程建设项目施工技术文件，组织指导绿色施工的能力；

5. 具有管理施工进度，控制工程成本的能力；具备编制质量专项方案，控制、检验评定工程质量的能力；具备编制安全文明施工专项方案，管理施工安全的能力；

6. 具有制订大型复杂市政工程养护计划并指导管理、维修的能力；

7. 具有大型复杂市政工程 BIM 应用能力，具备大型复杂市政工程大数据采集、分析、管理能力；

8. 具有运用数字化技术、绿色生产、安全防护、质量管理及法律法规等知识，完成大型复杂市政工程设计、施工、管理与维护的能力；

9. 具有市政工程建设项目应用技术研究和创新发展能力；

10. 具有探究学习、终身学习和可持续发展的能力。

主要专业课程与实习实训

专业基础课程：理论力学、材料力学、结构力学、土力学、工程制图与识图、工程测量、工程材料、结构设计原理。

专业核心课程： 道路工程技术、桥梁工程技术、市政管道与管廊工程技术、城市轨道工程技术、市政工程施工组织与智慧管理、建筑信息模型技术、海绵城市工程技术。

实习实训： 对接真实职业场景或工作情境，在校内外进行道路工程、桥梁工程、管道与管廊工程、城市轨道工程等实训。在市政工程设计、施工、养护等单位进行岗位实习。

职业类证书举例

职业资格证书： 建造师、造价工程师
职业技能等级证书： 建筑信息模型（BIM）

接续专业举例

接续专业硕士学位授予领域举例： 土木水利、工程管理
接续硕士学位二级学科举例： 市政工程、土木工程

专业代码 240602
专业名称 城市设施智慧管理
基本修业年限 四年

职业面向

面向建筑和市政设计工程技术人员、项目管理工程技术人员等职业，城市设施管理、检测、运行维护等技术领域。

培养目标定位

本专业培养德智体美劳全面发展，掌握扎实的科学文化基础和大数据基础、设施管理、工程造价等知识，具备大型市政设施数字化运行维护、工程造价、智慧管理、智能检测等能力，具有工匠精神和信息素养，能够从事大型市政设施智慧化运维管理、智能检测、工程造价等工作的高层次技术技能人才。

主要专业能力要求

1. 具备大型市政设施正常工作的运行维护能力、编制市政设施突发事件应急预案能力；
2. 具备编制市政设施工程预算、结算的造价能力；
3. 具备大型市政设施智慧管理能力，能够分析运营成本进行技术改造达到节能降

耗、绿色低碳的管理要求；

4. 具备市政管网地理信息建模及智能检测能力，并能够运用非开挖技术对管道进行修复；

5. 具备城市综合管廊的公共管线、管廊结构、附属设施数字化运维管理能力；

6. 具备市政设施运行大数据优化分析及可视化能力；

7. 具备数字化技术、城市设施安全防护、工程质量管理、节能减排及相关法律法规的应用能力；

8. 具备城市设施智慧管理应用技术研究和创新发展能力；

9. 具有探究学习、终身学习和可持续发展的能力。

主要专业课程与实习实训

专业基础课程：市政工程技术、市政工程识图与制图、市政工程测量、水泵与水泵站、建筑信息模型技术、地理信息系统、Python 数据分析与可视化。

专业核心课程：市政设施养护与维修、市政设施应急管理、市政工程计量计价、市政设施智慧运维管理、市政管网智能检测技术、城市综合管廊运维管理、智慧水务大数据技术、管道非开挖修复技术。

实习实训：对接真实职业场景或工作情境，在校内外进行道路养护与维修、市政管道工程计量计价、排水管网 GIS 建模分析、无损检测、市政设施运维管理方案优化等实训。在市政工程、造价咨询、智能检测、水务公司等单位进行岗位实习。

职业类证书举例

职业资格证书：建造师、造价工程师

职业技能等级证书：建筑信息模型（BIM）、建筑工程识图

接续专业举例

接续专业硕士学位授予领域举例：工程管理、土木水利

接续硕士学位二级学科举例：市政工程

2407 房地产类

专业代码 240701

专业名称 房地产投资与策划

基本修业年限 四年

职业面向

面向资产评估人员、房地产估价人员、商务策划人员、房地产市场营销专业人员、品牌专业人员等职业，市场营销、商务与品牌策划、电子商务、房地产经纪、房地产策划、项目投资分析等岗位（群）。

培养目标定位

本专业培养德智体美劳全面发展，掌握扎实的科学文化基础和房地产投资与策划等知识，具备一定的房地产营销策划、房地产项目投资、房地产评估等报告撰写、项目咨询、现场管理等能力，具有工匠精神和信息素养，能够从事房地产项目投资分析、策划、营销、品牌运营等工作的高层次技术技能人才。

主要专业能力要求

1. 具有对房地产项目及其相关产品进行策划、独立撰写策划报告并提供策划咨询服务的能力；

2. 具有对房地产产品进行投资分析并独立撰写投资分析报告的能力；

3. 具有对房地产产品进行估价、独立撰写房地产估价报告的能力；

4. 具有从事市场营销策划、房地产估价及资产评估、房地产投资方案设计、过程监控，解决较复杂技术问题的能力；

5. 掌握与房地产投资及策划相关的法律法规以及相关的土木工程基础知识与技术，了解国内外房地产经营管理领域的最新发展动态和趋势，具有依法参与制订房地产及其相关产品的策划、估价、投融资等项目的技术规程、技术方案及相关技术标准的能力；

6. 具有制订企业的相关规范，提供房地产营销策划、房地产估价、房地产项目投融资等相关项目的培训等中高端服务的能力；

7. 掌握现代信息技术，具有运用大数据分析技术进行分析的能力，具备应用技术研究和创新发展能力；

8. 具有质量意识、环保意识、安全意识和创新思维，具备职业生涯规划的能力；

9. 具有探究学习、终身学习和可持续发展的能力。

主要专业课程与实习实训

专业基础课程：管理学原理、房地产经济、房屋建筑学、消费者心理、建筑识图与户型分析、建筑 CAD、建筑信息模型应用。

专业核心课程：房地产开发与经营、房地产市场营销与策划、房地产市场调研与数据分析、房地产项目投融资分析、资产评估、商业地产运营与管理、工程项目管理。

实习实训：对接真实职业场景或工作情境，在校内外进行商业地产运营、房地产营销策划、房地产开发经营、房地产估价等实训。在房地产估价企业、房地产开发企业、房地产营销策划企业等单位进行岗位实习。

职业类证书举例

职业资格证书：房地产估价师、资产评估师、不动产登记代理专业人员职业资格

职业技能等级证书：智能估值数据采集与应用、电子商务数据分析

接续专业举例

接续专业硕士学位授予领域举例：工程管理、工商管理

接续硕士学位二级学科举例：企业管理

专业代码 240702
专业名称 现代物业管理
基本修业年限 四年

职业面向

面向物业管理员、物业经营管理专业人员、客户服务管理员、管理咨询专业人员等职业，建筑设施设备管理、资产经营、空间管理、社区服务、物业项目管理等岗位（群）。

培养目标定位

本专业培养德智体美劳全面发展，掌握扎实的科学文化基础和现代物业管理相关的经济、管理、法律、工程、信息技术等知识，具备现代楼宇、商业综合体、现代大型公共设施、产业园区、智慧社区、智慧城区的管理、运维、经营、服务等能力，具有工匠精神和信息素养，能够从事智慧物业项目管理、物业经营管理、客户服务咨询与管理、空间营造与管理、物业信息化管理等工作的高层次技术技能人才。

主要专业能力要求

1. 具有现代物业项目现场调查、资料收集、数据处理及分析能力；

2. 具有参与现代物业投标竞争、物业项目承接查验、物业项目组织接管与撤管的能力；

3. 具有开展现代物业项目的安全与防护建设、安全风险排查与防范的能力；

4. 具有独立负责或协同组织实施物业项目管理的能力，能完成现代物业项目策划、方案撰写、组织实施与评价；

5. 具有运用大数据、物联网、人工智能等新技术独立开展智慧城区、智慧园区、智慧住宅小区的管理与运维能力；

6. 具有物业客户管理与开发能力，能熟练应用国家及地方有关物业管理的各项法规、政策和标准开展专业工作，分析解决实际问题，完成客户获取、客户挽留和客户赢返；

7. 具有建筑信息模型创新，现代物业管理新方法、新技术、新模式应用以及物业管理应用技术研发能力；

8. 具有探究学习、终身学习和可持续发展的能力。

主要专业课程与实习实训

专业基础课程：管理学基础、物业管理制度与法律法规、物业财务管理、物业管理公共关系、建筑识图与 CAD、物业统计与大数据分析、物业专业英语、物业管理信息系统与应用、现代社区服务。

专业核心课程：现代物业项目管理、建筑设施设备管理、物业空间管理、物业经营管理、智能楼宇管理、物业客户服务与管理、物联网技术与应用、物业项目招投标管理、建筑信息模型（BIM）应用。

实习实训：对接真实职业场景或工作情境，在校内外进行设施设备运维、楼宇设备集成、客户服务与咨询、BIM 运维、物联网运维等实训。在校内物业管理实训基地、物业服务企业、房地产开发企业等单位（场所）进行岗位实习。

职业类证书举例

职业技能等级证书：物联网智能家居系统集成和应用、建筑信息模型（BIM）、新居住数字化经纪服务

接续专业举例

接续专业硕士学位授予领域举例：工程管理、工商管理、公共管理
接续硕士学位二级学科举例：工程管理、工商管理、公共管理

25 水利大类

2501 水文水资源类

专业代码 250101

专业名称 水文与水资源工程技术

基本修业年限 四年

职业面向

面向水资源工程技术人员、水生态和江河治理工程技术人员、环境保护工程技术人员等职业，工程勘察设计、水资源规划与管理、水文勘测及预报、水环境监测与评价、水土保持和水生态工程等岗位（群）。

培养目标定位

本专业培养德智体美劳全面发展，掌握扎实的科学文化基础和水文测验、水文预报、水文水利计算、水资源规划、水环境监测与保护、水土保持和水生态工程及相关法律法规等知识，具有水文测验及水信息处理、水文预报、水文水利计算、水资源评价、水环境监测等能力，具有工匠精神和信息素养，能够从事工程勘察设计、水资源规划与管理、水文勘测及预报、水环境监测与评价、水土保持和水生态工程工作的高层次技术技能人才。

主要专业能力要求

1. 具有识读和绘制水利工程图，熟练运用 CAD 软件绘制中小型水利工程图的能力；

2. 具有工程测量放样及工程施工，运用水准仪、全站仪等仪器测绘地形图、河道断面图的能力；

3. 具有使用流速仪、声学多普勒流速剖面仪（ADCP）等仪器设备进行水文测验，并进行水信息处理的能力；

4. 具有编制中小流域水文预报方案、开展防汛抢险工作的能力；

5. 具有进行中小型水利水电工程水文水利计算的能力；

6. 具有水资源评价、保护、规划、管理的能力，具有编制中小流域水资源评价报告、水资源规划报告的能力；

7. 具有正确使用常规实验仪器进行水质检测与分析的能力，具有进行水环境监测、评价、治理，水土保持方案编制的能力；

8. 掌握安全防护、质量管理及相关法律法规，具有适应水利、环境行业数字化发展的数字技术能力；

9. 具有探究学习、终身学习和可持续发展的能力。

主要专业课程与实习实训

专业基础课程：水利工程制图及 CAD、水利工程测量、水力学、水环境化学、水文学原理、水文统计、地理信息系统与遥感应用、水利工程概论。

专业核心课程：水信息技术、水文预报技术、水文水利计算、水资源规划与管理、水环境监测与保护、水利工程经济、水资源工程施工技术、水土保持技术、生态水利工程。

实习实训：对接真实职业场景或工作情境，在校内外进行水信息采集与分析、水文预报、水文水利计算、水资源规划与管理、水环境监测与保护等实训。在水文水资源局、水利建筑企业、水利科技咨询服务企业等单位进行岗位实习。

职业类证书举例

职业技能等级证书：地表水（河湖库湾）水质监测、建筑信息模型（BIM）

接续专业举例

接续专业硕士学位授予领域举例：土木水利
接续硕士学位二级学科举例：水利工程

2502 水利工程与管理类

专业代码 250201
专业名称 智慧水利工程
基本修业年限 四年

职业面向

面向水利工程技术人员、水利水电建筑工程技术人员和水利工程管理工程技术人员等职业,水利工程的智能设计、智能施工、智慧管理、智能运维等岗位(群)。

培养目标定位

本专业培养德智体美劳全面发展,掌握扎实的科学文化基础和水利工程设计与施工、监测管理、智能物联和计算机应用及相关法律法规等知识,具有智慧水利工程设计与咨询、智能施工技术应用、智能施工组织与管理、项目智能管控和智能运维等能力,具有工匠精神和信息素养,能够从事水利工程的智能设计、智能施工、智慧管理、智能运维等工作的高层次技术技能人才。

主要专业能力要求

1. 掌握水利工程基本概念与原理,熟悉水利工程建设程序与相关标准规范;
2. 具有计算机基本技能应用和水利信息化能力;
3. 具有应用智能技术进行农田水利、水库、堤防、河道治理和水工建筑物设计的能力;
4. 具有应用智能技术进行水利工程多专业协同工作、建筑材料检测、施工组织与管理、施工现场管控的能力;
5. 具有应用智能技术进行水利工程招投标文件编制、施工组织设计及施工方案编写、项目过程管理和工程验收的能力;
6. 具有应用智能技术进行水利工程日常运行、调度、监测与维护管理、防汛抗旱的能力;
7. 具有应用智能物联技术进行水利工程数据采集、传输、分析的能力;
8. 具有应用水利相关技术标准、行业技术规范对新知识、新技能进行研究和创新发展的能力;
9. 具有探究学习、终身学习和可持续发展的能力。

主要专业课程与实习实训

专业基础课程：水利工程绘图与识图（含 CAD）、建筑材料、现代测量技术、工程力学与结构、工程信息化建模技术、编程语言及程序设计基础、水力分析与计算、土力学与地基基础、水工钢筋混凝土结构、工程水文。

专业核心课程：智能物联应用基础、水工建筑物、水电站与水泵站、工程概预算、数据分析、BIM+GIS 应用、智能施工技术与装备、工程建设智能管控技术、水利工程智能监测、水利工程智能运行维护，智能化项目管理。

实习实训：对接真实职业场景或工作情境，在校内外进行工程概预算、BIM+GIS 应用、工程建设智能管控、水利工程智能运行维护等实训。在智慧水利科技创新型企业、水利工程勘察设计企业、水利工程施工企业、水利工程监理企业、水利工程管理企（事）业等单位和水利工程工地、水利工程虚拟仿真实习基地等场所进行岗位实习。

职业类证书举例

职业资格证书：水利工程质量检测员资格

职业技能等级证书：土木工程混凝土材料检测、建筑信息模型（BIM）

接续专业举例

接续专业硕士学位授予领域举例：土木水利

接续硕士学位二级学科举例：水利水电工程

专业代码 250202

专业名称 农业水利工程

基本修业年限 四年

职业面向

面向农业水利工程规划设计、农业水利工程施工和管理等岗位（群）。

培养目标定位

本专业培养德智体美劳全面发展，掌握扎实的科学文化基础和农田水利、节水灌溉及相关法律法规等知识，具有中小型农业水利工程规划设计，大中型农业水利工程施工、管理等能力，具有工匠精神和信息素养，能够从事农田水利工程、节水灌溉工程的规划设计、施工和管理等工作的高层次技术技能人才。

主要专业能力要求

1. 具有水利工程制图及计算机绘图的能力；
2. 具有农业水利工程测绘的能力；
3. 具有中小型农业水利工程规划设计的能力；
4. 具有大中型农业水利工程施工、施工组织、安全管理与工程造价的能力；
5. 具有信息获取、信息传输、信息处理等工程管理能力；
6. 具有农业水环境评价与治理的能力；
7. 具有农业水利工程新理论、新技术、新标准、新材料、新设备的学习应用能力；
8. 具有农业水利工程的信息技术、数字技术和科技创新发展能力；
9. 具有探究学习、终身学习和可持续发展的能力。

主要专业课程与实习实训

专业基础课程：水利工程成图技术、水利工程测绘技术、工程力学、工程水文与水利计算、水工钢筋混凝土结构、建筑材料、工程地质与土力学、水力分析与计算、电气设备及自动化、水地理信息技术。

专业核心课程：土壤与农作、农田水利工程技术、节水灌溉工程技术、水工建筑物、水泵与水泵站、水利工程施工、水利工程安全监控技术、农业水利工程智慧管理、水利工程造价、水利工程经济、农业水环境治理技术。

实习实训：对接真实职业场景或工作情境，在校内外进行中小型灌区规划设计、中小型泵站规划设计、节水灌溉工程规划设计、水利工程施工、灌区管理等实训。在农业水利工程设计、咨询企业，水利工程施工企业，灌区管理部门等单位进行岗位实习。

职业类证书举例

职业资格证书：建造师、造价工程师
职业技能等级证书：土木工程混凝土材料检测、建筑信息模型（BIM）

接续专业举例

接续专业硕士学位授予领域举例：水利工程、农田水土工程
接续硕士学位二级学科举例：农业工程、水利工程

专业代码　250203
专业名称　水利水电工程
基本修业年限　四年

职业面向

面向水利工程技术人员、建筑工程技术人员等职业，水利水电工程勘测、设计、施工、运行管理、行业管理等技术领域。

培养目标定位

本专业培养德智体美劳全面发展，掌握扎实的科学文化基础和水利水能规划、水工建筑物结构构造、水利工程运行与养护及相关法律法规等知识，具有水利水电工程规划、设计、建造、运行维护等能力，具有工匠精神和信息素养，能够从事水利水电工程规划设计、运行管理、水利工程及建筑工程施工组织管理、行业管理等工作的高层次技术技能人才。

主要专业能力要求

1. 具有熟练应用办公软件、CAD、BIM 软件等工具进行工程文件编制、工程图绘制和工程信息建模的能力；

2. 具有熟练操作水准仪、全站仪、GPS、测绘无人机（船）等测量仪器和设备进行地形图测绘、工程施工测量、智能运行观测的能力；

3. 具有编制水利水电工程设计报告、工程概预算文件、绘制工程设计图的能力；

4. 具有分析和处理水利水电工程施工中技术问题的能力；

5. 具有分析和解决水利工程运行中技术问题的能力；

6. 具有运用新技术、新材料、新工艺、新设备解决工程问题的能力；

7. 具有识别和防范生产过程中危险区域、危险部位等各种不安全因素及运用安全防护基本知识、安全技术规范进行安全监控和管理的能力；

8. 具有一定的信息技术、数字技术，进行科技创新及科研成果转化的能力；

9. 具有探究学习、终身学习和可持续发展的能力。

主要专业课程与实习实训

专业基础课程：水利工程成图技术、水利工程测绘技术、工程力学、水工钢筋混凝土结构、水力分析与计算、工程地质与土工技术、建筑材料与检测、工程水文与水利计算。

专业核心课程：水能规划、水利工程信息模型技术、水工建筑物、水电站、水利工程施工与管理、水利工程造价与招投标、水利工程经济、水利工程管理技术、水利工程智能装备与施工。

实习实训：对接真实职业场景或工作情境，在校内外进行水利工程信息建模、水利工程造价、典型水工建筑物设计、水利水电工程施工项目管理、水利水电工程运行管理、专业认识等实训。在水利水电工程设计院、水电工程局、水利水电工程运行管理机构等单位进行岗位实习。

职业类证书举例

职业资格证书：建造师、注册土木工程师

职业技能等级证书：土木工程混凝土材料检测、建筑信息模型（BIM）

接续专业举例

接续专业硕士学位授予领域举例：土木水利

接续硕士学位二级学科举例：水利工程

专业代码　250204

专业名称　治河与港航工程

基本修业年限　四年

职业面向

面向水利工程技术人员、建筑工程技术人员等职业，治河与港航工程规划设计、施工管理、生态治理与修复等岗位（群）。

培养目标定位

本专业培养德智体美劳全面发展，掌握扎实的科学文化基础和河道工程、港口工程、航道工程设计与建设管理及相关法律法规等知识，具备治河与港航工程的建筑物规划设计、施工智能管理、生态治理等能力，具有工匠精神和信息素养，能够从事治河与港航工程规划设计、治河与港航工程施工管理、河道生态治理等工作的高层次技术技能人才。

主要专业能力要求

1. 具有治河与港航工程识图、CAD 制图与 BIM 建模的能力；

2. 具有对治河与港航工程进行测量、数字化测图和施工放样的能力；

3. 具有对治河与港航工程建筑材料、工程施工质量进行检测的能力；

4. 具有对治河与港航工程进行规划设计的能力；

5. 具有治河与港航工程智能建造、安全生产管理的能力，以及处理施工现场复杂技术问题的能力；

6. 具有编制治河与港航工程施工组织设计方案、概预算及招投标文件等资料的能力；

7. 具有河道生态治理的能力；

8. 具有治河与港航工程智慧运行管理的能力；
9. 具有探究学习、终身学习和可持续发展的能力。

主要专业课程与实习实训

专业基础课程：水利工程制图与 BIM、水利工程测量、建筑材料、工程水文及水利计算、水力分析与计算、工程力学与结构计算、河流动力分析与计算、工程地质与土工技术。

专业核心课程：港口规划与布置、港口水工建筑物、治河与港航工程施工、航道整治工程、治河与港航工程施工质量检测、治河与港航工程造价与招投标、治河与港航工程智慧管理、河道生态治理。

实习实训：对接真实职业场景或工作情境，在校内外进行港口水工建筑物施工、治河与港航工程施工、治河与港航工程智慧管理、河道生态治理等实训。在治河与港航工程设计企业、治河与港航工程施工企业及运行管理机构等单位进行岗位实习。

职业类证书举例

职业资格证书：建造师、注册土木工程师
职业技能等级证书：土木工程混凝土材料检测、建筑信息模型（BIM）

接续专业举例

接续专业硕士学位授予领域举例：水利工程
接续硕士学位二级学科举例：水力学及河流动力学，水工结构工程，水利水电工程，港口、海岸及近海工程

2503 水利水电设备类

专业代码 250301

专业名称 水利水电设备及自动化

基本修业年限 四年

职业面向

面向水力发电运行值班员、灌排泵站运行工等职业,水电设备设计开发、自动化运行、智能管理等技术领域。

培养目标定位

本专业培养德智体美劳全面发展,掌握扎实的科学文化基础和水利水电设备结构原理、自动化控制及生产管理及相关法律法规等知识,具备水电设备及控制系统的设计开发、故障处理、自动控制、智能管理等能力,具有工匠精神和信息素养,能够从事水电(泵)站设备的设计改造、智能控制、运行维护、信息化管理等工作的高层次技术技能人才。

主要专业能力要求

1. 具有电工电子设备、网络信息技术应用的能力;
2. 具有操作水利机械、电气设备和自控设备的能力;
3. 具有水电设备运行维护、故障分析处理的能力;
4. 具有水电设备微机监控、远程监控的能力;
5. 具有水电设备及自动化系统的设计开发、改造升级的能力;
6. 具有进行水电(泵)站信息化、智能化及经济运行的能力;
7. 具有水电(泵)站安全生产组织、质量标准体系管理的能力;
8. 具有智慧水利、数字水电和绿色能源技术应用管理的能力;
9. 具有探究学习、终身学习和可持续发展的能力。

主要专业课程与实习实训

专业基础课程: 电路、模拟电子技术、数字电子技术、水力学、电机学、水电站概论、水利机械、自动控制技术、可编程控制器技术。

专业核心课程: 电气设备、电力系统分析、电力系统继电保护、水电站自动装置、水电站计算机监控、电气绝缘技术、水电站经济运行、水电站智能管理。

实习实训: 对接真实职业场景或工作情境,在校内外进行水电设备设计、继电保护设计及调试、水电站微机监控及自动化、水电站虚拟仿真运行、水电站信息化与智能化管理等实训。在水电站、泵站或校外生产性实习基地等单位或场所进行岗位实习。

职业类证书举例

　　职业技能等级证书：变配电运维

接续专业举例

　　接续专业硕士学位授予领域举例：动力工程、电气工程

　　接续硕士学位二级学科举例：流体机械及工程、电力系统及其自动化

2504 水土保持与水环境类

专业代码 250401
专业名称 生态水利工程
基本修业年限 四年

职业面向

面向水生态和江河治理工程技术人员、水利管理技术人员等职业，水生态修复与保护，生态水利工程规划、设计、施工与智慧管理，水土保持规划设计、施工及智能监测等岗位（群）。

培养目标定位

本专业培养德智体美劳全面发展，掌握扎实的科学文化基础和生态水文与水利计算、生态工程材料、生态工程植物及相关法律法规等知识，具备生态水利工程图绘制和识读、建筑信息模型（BIM）建模和应用、测量和施工放样等能力，具有工匠精神和信息素养，能够从事水生态修复与保护，生态水利工程规划、设计、施工与智慧管理，水土保持规划设计、施工及智能监测等工作的高层次技术技能人才。

主要专业能力要求

1. 具有把握生态水利相关政策法规的能力；
2. 具有生态水利工程图绘制和识读、建筑信息模型（BIM）建模和应用的能力；
3. 具有生态水利工程测量和施工放样的能力；
4. 具有河湖生态修复、水景观设计、水环境监测和修复的能力；
5. 具有对生态水利工程进行规划、设计、施工和智慧管理的能力；
6. 具有进行水土保持规划设计、施工和智能监测的能力；
7. 具有学习和使用新技术、新规范、新标准，不断更新和拓展自身知识和技能的能力；
8. 具有绿色生产、安全防护、质量管理意识，及应用数字技术、法律法规的能力；
9. 具有探究学习、终身学习和可持续发展的能力。

主要专业课程与实习实训

专业基础课程：水行政与水法规、生态水利基础、生态学概论、生态水利工程成图技术、生态水力测试技术、土力学与工程地质、现代测量技术、生态水文与水利计算。

专业核心课程：生态工程材料、生态工程植物技术、河湖生态修复技术、生态景观设计、水生态工程、生态水利工程施工技术、生态水利工程智慧管理、水土保持技术、水利工程 BIM 技术。

实习实训：对接真实职业场景或工作情境，在校内外进行生态工程材料、生态工程植物、水生态工程设计、河湖生态修复、水利工程景观设计等实训。在水利工程规划设计企业、水利工程施工企业、水利工程监督与管理机构、环境治理企业等单位进行岗位实习。

职业类证书举例

职业资格证书：注册环保工程师、建造师
职业技能等级证书：水环境监测与治理、地表水（河湖库湾）水质监测

接续专业举例

接续专业硕士学位授予领域举例：土木水利
接续硕士学位二级学科举例：水利工程、环境工程

专业代码　250402
专业名称　水环境工程
基本修业年限　四年

职业面向

面向水环境保护工程技术人员等职业，水环境监测、水处理工程设计、水处理工程施工与管理、智能水厂运营管理等岗位（群）。

培养目标定位

本专业培养德智体美劳全面发展，掌握扎实的科学文化基础和水环境监测、水处理工程技术、水处理工程施工技术及智能水厂运营管理及相关法律法规等知识，具有区（流）域水环境监测与评价、水环境智能监测系统设计与建设、水处理工程勘测设计、施工组织设计与现场管理、智能水处理系统设计、智能水厂运营管理等能力，具有工匠精神和信息素养，能够从事区（流）域水环境智能监测设计与建设管理、水处理工程设计、水处理项目施工组织管理、智能水厂运营管理等工作的高层次技术技能人才。

主要专业能力要求

1. 具有应用办公软件、CAD、编程软件等工具进行工程文件编制、工程图绘制、控制系统编程的能力；
2. 具有组织开展区（流）域水环境监测、评价，进行区（流）域水环境智能监测

系统设计与建设的能力；

3. 具有水处理工程勘测、设计的能力，具有编制水处理工程设计报告、工程概预算文件，绘制工程设计图的能力；

4. 具有水处理工程施工组织设计与管理的能力，具有编制水处理工程施工方案、招投标文件和施工现场管理的能力；

5. 具有智能水处理系统设计的能力，具有进行水厂智能化升级改造、智能水处理系统设计的能力；

6. 具有智能水厂运营成本控制、安全与质量管理及应急事故处置，进行智能水厂的运营和管理的能力；

7. 具有绿色生产意识，具有运用新技术、新材料、新工艺、新装备降低生产中的物耗、能耗的能力；

8. 具有开展专业技术研究与创新、科研成果转化的能力；

9. 具有探究学习、终身学习和可持续发展的能力。

主要专业课程与实习实训

专业基础课程：水环境监测、现代分析技术、环境工程 CAD、水文及水力计算、工程测量、电工电子技术、自动化控制。

专业核心课程：水环境智能监测系统、水处理工程技术、给排水管道工程技术、智能水处理设备及应用、水处理工程概预算与招投标、水处理工程施工与管理、智能水厂运营与管理。

实习实训：对接真实职业场景或工作情境，在校内外开展水环境智能监测系统设计、水处理工程设计、水处理智能设备调试运行、水处理项目施工组织设计、智能水厂运行管理等实训。在第三方检测机构、水处理厂站、环境工程企业、环保科技企业等单位进行岗位实习。

职业类证书举例

职业资格证书：建造师、注册环保工程师

职业技能等级证书：水环境监测与治理、智能水厂运行与调控、污水处理

接续专业举例

接续专业硕士学位授予领域举例：资源与环境、土木水利

接续硕士学位二级学科举例：环境工程、环境科学、水文学及水资源、市政工程

26　装备制造大类

2601　机械设计制造类

专业代码　260101

专业名称　机械设计制造及自动化

基本修业年限　四年

职业面向

面向机械设计工程技术人员、机械制造工程技术人员、智能制造工程技术人员、质量管理工程技术人员等职业，产品设计、制造加工工艺、工艺装备设计、生产技术组织、数字化设计与制造、质量管理等岗位（群）。

培养目标定位

本专业培养德智体美劳全面发展，掌握扎实的科学文化基础和机械设计、工艺与工装、生产制造、质量管理等知识，具备按客户要求设计产品，依据图纸进行工艺与工装设计、编制程序、组织生产、质量管理等能力，具有工匠精神和信息素养，能够从事产品数字化设计、生产工艺编制、工装设计与制造、生产技术组织、质量管理、高端数控机床加工编程等工作的高层次技术技能人才。

主要专业能力要求

1. 具有产品及零部件设计、流体传动与控制系统设计、机电系统设计、产品性能测试等能力；

2. 具有仿真与分析产品生产过程、制订工艺规划、编制工艺文件、集成设计和生产流程信息等能力；

3. 具有依据加工要求合理选择精密加工方法、工艺装备、设计常规和智能工艺装备的能力；

4. 具有数字化设计仿真与制造、操作、编程，应用智能制造装备和生产线进行智能加工的能力；

5. 具有编制实施质量管理规划、质量检验评价、控制与改进、统计分析、信息管理等能力；

6. 具有使用创新方法、现代工具，制订解决复杂机械工程问题的方案、解决现场综合问题的实践能力；

7. 具有适应先进制造产业数字化发展需求的专业信息技术能力和基本数字化技能；

8. 具有机械领域绿色生产、环境保护、安全生产等法规意识、创新思维和综合开展产品技术研发的能力；

9. 具有探究学习、终身学习和可持续发展的能力。

主要专业课程与实习实训

专业基础课程：机械制图与计算机绘图、数字化设计基础、理论力学、材料力学、机械设计、互换性与技术测量、工程材料与热成型技术、电工电子技术、机械控制工程基础。

专业核心课程：机械系统设计、金属切削加工及机床、机械制造工艺与装备、数控加工技术及工艺编程、数字化制造技术、液压与气压传动、电气控制与 PLC 应用、智能传感与检测技术。

实习实训：对接真实职业场景或工作情境，在校内外进行数字化设计实训、机械设计实训、产品质量检测实训、控制技术实训、数控化制造技术实训、智能产线综合实训等实训。在装备产品或零件生产制造类企业等单位进行岗位实习。

职业类证书举例

职业技能等级证书：数控车铣加工、多轴数控加工、工业机器人操作与运维、机械产品三维模型设计、数控设备维护与维修、机械数字化设计与制造、精密数控加工

接续专业举例

接续专业硕士学位授予领域举例：机械工程、智能制造技术

接续硕士学位二级学科举例：机械制造及其自动化、机械电子工程、机械设计及理论

专业代码　260102

专业名称　智能制造工程技术

基本修业年限　四年

职业面向

面向智能制造工程技术人员、机械制造工程技术人员等职业，智能制造产线开发应用、智能生产管控、智能制造系统监控与运维等岗位（群）。

培养目标定位

本专业培养德智体美劳全面发展，掌握扎实的科学文化基础和智能制造技术、智能产线规划、生产工艺设计、网络协同制造及精益管理及相关法律法规等知识，具备智能制造工程技术规划设计、智能产线建模与虚拟仿真、工艺设计与程序编制、连接调试与系统集成、制造数据分析与工艺优化、状态诊断与远程维护等能力，具有工匠精神和信息素养，能够从事智能制造车间规划与产线设计、工艺设计与技术规范实施、产线集成与运行调试、网络协同制造、智能制造系统监控与诊断优化等工作的高层次技术技能人才。

主要专业能力要求

1. 具有工程图纸识读、智能装备应用、智能制造工艺制订、程序设计与技术规范实施的能力；

2. 具有工业机器人技术应用、智能产线系统集成与优化，并实施智能产线安装、调试与运行的能力；

3. 具有制造执行系统应用、数据采集与分析、智能制造精益管理、智能制造车间工艺优化的能力；

4. 掌握智能传感与检测应用、电气控制，具有实施智能制造车间运行监测、状态诊断与远程维护的能力；

5. 具有工业互联网应用、计算机编程语言程序设计、工业大数据挖掘分析与处理、实施工业智能计算应用与网络协同制造的能力；

6. 具有智能产线数字化设计、智能车间工艺规划与仿真、智能车间产线布局规划与实施的能力；

7. 具有新一代人工智能与信息技术应用的数字化技能，并有在智能制造工程技术领域实施技术研发、科技成果转化的能力；

8. 具有适应装备制造业智能化升级所需的职业素养、工匠精神和劳动观念，具有绿色生产、环境保护、安全防护等法规意识；

9. 具有良好的表达沟通能力、团队协作能力与创新思维，能够解决智能制造工程综合问题；

10. 具有探究学习、终身学习和可持续发展的能力。

主要专业课程与实习实训

专业基础课程：机械制图与计算机绘图、工程力学、机械制造基础、机械原理与设计、电工与电子技术、电气控制与可编程控制器、液压与气动技术、传感器与智能检测技术、工业机器人技术、智能制造技术基础。

专业核心课程：数控加工技术、智能制造装备应用技术、智能产线集成调试与运行、制造执行系统应用、数据采集与分析技术、智能制造精益管理、智能制造系统监控与诊断优化、智能产线数字化设计、智能制造车间工艺规划与仿真。

实习实训：对接真实职业场景或工作情境，在校内外进行数控编程与加工、智能产线数字化设计与仿真、工业机器人创新应用、制造执行系统应用与实施、智能产线系统集成与联调、智能制造系统监控与诊断优化等实训。在智能制造装备集成企业、智能制造装备应用企业、智能制造研究院（所）等单位进行岗位实习。

职业类证书举例

职业技能等级证书：智能制造生产线集成应用、智能制造生产管理与控制、智能制造单元维护

接续专业举例

接续专业硕士学位授予领域举例：智能制造技术、机械工程、机器人工程、工业工程与管理

接续硕士学位二级学科举例：机械制造及其自动化、机械设计及理论、机械电子工程、工业工程

专业代码　260103
专业名称　数控技术
基本修业年限　四年

职业面向

面向机械设计工程技术人员、机械制造工程技术人员、智能制造工程技术人员等职业，复杂零件数控加工工艺编制、工装设计、多轴数控加工编程、多轴数控机床操作、智能制造加工单元装调与维护等岗位（群）。

培养目标定位

本专业培养德智体美劳全面发展，掌握扎实的科学文化基础和复杂零件工艺设计、工艺装备设计、多轴数控加工编程、多轴数控机床操作、生产及质量管理及相关法律法规等知识，具备数控加工工艺及工装设计、数控加工程序编制、组织生产、质量管理等能力，具有工匠精神和信息素养，能够从事复杂零件数控加工工艺编制与实施、工装设计、多轴数控机床编程与操作、复杂零件数控加工工艺优化、智能制造加工单元集成与运维、产品质量检验、生产管理等工作的高层次技术技能人才。

主要专业能力要求

1. 具有识读机械工程图样、按照机械制图国家标准进行计算机绘图，并实施复杂机械零部件设计的能力；

2. 具有面向复杂零件加工进行工装夹具设计、数控加工工艺文件制订与实施的能力；

3. 具有复杂零件数控加工程序编制与仿真，使用多轴高端数控设备从事生产活动的能力；

4. 具有开展多轴数控机床运行维护，并根据客户需求进行智能制造加工、单元开发的能力；

5. 具有产品公差配合分析优化、质量检测与控制，开展质量管理的能力；

6. 具有生产技术组织、现场生产管理的能力；

7. 具有数字化制造领域必备的数字化设计、数字化仿真、数字化生产管控等数字化技能；

8. 具有绿色生产、环境保护、安全防护等职业素养和法规意识，以及创新思维，能综合开展产品和生产制造工艺研发；

9. 具有探究学习、终身学习和可持续发展的能力。

主要专业课程与实习实训

专业基础课程：机械制图与计算机绘图、金属材料与热处理、机械制造技术、机械设计、机械原理、互换性与技术测量、电工电子技术、机床电气控制技术、液压与气压传动、工程力学、传感器与检测技术。

专业核心课程：数控技术及装备、金属切削原理与刀具、数控加工工艺、机床夹具与设计、数控编程技术、数字化设计与制造、多轴加工技术、数控机床故障诊断与维修、工业机器人编程与操作。

实习实训：对接真实职业场景或工作情境，在校内外进行数控加工工艺设计、数控编程与仿真、工艺装备设计、多轴数控设备操作、智能制造单元运行与维护等实训。在加工制造企业技术部门、智能制造单元运行现场、智能装备集成开发企业等单位或场所进行岗位实习。

职业类证书举例

职业技能等级证书：多轴数控加工、精密数控加工、数控车铣加工

接续专业举例

接续专业硕士学位授予领域举例：机械工程、智能制造技术、机器人工程
接续硕士学位二级学科举例：机械制造及其自动化、机械电子工程

专业代码 260104

专业名称 工业设计

基本修业年限 四年

职业面向

面向工业设计工程技术人员、产品设计工程技术人员等职业，产品创意设计、产品结构设计、产品设计管理、用户体验设计、品牌设计等岗位（群）。

培养目标定位

本专业培养德智体美劳全面发展，掌握扎实的科学文化基础和工业设计流程与设计方法、产品美学与形态塑造、人机工程与用户体验、设计材料与工程基础及相关法律法规等知识，具备设计调研、用户研究、设计表达、设计管理、整合创新设计等能力，具有工匠精神和信息素养，能够从事商业模式设计、技术产业化设计、服务与体验设计等工作的高层次技术技能人才。

主要专业能力要求

1. 具有在产品设计前期通过用户与市场研究等设计方法进行产品定义，提出产品设计方案构想的能力；

2. 具有分析产品美学特征和人机交互特性，提供符合生产需求的产品外观形态、色彩、人机工程设计的能力；

3. 具有通过各种媒介表达设计价值、强化设计传达的综合能力；

4. 具有产品工艺分析、结构数字化设计、设计材料应用、产品样机制作与测试的能力；

5. 具有使用原型设计工具进行人机交互界面设计，优化人机互动的能力；

6. 具有进行项目管理、创意设计、方案展示、营销策划等专业复合性工作的能力；

7. 具有较强的分析、解决问题的能力，以及适应产业数字化发展需求的基本数字技能，能不断适应职业发展要求；

8. 具有牢固的工程责任感和担当精神，具有绿色生产、环境保护、安全防护和质量管理等职业素养；

9. 具有探究学习、终身学习和可持续发展的能力。

主要专业课程与实习实训

专业基础课程：设计概论、设计思维与创意、设计调研、产品设计表现、设计构成、设计制图、产品设计工程、产品模型技术。

专业核心课程：设计程序与方法、计算机辅助工业设计、产品形态设计、材料与制造程序、产品结构设计、人机工程设计、交互设计、增材制造技术及应用、产品样机设计、产品专题设计。

实习实训： 对接真实职业场景或工作情境，在校内外进行产品创意手绘、计算机辅助工业设计、交互设计、色彩材料与工艺设计、模型制作、增材制造及应用、创意设计展示与虚拟仿真教学等实训。在工业设计机构、制造型企业和互联网企业等单位进行岗位实习。

职业类证书举例

职业技能等级证书： 产品创意设计、数字创意建模、机械产品三维模型设计

接续专业举例

接续专业硕士学位授予领域举例： 工业设计工程

接续硕士学位二级学科举例： 设计学

专业代码 260105
专业名称 工业工程技术
基本修业年限 四年

职业面向

面向工业工程技术人员、智能制造工程技术人员、数字化管理师、供应链管理师等职业，智能生产与管控系统规划设计、系统优化、质量管理、供应链管理、精益生产管理、智能决策、绿色生产与效能评价等岗位（群）。

培养目标定位

本专业培养德智体美劳全面发展，掌握扎实的科学文化基础和系统工程、工程技术与管理技术融合、生产系统仿真与建模、质量管理与控制、供应链管理及相关法律法规等知识，具备对人员、物料、设备和能源等所组成的集成系统进行综合规划、设计、评价、创新和决策等能力，具有工匠精神和信息素养，能够从事智能生产与管控系统规划设计、智能生产系统管控与优化、智能生产质量管理、工业物流与供应链管理、个性定制与精益生产管理、工业数据分析与决策、绿色生产与效能评价等工作的高层次技术技能人才。

主要专业能力要求

1. 具有智能生产单元的规划与布局、生产现场优化、车间基础数据标准化、安全生产标准化和生产效能优化及评价的能力；

2. 具有运用数字化手段进行生产系统规划、智能化生产排程与调度、产能改善、作业成本及进度控制的能力；

3. 具有运用现代质量控制工具进行产品制造过程的质量检验、质量分析、管控的能力；

4. 具有运用精益思想和数字化手段进行生产管控系统设计、生产流程改善、仓储物流优化、系统集成规划与升级的能力；

5. 具有对原料供应、生产、库存物流、销售等进行整体设计、优化的供应链管控能力，并能够搭建供应链组织和流程体系；

6. 具有建模仿真、工艺规划、资源管理、生产管控等工业软件的使用能力，能实施生产制造系统集成方案设计、评估与优化；

7. 具有使用数字软件分析生产相关数据、提供决策支持、形成工程项目分析和报告的能力；

8. 具有制造领域绿色生产、环境保护、安全等相关的法规意识，能综合开展生产管控系统的探究开发；

9. 具有探究学习、终身学习和可持续发展的能力。

主要专业课程与实习实训

　　专业基础课程：工业工程导论、数据分析、机械工程制图、机械制造工艺、数字制造技术、系统工程、运筹学原理、信息系统与数据库管理、工业物联网基础。

　　专业核心课程：生产与运作管理、供应链管理、企业资源计划（ERP）、数字化车间作业管理、质量管理与控制、智能生产单元规划布局、精益生产、生产系统数字化集成与仿真、制造执行系统（MES）、人因工程。

　　实习实训：对接真实职业场景或工作情境，在校内外进行 CAD/CAM、工业工程基础、智能生产单元/产线布局、生产管理、制造执行系统（MES）等实训。在生产制造型企业、智能制造示范车间等单位或场所进行岗位实习。

职业类证书举例

　　职业技能等级证书：智能制造生产管理与控制、智能制造现场数据采集与应用、机械工程制图

接续专业举例

　　接续专业硕士学位授予领域举例：工业工程与管理、物流工程与管理、机械工程
　　接续硕士学位二级学科举例：工业工程、物流工程、管理科学与工程、机械工程

专业代码　260106

专业名称　材料成型及控制工程

基本修业年限　四年

职业面向

面向材料成型与改性工程技术人员、模具设计工程技术人员、焊接工程技术人员等职业，材料成型与改性工艺技术、成型工艺装备设计、焊接工艺研发与结构设计、模具研发与设计、生产线设计以及技术管理、质量控制、生产指导等岗位（群）。

培养目标定位

本专业培养德智体美劳全面发展，掌握扎实的科学文化基础和材料成型原理、成型工艺及工装、设计与制造、生产、质量管理及相关法律法规等知识，具备从事中高端产品成型制造、材料成型工艺及工装设计、设备维护保养、产品营销等能力，具有工匠精神和信息素养，能够从事材料成型与改性工艺技术、成型工艺装备设计、焊接工艺研发与结构设计、模具研发与设计、生产线设计、技术管理、质量控制等工作的高层次技术技能人才。

主要专业能力要求

1. 具有较强的材料科学、工程力学、机械设计理论、信息技术等知识的整合和综合运用能力；

2. 具有工程材料理化检验、金相检验及力学性能检测的能力；

3. 具有从事材料成型工艺及工装设计、设备保养与维护、产品营销的能力；

4. 具有从事材料成型及控制工程领域中高端产品制造、产品制造过程监控、解决现场技术问题和生产现场较复杂问题的能力；

5. 具有参与制订材料成型及控制技术规程与方案，以及进行技术和工艺研发、科技成果或实验成果转化的能力；

6. 具有材料成型及控制领域专业信息知识与技术等数字化技能，能够适应产业数字化发展需求；

7. 具有材料成型绿色生产、环境保护、安全防护等职业素养；

8. 具有探究学习、终身学习和可持续发展的能力。

主要专业课程与实习实训

专业基础课程：金属工艺学、工程力学、机械制图与计算机绘图、机械设计基础、公差配合与测量技术、液压与气压传动、电工与模拟电子技术、材料科学基础、金属热处理。

专业核心课程：铸件成形原理、铸造工艺及设备、铸造合金及熔炼、焊接冶金与金属材料焊接性、焊接结构生产、金属塑性成形原理与工艺、塑料成型工艺及设备、增材制造与快速成型、三维造型与数值模拟、电气控制与 PLC 技术、智能生产线控制技术。

实习实训：对接真实职业场景或工作情境，在校内外进行机加工、机械设计基础、电工电子、液压与气动、铸造、焊接、锻压与注塑成型、热处理、三维建模与虚拟仿真、无损检测、理化测试、增材制造等综合实训。在装备制造行业的铸造、锻压、焊接、热处理等企业进行岗位实习。

职业类证书举例

职业资格证书：焊工

职业技能等级证书：焊接机器人编程与维护、车身智能焊接、拉延模具数字化设计

接续专业举例

接续专业硕士学位授予领域举例：机械工程、材料工程

接续硕士学位二级学科举例：材料学、材料加工工程、材料物理与化学、冶金物理化学、钢铁冶金、有色金属冶金、机械制造及其自动化

2602　机电设备类

专业代码　260201

专业名称　装备智能化技术

基本修业年限　四年

职业面向

面向设备工程技术人员、智能制造工程技术人员等职业,智能装备研发、装备智能化技术改造、智能装备技术服务、智能车间设备管理等岗位(群)。

培养目标定位

本专业培养德智体美劳全面发展,掌握扎实的科学文化基础和机械、电气、人工智能、网络通信及相关法律法规等知识,具备装备智能化技术改造、智能装备研发、技术服务等能力,具有工匠精神和信息素养,能够从事智能装备的设计、调试、维修、技术服务和智能车间设备管理等工作的高层次技术技能人才。

主要专业能力要求

1. 掌握工程制图、电工电子应用、机械基础实践、电气控制等基础专业知识;

2. 具有智能制造、人工智能、机器视觉、人机交互等装备产业新技术应用创新能力;

3. 具有智能检测、装备数据采集与监控、工业 App 开发与应用等装备智能化技术改造和研发的能力;

4. 具有智能机器人、智能制造装备及集成系统的维修、技术支持、技术培训等技术服务能力;

5. 具有智能制造系统维护、智能制造装备管理、智能车间现场管理等技术技能;

6. 具有适应产业数字化发展需求的现代工具使用技能,以及装备领域专业信息技术能力和数字化技能;

7. 具有较强的分析和解决问题、参与制订技术规程与技术方案以及质量管理、技术研发、科技成果或实验成果转化等能力;

8. 具有装备制造领域相关法律法规意识,以及绿色生产、环境保护、安全防护等必备的职业素养;

9. 具有探究学习、终身学习和可持续发展的能力。

主要专业课程与实习实训

专业基础课程:机械制图与计算机绘图、电工与电子技术、机械基础、数字化设计与仿真、装备电气及控制技术、液压与气动技术、高级语言编程、嵌入式系统设计与应用、智能制造装备概论、人工智能概论。

专业核心课程：传感器与智能检测技术、电机与运动控制技术、装备数据采集与监控、工业网络应用、机器视觉应用、智能装备边缘计算、工业 App 开发与应用、人机交互技术、智能机器人技术、智能制造装备及系统、智能装备维护与管理。

实习实训：对接真实职业场景或工作情境，在校内外进行金工实习、电工与电子、机电设备控制、装备数据采集与处理、机器视觉应用、装备应用软件开发、装备智能化改造、智能装备维护与管理等实训。在装备制造类科研院所、高技术企业、售后服务企业等单位或场所进行岗位实习。

职业类证书举例

职业技能等级证书：智能制造单元集成应用、智能制造现场数据采集与应用、智能制造生产管理与控制

接续专业举例

接续专业硕士学位授予领域举例：机械工程、智能制造技术
接续硕士学位二级学科举例：机械电子工程、机械制造及其自动化

专业代码　260202
专业名称　制冷与空调工程
基本修业年限　四年

职业面向

面向机械工程技术人员、建筑和市政设计工程技术人员、项目管理工程技术人员等职业，制冷与空调工程设计、制冷与空调设备制造、制冷与空调工程施工组织管理等岗位（群）。

培养目标定位

本专业培养德智体美劳全面发展，掌握扎实的科学文化基础和制冷与空调工程冷（热）负荷的计算方法和设计规范、工程智能控制与改造、设备生产工艺、设备运行与调试的程序和方法及相关法律法规等知识，具备制冷与空调工程技术方案设计、进行较复杂设备生产和操作、产品售后技术服务、解决较复杂制冷与空调工程问题等能力，具有工匠精神和信息素养，能够从事制冷与空调设备设计与制造、工程设计与施工监理、智能化运行与维护、节能优化与改造、产品及工程营销与技术支持等工作的高层次技术技

能人才。

主要专业能力要求

1. 具有综合运用热工、制冷等知识对制冷与空调工程应用所涉物理过程进行理论分析和研究的能力；

2. 具有依据设计规范和标准，设计制冷与空调工程整体技术方案的能力；

3. 具有制冷与空调工程施工图识读、组织实施规范和标准及优化工程实施方案的能力；

4. 具有对制冷与空调产品生产开展工艺优化、数字化装配和智能化制造的能力；

5. 具有对制冷与空调工程进行系统调试、远程控制、制冷集中管理和节能优化与改造的能力；

6. 具有对制冷与空调设备制订设备维修计划和维护保养管理工作流程，并实施智能控制、控制管理与远程监控的能力；

7. 具有制冷与空调工程设计和设备制造绿色设计与生产、安全防护、质量控制、法律法规和创新创业等意识与相应技能；

8. 具有与从事制冷与空调工程设计等岗位发展相适应的信息化和数字化技能；

9. 具有探究学习、终身学习和可持续发展的能力。

主要专业课程与实习实训

专业基础课程：计算机程序设计、热工学、流体机械与工程、电工电子技术、工程力学、机械设计与制造、热工测量技术、物联网技术、建筑信息模型技术。

专业核心课程：制冷原理与设备、空气调节技术、制冷与空调装置及工程应用、制冷与空调产品智能制造与检测、制冷空调工程施工与组织、制冷空调系统智能化技术、空调工程设计、冷库工程设计。

实习实训：对接真实职业场景或工作情境，在校内外进行制冷与空调工程设计、制冷与空调产品设计与制造、设备安装与维修、产品性能检测与提升等实训。在制冷与空调设备制造企业、制冷与空调工程企业、制冷与空调设备运维企业等单位进行岗位实习。

职业类证书举例

职业技能等级证书：制冷空调系统安装与维修

接续专业举例

接续专业硕士学位授予领域举例：动力工程、土木工程

接续硕士学位二级学科举例：工程热物理，制冷及低温工程，流体机械及工程，供

热、供燃气、通风及空调工程

专业代码　260203

专业名称　电梯工程技术

基本修业年限　四年

职业面向

面向特种设备检验检测工程技术人员、特种设备管理和应用工程技术人员等职业，电梯检验检测、工程管理及工程技术应用等岗位（群）。

培养目标定位

本专业培养德智体美劳全面发展，掌握扎实的科学文化基础和机械电气原理、电梯结构与原理、电梯法规标准、工程管理及相关法律法规等知识，具备电梯风险评估、工程项目实施、性能调试、电梯加装、电梯改造等能力，具有工匠精神和信息素养，能够从事电梯检验检测、工程管理、调试、加装及改造等工作的高层次技术技能人才。

主要专业能力要求

1. 具有使用检验检测工具、仪器设备，实施电梯检验检测、型式试验及风险评估的能力；

2. 具有制订电梯调试方案、正确使用调试工具、按照调试技术指导文件调试运行系统、优化系统工作参数的能力；

3. 具有制订大型项目施工方案，管理电梯项目施工过程、质量及安全，进行工程协同、项目管理的能力；

4. 具有电梯整机性能评估、部件配制、整体改造方案制订及实施的能力；

5. 具有电梯土建结构评估、非标电梯配置、电梯加装方案设计及实施的能力；

6. 具有电梯绿色设计与生产、安全防护、生产过程质量控制的职业能力，具备团队合作精神；

7. 具有推动电梯产品、适应行业创新发展的数字化技能；

8. 具有探究学习、终身学习和可持续发展的能力。

主要专业课程与实习实训

专业基础课程：工程制图、机械原理、电路分析基础、电梯专业英语、工程力学、机械设计与制造、C语言程序设计、互换性与测量技术、可编程逻辑控制技术。

专业核心课程：电梯结构与原理、电动机控制与变频调速、电梯控制理论、电梯检测与风险评价、电梯调试技术、电梯加装技术、电梯项目管理、工业物联网技术、电梯零部件设计。

实习实训：对接真实职业场景或工作情境，在校内外进行电梯电气控制、电梯调试、电梯智能物联系统调试、电梯安全检测及风险评估、电梯加装设计等实训。在电梯安全检验评估机构、电梯制造企业、维修改造企业、电梯智能物联企业、电梯加装企业等单位或场所进行岗位实习。

职业类证书举例

职业资格证书：特种设备安全管理和作业人员，特种设备检验、检测人员

职业技能等级证书：电梯维修保养、智能网联电梯维护、电梯物联网系统应用开发

接续专业举例

接续专业硕士学位授予领域举例：电气工程、机械工程

接续硕士学位二级学科举例：机械电子工程、机械制造及其自动化、电机与电器、电力电子与电力传动

2603 自动化类

专业代码　260301
专业名称　机械电子工程技术
基本修业年限　四年

职业面向

面向设备工程技术人员、机械设计工程技术人员、智能制造工程技术人员等职业，机电设备研发、系统集成、售后服务等岗位（群）。

培养目标定位

本专业培养德智体美劳全面发展，掌握扎实的科学文化基础和机械、电气、网络通信及相关法律法规等知识，具备机电设备设计、集成、技术改进等能力，具有工匠精神和信息素养，能够从事机电设备设计制造、集成调试、维护维修、技术服务等工作的高层次技术技能人才。

主要专业能力要求

1. 具有扎实的工程力学运用、电子元器件选用、PLC 编程、液压气动元件应用等机械电子基础知识运用的能力；

2. 具有机械制图、机械设计、机械加工等机械工程基础技能；

3. 具有机械结构、电气系统、气动系统、控制程序设计与调试等进行机电设备设计与技术改进的能力；

4. 具有机电设备安装调试、故障分析、维护维修等开展机电设备故障诊断与维修的能力；

5. 具有机电产品设计、系统集成、生产优化等进行机电系统设计与集成的能力；

6. 具有参与制订技术规程与技术方案，从事技术研发、科技成果或实验成果转化的能力；

7. 具有机电设备设计领域专业信息技术运用技能和数字化操作能力；

8. 具有装备制造领域相关法律法规意识，绿色生产、环境保护、安全防护等必备的职业素养；

9. 具有探究学习、终身学习和可持续发展的能力。

主要专业课程与实习实训

专业基础课程：机械制图与计算机绘图、工程力学、电工与电子技术、高级语言程序设计、机械设计基础、液压与气动技术、电气控制系统设计、可编程序控制器应用技术、机械制造技术基础、自动控制原理。

专业核心课程：数字化设计与仿真、传感器与视觉检测技术、电机与运动控制技术、工业机器人应用技术、数控机床与应用、工业控制网络技术、自动线控制技术、数字孪生技术、机电系统集成技术、机电设备故障诊断与维修、智能制造系统。

实习实训：对接真实职业场景或工作情境，在校内外进行金工实习、典型产品拆装测绘、电工与电子、机电基础、机电产品创新设计、机电设备装调、机电系统数字孪生、自动线控制、智能制造系统调试与运行等实训。在机电设备产品生产制造企业、企业售后技术支持服务部门、科研院所等单位或场所进行岗位实习。

职业类证书举例

职业技能等级证书：智能制造单元集成应用、智能线集成与应用、工业机器人集成应用

接续专业举例

接续专业硕士学位授予领域举例：机械工程、智能制造技术

接续硕士学位二级学科举例：机械电子工程、机械制造及其自动化

专业代码 260302

专业名称 电气工程及自动化

基本修业年限 四年

职业面向

面向电气工程技术人员、自动控制工程技术人员等职业，电气系统设计、控制系统集成与改造、项目管理、电力系统运行与维护、电气设备维修维护等岗位（群）。

培养目标定位

本专业培养德智体美劳全面发展，掌握扎实的科学文化基础和先进的电气工程系统设计、电气工艺制订、集成改造、质量管理及相关法律法规等知识，具备产品设计、程序编制、系统调试、质量管理等能力，具有工匠精神和信息素养，能够从事电气系统设计、控制系统集成与改造、项目管理、电力系统运行与维护、电气设备维修维护等工作的高层次技术技能人才。

主要专业能力要求

1. 具有对各类电子线路、电子设备、检测系统进行开发设计、升级改造、调试维修的能力;

2. 具有运用电气控制、计算机控制、电源转换等技术对电气设备和电气系统进行开发设计、升级改造、调试运维的能力;

3. 具有工业自动化系统程序设计、系统优化、虚拟仿真调试、故障诊断等的能力,实施过程运动控制、组态监控、现场总线维护和通信;

4. 具有对工厂电力设备和电力系统进行开发设计、升级改造、调试运维、能效管理的能力;

5. 具有智能传感与检测、智能仪表与测量、工业机器人等现代智能设备的使用与集成应用能力;

6. 具有综合制订复杂电气工程问题解决方案,实施现场管理的能力;

7. 具有信息技术应用能力、网络技术实施技能,具有适应电气工程产业数字化发展需求的数字化技术技能;

8. 具有装备制造领域绿色生产、环境保护、安全防护等法规意识,熟悉产业文化;

9. 具有探究学习、终身学习和可持续发展的能力。

主要专业课程与实习实训

专业基础课程:电路分析、模拟电子技术、数字电子技术、工程制图与计算机绘图、电力电子技术、电机与电气控制技术、自动控制原理、高级语言程序设计、电气工程基础、人工智能导论。

专业核心课程:智能传感器与智能仪表、可编程序控制器应用技术、单片机应用技术、运动控制与伺服驱动技术、工业控制网络与人机界面组态技术、电气控制系统集成、现代供配电技术、能效管理与节能技术。

实习实训:对接真实职业场景或工作情境,在校内外进行电气产品创新设计、单片机控制系统设计与制作、电气传动控制项目、大中型可编程序控制器实践应用、电气控制系统集成项目等实训。在装备系统集成类企业和装备应用类企业等单位进行岗位实习。

职业类证书举例

职业技能等级证书:运动控制系统开发与应用、工业机器人应用编程、可编程控制系统集成及应用

接续专业举例

接续专业硕士学位授予领域举例： 电气工程、控制工程

接续硕士学位二级学科举例： 控制理论与控制工程、电机与电器、电力系统及其自动化、电力电子与电力传动、系统工程

专业代码 260303

专业名称 智能控制技术

基本修业年限 四年

职业面向

面向智能制造工程技术人员、自动控制工程技术人员、工业互联网工程技术人员、信息通信网络运行管理员等职业，智能制造控制系统设计、集成应用、故障诊断、设备优化与改造等岗位（群）。

培养目标定位

本专业培养德智体美劳全面发展，掌握扎实的科学文化基础和智能控制、工业网络、数据采集、设备健康管理及相关法律法规等知识，具备解决智能制造控制系统数字化及智能制造的网络化、信息化、智能化等能力，具有工匠精神和信息素养，能够从事智能制造控制系统设计、集成应用、故障诊断、设备优化与改造等工作的高层次技术技能人才。

主要专业能力要求

1. 具有使用计算机制图软件设计控制原理图、简单机械图的能力；

2. 具有实施智能控制器、工业机器人、机器视觉系统应用，开展智能控制系统设计、集成应用、设备优化与改造的能力；

3. 具有使用数字孪生相关软件，实施智能线的虚拟调试、虚实联调等的能力；

4. 具有正确选用电气元件，实施智能制造控制系统故障诊断及维修维护的能力；

5. 具有合理选用变频器、步进与伺服驱动器等电气元件，实施伺服控制系统优化、故障诊断及维修修护的能力；

6. 具有设计智能产线控制网络并实现常用通信协议转换的能力；

7. 具有使用生产制造执行系统、企业资源计划等数字化管控技术实现数据可视化、仓储管理、自动排产等的能力；

8. 具有质量意识、环保意识、安全意识，具有创新意识和创新思维，具备必需的

职业素养、工匠精神和社会担当责任意识；

9. 具有探究学习、终身学习和可持续发展的能力。

主要专业课程与实习实训

专业基础课程：电工原理、电子技术、机械工程基础、工程制图、电机与电气控制技术、Python 程序设计、智能检测与控制技术应用、液压与气动技术、电气制图、人工智能导论。

专业核心课程：可编程控制器应用技术、变频器与伺服驱动应用、工业机器人应用技术、工业网络通信技术、机器视觉与机器学习应用、过程控制技术、智能产线数字化设计与仿真、工业数据采集与可视化、智能产线控制系统集成、智能制造生产管理与控制。

实习实训：对接真实职业场景或工作情境，在校内外进行可编程控制器应用、工业机器人应用、智能产线数字化设计与仿真、数据采集与可视化应用、智能产线集成与装调等实训。在智能生产线设计研发企业、智能生产线生产制造企业、智能控制系统集成企业、智能制造研究院（所）等单位进行岗位实习。

职业类证书举例

职业技能等级证书：工业机器人应用编程、工业机器人集成应用、工业机器人操作与运维、运动控制系统开发与应用、工业互联网实施与运维、智能线集成与应用、机器视觉系统应用、智能制造生产管理与控制

接续专业举例

接续专业硕士学位授予领域举例：控制工程、电气工程、仪器仪表工程

接续硕士学位二级学科举例：控制理论与控制工程、检测技术与自动化装置、系统工程

专业代码 260304
专业名称 机器人技术
基本修业年限 四年

职业面向

面向自动控制工程技术人员、智能制造工程技术人员等职业，机器人生产线设计、集成、调试、二次开发、运行维护等岗位（群）。

培养目标定位

本专业培养德智体美劳全面发展，掌握扎实的科学文化基础和电工、电子、计算机、人工智能、智能制造及相关法律法规等知识，具备机器人本体编程和系统集成设计等能力，具有工匠精神和信息素养，能够从事机器人生产线设计、集成、调试、二次开发、运行维护等工作的高层次技术技能人才。

主要专业能力要求

1. 具有机器人本体编程、二次开发、安装调试、性能检测、在线校正的能力；
2. 具有机器人单元/系统方案设计、集成、调试、二次开发、运行维护的能力；
3. 具有工业机器人生产线方案设计、集成、调试、二次开发、运行维护的能力；
4. 具有机器人应用领域设备规范、技术性能规范、技术参数规范制订的能力；
5. 具有机器人生产制造质量管理标准编制、质量控制体系构建、质量控制方法持续改进的能力；
6. 具有综合利用计算机、人工智能、智能制造等知识实施机器人产业领域数字化管理的能力；
7. 具有机器人应用领域设计方案创新、工艺路径创新、质量控制方法创新的能力；
8. 具有探究学习、终身学习和可持续发展的能力。

主要专业课程与实习实训

专业基础课程： 电工原理、电子技术、工程制图与计算机绘图、机械设计基础、C语言程序设计、自动控制原理、液压与气动技术、电气制图、电机与电气控制技术、机器人技术基础、机器人系统三维建模。

专业核心课程： 可编程控制器技术与应用、运动控制技术、机器人编程技术、机器视觉技术、Python技术应用、机器人应用系统集成技术、机器人生产线虚拟调试技术、服务机器人技术应用、机器人系统应用软件开发。

实习实训： 对接真实职业场景或工作情境，在校内外进行机器人操作编程、机器人仿真、机器人系统集成、可编程控制器技术应用、Python技术应用、机器人生产线虚拟调试、机器人综合应用、嵌入式系统、机器视觉等实训。在机器人本体制造类企业、机器人系统集成类企业和机器人生产应用类企业等单位进行岗位实习。

职业类证书举例

职业技能等级证书： 工业机器人应用编程、智能制造生产线集成应用、智能制造生产管理与控制

接续专业举例

　　接续专业硕士学位授予领域举例：电气工程、控制工程、机械工程

　　接续硕士学位二级学科举例：电力电子与电力传动、控制理论与控制工程、机械电子工程、机械制造及自动化

专业代码　260305
专业名称　自动化技术与应用
基本修业年限　四年

职业面向

　　面向自动控制工程技术人员、工业工程技术人员等职业，自动化设备和生产控制系统的设计与开发、运行与调试、管理与优化等岗位（群）。

培养目标定位

　　本专业培养德智体美劳全面发展，掌握扎实的科学文化基础和自动化控制系统的控制理论、工程设计方法、数字化生产管理及相关法律法规等知识，具备自动化设备与系统的开发、设计、调试，以及生产过程数字化管理与控制等能力，具有工匠精神和信息素养，能够从事自动化设备和自动控制系统的设计与开发、自动生产线的运行与调试、自动化工程项目的设计与信息化管理工作的高层次技术技能人才。

主要专业能力要求

　　1. 具有运用电气控制系统原理，进行识图和制图、分析和设计的能力；

　　2. 具有交直流调速系统的设计、调试能力；

　　3. 具有实施可编程控制器应用，进行自动化设备控制系统的开发、调试、故障诊断与处理的能力；

　　4. 具有工业自动化过程控制系统的设计、集成及调试能力，具有解决自动化设备和自动控制系统领域现场复杂问题的能力；

　　5. 具有工业过程控制系统的设计、运行及调试，智能仪表设备的设计和开发的能力；

　　6. 具有运用工业网络通信协议及工业组态技术，实施生产过程数字化、智能化的管控、设计及调试的能力；

　　7. 具有适应自动化设备产业数字化、网络化、智能化发展需求的数字化技能；

　　8. 具有自动化工程技术领域的相关规范和标准意识，绿色生产、环境保护、安全

防护等法规意识，具备与职业发展相适应的职业素养；

9. 具有探究学习、终身学习和可持续发展的能力。

主要专业课程与实习实训

专业基础课程：电路分析、模拟电子技术、数字电子技术、工程制图与计算机绘图、自动控制原理、机械基础、信号与系统分析、C 语言程序设计、工业网络基础、电力电子技术。

专业核心课程：交直流调速与运动控制、电机与电力拖动、可编程控制器应用技术、现代控制理论、过程控制系统、工业机器人技术、嵌入式系统设计、智能检测技术与仪表、集散控制系统、工业组态技术与应用、自动化控制系统工程设计、数字化生产管理系统设计。

实习实训：对接真实职业场景或工作情境，在校内外进行可编程控制器、工业过程控制、电机与电气控制、智能产线控制系统开发设计、工业网络与组态设计等实训。在自动化设备系统开发型企业或研究院等单位进行岗位实习。

职业类证书举例

职业技能等级证书：可编程控制器系统应用编程、运动控制系统开发与应用、工业机器人应用编程

接续专业举例

接续专业硕士学位授予领域举例：控制工程、仪器仪表工程

接续硕士学位二级学科举例：控制理论与控制工程、检测技术与自动化装置、模式识别与智能系统、电机与电器、电力电子与电力传动、测试计量技术及仪器

专业代码　260306
专业名称　现代测控工程技术
基本修业年限　四年

职业面向

面向仪器仪表工程技术人员、计量工程技术人员等职业，仪器仪表电路设计、仪器仪表软件设计、仪器仪表结构设计、仪器仪表系统集成和维修、产品检测与计量等岗位（群）。

培养目标定位

本专业培养德智体美劳全面发展，掌握扎实的科学文化基础和仪器仪表机械结构、数据采集和分析、智能仪器仪表系统、智能传感网络、计量学基础及相关法律法规等知识，具备智能仪器仪表和工业在线测控系统的设计、研发、检测等能力，具有工匠精神和信息素养，能够从事智能仪器仪表和工业在线测控系统的开发、检测、计量等工作的高层次技术技能人才。

主要专业能力要求

1. 具有智能仪器仪表硬件结构的设计和开发能力；
2. 具有智能仪器仪表传感电路的设计和开发能力；
3. 具有计算机编程、单片机应用、工业测控系统设计、智能仪器仪表相关软件开发的能力；
4. 具有传感器和智能仪器仪表的选型并进行工业在线测控系统的设计、开发和维修的能力；
5. 具有运用智能仪器仪表和工业在线测控系统检测与计量的能力；
6. 具有信息技术和数字技术应用能力，具有适应现代测控技术发展要求的数字化技能；
7. 具有绿色生产、安全防护、环境保护和法律法规意识；
8. 具有探究学习、终身学习和可持续发展的能力。

主要专业课程与实习实训

专业基础课程：机械原理与设计、工程制图、电路基础、计算机基础、计算机语言程序设计、误差理论与数据处理、信号分析与处理、单片机原理与应用。

专业核心课程：智能传感器技术、仪器仪表结构设计、仪器仪表电路设计、自动控制原理、工业测控系统设计、现代检测技术、智能传感网络、计量学基础。

实习实训：对接真实职业场景或工作情境，在校内外进行电工电子、智能传感器技术、仪器仪表设计、测控系统开发等实训。在仪器仪表制造企业、其他制造企业的自控部门、计量检测院所等单位或场所进行岗位实习。

职业类证书举例

职业资格证书：注册计量师，特种设备检验、检测人员

接续专业举例

接续专业硕士学位授予领域举例：仪器仪表工程、控制工程

接续硕士学位二级学科举例：测试计量技术及仪器、检测技术与自动化装置、精密仪器及机械、控制理论与控制工程、机械电子工程

专业代码 260307
专业名称 工业互联网工程
基本修业年限 四年

职业面向

面向工业互联网工程技术人员、智能制造工程技术人员等职业，工业互联网工程设计、标识解析、数据服务、应用开发、运维服务等岗位（群）。

培养目标定位

本专业培养德智体美劳全面发展，掌握扎实的科学文化基础和数字化产线、工业互联网数据采集、边缘计算、标识解析、安全防护等知识，具备工业互联网工程设计、实施、运维等能力，具有工匠精神和信息素养，能够从事智能工厂规划设计、标识解析系统集成、工业数据处理、工业互联网平台集成运维、工业互联网安全防护等工作的高层次技术技能人才。

主要专业能力要求

1. 具有电气图纸设计、分析优化与工业设备控制程序设计、调试及开发集成的能力；

2. 具有智能工厂方案设计、硬件选型、系统集成、调试运维及数字化改造提升的能力；

3. 具有工业网络系统设计、实施、管理、运维及故障排除的能力；

4. 具有对边缘设备选型、安装、调试与工业数据边缘处理的能力；

5. 具有对工业数据采集、清洗、边缘计算、分析与采集系统运维的能力；

6. 具有工业互联网标识系统研发、集成与数据采集、注册及解析的能力；

7. 具有工业应用软件设计、开发、调试、运维及集成应用的能力；

8. 具有工业互联网安全防护系统的设计配置、安装调试及集成应用的能力；

9. 具有将物联网、人工智能等现代信息技术应用于工业互联网工程领域的能力；

10. 具有探究学习、终身学习和可持续发展的能力。

主要专业课程与实习实训

专业基础课程：电工电子技术、工厂电气与 PLC 技术、工业传感器技术、工业程

序设计、工业网络技术、工业互联网基础、智能制造技术。

专业核心课程：工业控制技术基础、数字化工厂设计与实施、智能化生产系统集成、数字孪生技术与应用、工业数据采集和标识解析、工业边缘计算技术、工业数据分析与应用、工业互联网平台应用、工业 App 设计与开发、工业控制系统安全实施。

实习实训：对接真实职业场景或工作情境，在校内外进行智能化生产系统实施、工业互联网标识解析、工业互联网实施与运维等实训。在制造企业开展工业互联网业务部门、工业互联网平台服务商、综合虚拟仿真实习基地等单位或场所进行岗位实习。

职业类证书举例

职业技能等级证书：工业互联网设备数据采集、工业互联网预测性维护、工业互联网实施与运维

接续专业举例

接续专业硕士学位授予领域举例：电子信息、机械
接续硕士学位二级学科举例：控制工程、机械工程

2604　轨道装备类

专业代码　260401

专业名称　轨道交通车辆工程技术

基本修业年限　四年

职业面向

面向铁路机车制修工、铁路车辆制修工、动车组制修师、铁路机车车辆制动钳工等职业，机车车辆大部件与整车的设计、试制、装调、试验等岗位（群）。

培养目标定位

本专业培养德智体美劳全面发展，掌握扎实的科学文化基础和轨道交通车辆构造、作用原理及制造、运用检修等知识，具备轨道交通车辆技术研发、工艺设计、故障诊断和技术实践等能力，具有工匠精神和信息素养，能够从事轨道交通车辆设计、试验检测、装配试验、运用维护管理、生产技术指导等工作的高层次技术技能人才。

主要专业能力要求

1. 具有机械与电气图纸识读、绘制的能力；
2. 具有电工电子、电气控制、电力电子、自动检测、机械制造等技术的基本操作技能；
3. 具有对铁道机车车辆车体与走行部、受电弓、主断路器、牵引电机、主变压器、变流器等部件进行装配、检测与调整的能力；
4. 具有轨道交通车辆制动系统、车辆电气系统和车辆空调设计、装配、调试、检修及故障分析处理的能力；
5. 具有轨道交通车辆整车与大部件的工艺研发设计和工艺实施的能力；
6. 具有轨道交通车辆智能运维、智能检测检修、智能装配调试等复杂设备应用的技术技能；
7. 具有适应轨道交通产业数字化升级需求的信息技术、数字技术能力；
8. 掌握相应法律法规，具有绿色生产、作业安全防护、作业质量管理等职业素养；
9. 具有探究学习、终身学习和可持续发展的能力。

主要专业课程与实习实训

专业基础课程：电工基础、机械制图、电子技术、机械原理、机械设计、电力电子技术、工程材料、自动控制系统。

专业核心课程：轨道交通车辆工程、轨道交通车辆电气系统、轨道交通车辆制动系统、轨道交通车辆空调系统、轨道交通车辆运用与管理、轨道交通车辆制造与检修工艺、轨道交通车辆微机网络控制系统、轨道交通车辆智能检测。

实习实训：对接真实职业场景或工作情境，在校内外进行轨道交通车辆部件检查、系统故障诊断、地对车安全监控体系管理操作等实训。在具备先进智能检测设备及实训设施的机车车辆制造企业、机车车辆运用企业等单位进行岗位实习。

职业类证书举例

职业技能等级证书：轨道交通电气设备装调、轨道交通装备无损检测

接续专业举例

接续专业硕士学位授予领域举例：轨道交通运输、机械工程
接续硕士学位二级学科举例：载运工具运用工程、车辆工程

专业代码　260402
专业名称　轨道交通智能控制装备技术
基本修业年限　四年

职业面向

面向轨道交通装备行业，轨道交通智能控制装备研发、生产制作、工艺管理、软硬件测试、系统集成调试、工程管理、售后维修等岗位（群）。

培养目标定位

本专业培养德智体美劳全面发展，掌握扎实的科学文化基础和轨道交通智能控制装备的基本原理、安装调试规程、生产工艺技术、生产规章制度、工程管理方法等知识，具备计算机编程、轨道交通智能控制装备安装调试、工程管理、故障处理等能力，具有工匠精神和信息素养，能够从事轨道交通智能控制装备的研发、制造、安装调试、工程管理和售后维修等工作的高层次技术技能人才。

主要专业能力要求

1. 具有一定的计算机、应用软件的基础知识和计算机编程能力；
2. 具有电工电子、机械基础、电气控制、自动检测等技术的基本操作技能；
3. 具有轨道交通智能控制装备的组成、性能、运用等相关理论知识；
4. 具有轨道交通智能控制装备的生产制作、工艺管理、设备检测、系统调试、管

理和售后的能力；

5. 具有制订技术规程与技术方案的能力，能够从事技术研发、科技成果或实验成果转化的能力；

6. 具有轨道交通智能控制装备的现场系统搭建、故障分析与处理的能力；

7. 具有适应产业数字化发展需求的基本技能，掌握通信、互联网等信息技术基础知识，具有相应信息技术运用能力；

8. 掌握相应法律法规，具有绿色生产、作业安全防护、作业质量管理等职业素养，具有研究和创新发展的能力；

9. 具有探究学习、终身学习和可持续发展的能力。

主要专业课程与实习实训

专业基础课程： 电工基础、电子技术、机械基础、机械制图、轨道交通概论、高级语言程序设计、电气控制技术、传感器与智能检测技术、通信技术、工业互联网技术。

专业核心课程： 轨道交通智能控制设备工艺技术、轨道交通智能控制基础设备制造与维护、计算机联锁系统原理与设备维护、智能控制原理及应用、轨道交通光传输设备维护、列车运行控制系统设计与维护、轨道交通智能调度系统设计与维护、轨道交通智能控制系统集成与调试、轨道交通智能控制工程管理、轨道交通智能监测与诊断。

实习实训： 对接真实职业场景或工作情境，在校内外进行电工电子实训、电气控制实训、轨道交通控制设备智能检测、轨道交通智能控制设备装调等实训。在轨道交通装备智能控制设备制造企业、交通运输企业、设备供应项目部、设计院等单位进行岗位实习。

职业类证书举例

职业技能等级证书： 轨道交通自动控制系统装备运营维护、列车运行控制系统车载设备运用与维护、列车运行控制系统现场信号设备运用与维护

接续专业举例

接续专业硕士学位授予领域举例： 交通运输、机械工程

接续硕士学位二级学科举例： 交通信息及控制、信号与信息处理、通信与信息系统

2605　船舶与海洋工程装备类

专业代码　260501

专业名称　船舶智能制造技术

基本修业年限　四年

职业面向

面向船舶制造人员、机械工程技术人员、道路与水上运输工程技术人员等职业，船体建造和检验、船舶三维数字化设计、船舶智能制造等技术领域。

培养目标定位

本专业培养德智体美劳全面发展，掌握扎实的科学文化基础和船舶原理、智能制造、造船生产组织与企业管理等知识，具备船体放样、加工、装配、焊接与检验，船舶技术设计图与船舶生产设计图绘制，焊接机器人编程，智能制造产线控制等能力，具有工匠精神和信息素养，能够从事船舶技术设计、船舶生产设计、船体建造与检验、智能产线控制、船舶建造组织与管理等工作的高层次技术技能人才。

主要专业能力要求

1. 具有正确使用工程制图、工程测量、电工装调、焊接切割等仪器设备的能力；

2. 具有船体放样、船体构件展开能力，具有加工与装配船体板材、型材、零件、部件和分段的能力；

3. 具有焊接机器人编程、电气控制与 PLC 编程、船体组立智能焊接、船舶智能制造产线控制能力；

4. 具有绘制船舶技术设计图和船舶生产设计图、编制船舶技术设计文件和船舶生产设计管理表的能力；

5. 具有船舶三维数字化建模、船舶性能计算、船舶强度计算与结构设计能力；

6. 具有按船舶精度管理标准组织验收的能力，具有船舶检验能力；

7. 具有运用船舶智能制造、生产管理、企业管理知识和技能分析与处理船舶建造问题的能力；

8. 具有适应船舶与海洋工程装备产业数字化发展需求的基本数字技能，具有信息技术基础知识和专业信息技术能力；

9. 具有探究学习、终身学习和可持续发展的能力。

主要专业课程与实习实训

　　专业基础课程：机械设计基础、工程力学基础、电工与电子技术、工程制图与 CAD、计算机编程基础，船舶与海洋工程导论、电气控制与 PLC 技术应用、船舶智能制造基础、船舶结构与制图、造船生产管理。

　　专业核心课程：船舶原理、船体放样、船体加工与装配、船舶建造精度控制、船舶检验、船舶技术设计、船舶生产设计、船舶三维数字化设计、船舶强度计算与结构设计、船舶智能焊接技术、船舶智能制造技术、造船企业管理。

　　实习实训：对接真实职业场景或工作情境，在校内外进行船舶制图与三维建模、船舶建造工艺、船舶检验、船舶智能制造、船舶设计等实训。在船舶制造企业、船舶设计企业、船舶智能制造虚拟仿真实训基地等单位或场所进行岗位实习。

职业类证书举例

　　职业技能等级证书：特殊焊接技术、智能产线控制与运维

接续专业举例

　　接续专业硕士学位授予领域举例：船舶工程

　　接续硕士学位二级学科举例：船舶与海洋工程、交通运输工程、船舶与海洋结构物设计制造

专业代码　260502
专业名称　船舶动力工程技术
基本修业年限　四年

职业面向

　　面向船舶制造人员、机械工程技术人员、道路与水上运输工程技术人员等职业，船舶机械装配与安装、船舶动力工程技术设计、生产设计、质量检验等技术领域。

培养目标定位

　　本专业培养德智体美劳全面发展，掌握扎实的科学文化基础和船舶及海洋工程装备的智能制造、设计、质量检验及相关法律法规等知识，具备船舶机械装配与安装，船舶动力工程技术设计、生产设计和质量检验等能力，具有工匠精神和信息素养，能够从事船舶动力技术设计、生产设计、安装工艺编制、生产技术组织管理、试验、维护、质量检验等工作的高层次技术技能人才。

主要专业能力要求

1. 具有计算机绘图及对船舶设计软件进行二次开发的能力；

2. 具有船舶动力工程技术设计的能力，具有熟练使用一种船舶设计软件进行船舶动力工程数字化技术设计和生产设计的能力；

3. 具有船舶动力英文资料阅读，并用英语进行工作交流、沟通的能力；

4. 具有船舶动力机械安装、工艺规程及技术文件编制的能力；

5. 具有进行生产过程控制、解决现场较复杂技术问题和现场创新、实施生产管理的能力；

6. 具有船舶动力工程安装质量检验及报检的能力；

7. 具有参与船舶系泊试验和航行试验中有关船舶动力工程试验的准备、数据测量、分析处理问题的能力；

8. 具有探究学习、终身学习和可持续发展的能力。

主要专业课程与实习实训

专业基础课程： 工程制图与 CAD、机械设计与机械制造、工程材料与焊接基础、热工基础、电工与电子技术、船舶与海洋工程导论、船舶结构与制图、信息技术基础、船舶智能制造基础、现代船舶设计概论。

专业核心课程： 船舶动力装置设计、船舶主机、船舶辅助设备、船舶动力装置安装工艺、造船企业管理、船舶检验、船舶管系数字化设计、机舱自动化、船舶动力装置试验、船舶动力装置节能与环保。

实习实训： 对接真实职业场景或工作情境，在校内外进行船舶动力装置设计、船舶管系数字化设计、船舶动力装置安装调试、船舶动力装置试验等实训。在船舶制造企业或单位进行岗位实习。

职业类证书举例

职业技能等级证书： 机械数字化设计与制造、网络安全服务

接续专业举例

接续专业硕士学位授予领域举例： 能源动力、机械、交通运输

接续硕士学位二级学科举例： 动力工程、机械工程、交通运输工程

专业代码 260503
专业名称 船舶电气工程技术

基本修业年限　四年

职业面向

面向船舶及相关装置制造业的机械工程技术人员、道路和水上运输工程技术人员、船舶制造人员等职业，船舶电气工艺设计与施工管理、船舶电气设备安装调试与运行维护、船舶智能控制系统研发等技术领域。

培养目标定位

本专业培养德智体美劳全面发展，掌握扎实的科学文化基础和电力电子技术、机舱自动化、船舶电力推进技术等知识，具备船舶电气设备安装调试、船舶智能控制系统设计与实践等能力，具有工匠精神和信息素养，能够从事船舶电气工艺设计与施工管理、船舶电气设备安装调试与运行维护、船舶智能控制系统研发等工作的高层次技术技能人才。

主要专业能力要求

1. 掌握船舶电机拖动系统、电力电子技术、机舱自动化、船舶电站、船舶电力推进技术等理论基础；

2. 具有船舶电气设备的安装、调试与维修技术技能；

3. 具有船舶电站组建与调试能力；

4. 具有船舶电气设备及系统分析与研发能力，能够解决工程实践中较复杂故障与问题；

5. 具有船舶电气工艺设计与施工管理、船舶电气生产设计能力；

6. 具有船舶电气英文资料阅读和用英语进行工作交流及沟通的能力；

7. 具有适应产业数字化发展需求的基本数字技能，熟练掌握与本专业从事职业活动相关的国家法律、行业标准、行业规范，掌握绿色生产、环境保护、安全防护、质量管理等相关知识与技能；

8. 具有探究学习、终身学习和可持续发展的能力。

主要专业课程与实习实训

专业基础课程：工程制图与CAD、船舶电气工程导论、电路分析、电子技术基础、电机与电气控制技术、船舶电气专业英语、船舶智能制造基础、造船生产管理。

专业核心课程：船舶电力拖动系统、可编程控制器原理及应用、电力电子技术、工业控制组态与现场总线技术、机舱自动化、船舶电力推进技术、船舶电站及自动化、船舶电气工艺设计与施工、船舶电气生产设计。

实习实训：对接真实职业场景或工作情境，在校内外进行船舶电工工艺设计与实践、船舶电站调试与运行、船舶机舱模拟操作与维护等实训。在船舶行业的造修船厂、船舶相关装置制造企业、船舶电气设计研究所等单位或场所进行岗位实习。

职业类证书举例

职业技能等级证书：智能产线控制与运维、可编程控制器系统应用编程

接续专业举例

接续专业硕士学位授予领域举例：能源动力、电子信息
接续硕士学位二级学科举例：电气工程、控制工程

2606 航空装备类

专业代码 260601

专业名称 航空智能制造技术

基本修业年限 四年

职业面向

面向飞机制造工程技术人员、智能制造工程技术人员、航空产品装配与调试人员等职业，工艺设计、生产管理、智能装备与产线集成应用、运行维护、数字化装配、航空零部件加工等岗位（群）。

培养目标定位

本专业培养德智体美劳全面发展，掌握扎实的科学文化基础和航空零部件制造、智能制造、飞机装配及相关法律法规等知识，具备航空智能制造工艺设计、生产管理、装备与产线集成应用与运维、数字化装配等能力，具有工匠精神和信息素养，能够从事航空智能制造相关领域设计、管理、应用、操作、维护等工作的高层次技术技能人才。

主要专业能力要求

1. 具有信息技术应用、计算机程序设计、计算机辅助设计及制造等适应产业数字化发展需求的能力；

2. 具有软件开发、传感器应用与检测技术、控制技术等智能制造系统应用与运维的能力；

3. 具有产品全周期成本分析、生产流程优化、质量控制等生产管理的能力；

4. 具有数控加工、航空钣金成型、复合材料成型等航空零部件制造工艺编制及较复杂零部件加工的能力；

5. 具有工艺设计、工装设计与制造及数字化装配技术等领域的技术应用能力；

6. 具有工艺方案优化、生产过程监控、解决岗位现场较复杂问题、实施现场管理的能力；

7. 具有参与制订技术规程与技术方案，从事技术研发、科技成果或实验成果转化的能力；

8. 具有探究学习、终身学习和可持续发展的能力。

主要专业课程与实习实训

专业基础课程：机械制图、电工电子技术、工程力学、机械设计、航空材料、飞机结构、智能制造概论、计算机辅助设计/制造、传感器与检测技术、控制工程基础。

专业核心课程：智能工厂仿真、航空智能制造产线集成与应用、智能生产管理与控制、航空装备制造产线运行与维护、数控加工工艺与编程、航空钣金成型工艺、飞机复合材料成型工艺、飞机工装设计与制造、飞机数字化装配技术、航空智能制造装备工程。

实习实训：对接真实职业场景或工作情境，在校内外进行数控加工、航空智能制造、航空钣金成型等实训。在符合条件的航空零部件制造、装配企业等单位进行岗位实习。

职业类证书举例

职业技能等级证书：航空柔性加工生产线管控与操作、智能制造单元集成应用、智能制造设备操作与维护

接续专业举例

接续专业硕士学位授予领域举例：航空工程、控制工程、机械工程
接续硕士学位二级学科举例：航空宇航制造工程、模式识别与智能系统、机械制造及其自动化

专业代码　260602
专业名称　飞行器维修工程技术
基本修业年限　四年

职业面向

面向民用航空工程技术人员、军用飞机修理人员等职业，航线维修、定期检修、部附件维修、结构维修、装配与调试等技术领域。

培养目标定位

本专业培养德智体美劳全面发展，掌握扎实的科学文化基础和飞机机体、机载设备维护修理及相关法律法规等知识，具备航空器的航线维修、定期检修、部附件维修、结构维修、装配与调试等能力，具有工匠精神和信息素养，能够从事生产管理、技术开发、故障排除等工作的高层次技术技能人才。

主要专业能力要求

1. 具有航线、短停和航后例行检查及适时排故的能力；
2. 具有对航空器机体结构、机载设备、发动机等开展检查、拆装、操作、测试、排故等定检维修的能力；

3. 具有对飞机机械部件进行分解、清洗、故检、修理、配套、装配、调试的能力；

4. 具有飞机结构钣金件修复、制作，结构组合件、段件、部件铆接装配与质量检查的能力；

5. 具有对飞机各系统和设备进行分解、装配、系统功能调试的能力；

6. 具有适应产业数字化发展需求的能力；

7. 具有设计航空维修工艺/方案、解决现场技术问题、实施现场管理的能力；

8. 具有故障诊断与排除、参与制订技术规程与技术方案的能力；

9. 具有探究学习、终身学习和可持续发展的能力。

主要专业课程与实习实训

专业基础课程：机械原理、机械制图、飞机液压与气动技术、航空工程材料、航空维修基本技能、电工电子技术、传感器原理与应用、空气动力学与飞行原理、人为因素与航空法规、航空发动机结构与系统。

专业核心课程：飞机结构与系统、飞机机体结构修理、飞机部附件修理、飞机装配与调试、飞机维护与机务保障技术、飞机电子与电气设备维修、机载计算机与总线技术、航空维修管理、飞机故障诊断技术、航空维修工艺与文件编制。

实习实训：对接真实职业场景或工作情境，在校内外进行飞机维护与机务保障、飞机机体结构修理、飞机部附件修理、飞机装配与调试、维修工艺规程编制等实训。在航空公司、飞机大修厂、飞机制造厂等单位进行岗位实习。

职业类证书举例

职业技能等级证书：飞机铆接装配

接续专业举例

接续专业硕士学位授予领域举例：航空工程、航空交通运输

接续硕士学位二级学科举例：航空宇航科学与技术、机械工程

专业代码 260603
专业名称 航空动力装置维修技术
基本修业年限 四年

职业面向

面向民用航空工程技术人员，航空产品装配、调试人员，民用航空器及部件维护、修理人员等职业，航空发动机装配与调试、航空发动机部件和附件修理、航线维护等岗

位（群）。

培养目标定位

本专业培养德智体美劳全面发展，掌握扎实的科学文化基础和航空发动机原理与装配、航空维修理论及相关法律法规等知识，具备航空发动机检查、维护、测试和修理等能力，具有工匠精神和信息素养，能够从事航空发动机及辅助动力装置装配与调试、航空发动机部件和附件修理、维修工艺编制、航线维护和维修管理等工作的高层次技术技能人才。

主要专业能力要求

1. 具有气体动力学、航空发动机原理与结构等方面专业基础理论知识及较强的整合和综合运用知识的能力；
2. 具有航空发动机及辅助动力装置分解、修理、装配的能力；
3. 具有航空发动机部件和附件的分解、修理、装配和测试的能力；
4. 具有初步的分析、判断和排除航空发动机故障及发动机外场排故的能力；
5. 具有参与制订航空动力装置维修领域技术规程、技术方案、工艺方案的能力；
6. 具有适应航空维修产业升级数字化发展需求的信息技术、数字技术等的应用能力；
7. 具有与本专业职业活动相关的法律法规、绿色生产、环境保护、安全防护、质量管理等方面的知识与能力；
8. 具有批判性思维、创新思维，具有较强的分析和解决问题的能力；
9. 具有探究学习、终身学习和可持续发展的能力。

主要专业课程与实习实训

专业基础课程：工程制图与 CAD、电工与电子技术、工程力学、机械设计基础、互换性与测量技术、航空工程材料、液压传动与控制、气体动力学、航空专业英语。

专业核心课程：热力学与传热学、航空发动机原理、航空发动机结构与系统、航空发动机装配技术、航空发动机试验测试技术、航空发动机维修技术、航空发动机故障诊断、无损检测。

实习实训：对接真实职业场景或工作情境，在校内外进行工程训练、航空发动机原理与结构课程设计、拆装实习等实训。在民航维修和军用发动机维修企业等单位进行岗位实习。

职业类证书举例

职业技能等级证书：航空发动机修理

接续专业举例

接续专业硕士学位授予领域举例：能源动力、机械

接续硕士学位二级学科举例：航空宇航推进理论与工程、动力机械及工程、航空工程

专业代码 260604

专业名称 无人机系统应用技术

基本修业年限 四年

职业面向

面向无人机系统应用工程技术员、无人机驾驶员、无人机装调检修师等职业，装调检修、行业应用方案设计、飞行作业、数据处理等岗位（群）。

培养目标定位

本专业培养德智体美劳全面发展，掌握扎实的科学文化基础和无人机系统装调检修、行业应用服务及相关法律法规等知识，具备较复杂无人机系统装调检修、典型行业应用方案设计、飞行作业、信息获取和数据处理等能力，具有工匠精神和信息素养，能够从事无人机系统装调检修、行业应用方案设计、飞行作业、应用数据处理等工作的高层次技术技能人才。

主要专业能力要求

1. 具有本专业必备的数理基础和较强的智能化、信息化处理能力；

2. 具有本专业必备的新型材料、机电、控制、空气动力、飞行原理及测绘等理论基础和较强的识读与运用机械、电子、飞行等图样的能力；

3. 具有扎实的无人机平台、任务载荷、地面站、链路等系统工作原理与构造的理论基础和较复杂无人机系统的装配、调试、检测、维护能力；

4. 具有应用无人机系统实施典型行业应用的方案设计、飞行作业、信息获取、数据处理和分析的能力；

5. 具有适应产业数字化发展需求和无人机系统应用领域的数字化和专业信息技术需求的能力；

6. 具有从事工艺设计、方案设计、过程监控、解决现场较复杂问题和现场管理的能力；

7. 具有技术研发、科技成果或实验成果转化、参与制订技术规程与技术方案的能力；

8. 具有无人机领域相关绿色生产、安全生产的意识，具有复杂天气情况下处理突发事件的能力；

9. 具有探究学习、终身学习和可持续发展的能力。

主要专业课程与实习实训

专业基础课程：机械制图、机械基础、电工电子技术、自动控制原理、无人机系统概论、无人机飞行原理与模拟操纵、无人机结构与系统、无人机动力与新能源技术、无人机信号与智能感知技术、无人机测绘基础。

专业核心课程：无人机系统装调检修、无人机智能飞控与导航系统、无人机操控技术及任务设备、无人机数据链与指挥控制系统、无人机航空摄影测量技术、无人机综合监管与航路规划、无人机飞行与作业、无人机数据处理与应用、无人机行业应用解决方案设计与应用。

实习实训：对接真实职业场景或工作情境，在校内外进行无人机系统装配、调试、飞行、作业、数据处理等实训。在无人机及航空航天制造企业、维修企业、服务企业，无人机生产性实训基地、虚拟仿真实训基地等单位或场所进行岗位实习。

职业类证书举例

职业技能等级证书：无人机组装与调试、无人机操作应用

接续专业举例

接续专业硕士学位授予领域举例：航空工程、控制工程

接续硕士学位二级学科举例：飞行器设计、模式识别与智能系统

2607　汽车制造类

专业代码　260701
专业名称　汽车工程技术
基本修业年限　四年

职业面向

面向汽车零部件设计与试制、台架测试与试验、整车制造工艺设计、汽车性能测试与试验等岗位（群）。

培养目标定位

本专业培养德智体美劳全面发展，掌握扎实的科学文化基础和汽车整车及零部件工作原理、测试试验、质量管理等知识，具备汽车装配与调试、汽车电子控制系统设计优化、汽车整车及零部件试验测试、汽车技术管理等能力，具有工匠精神和信息素养，能够从事汽车整车及零部件试制、标定、试验技术开发，生产工艺设计及改进、生产质量管理、生产现场管理，售前售后技术管理等工作的高层次技术技能人才。

主要专业能力要求

1. 具有正确使用工具仪器，进行汽车整车与总成装调及检测分析的能力；

2. 具有正确选用测试仪器设备，进行汽车电气与电子系统的试验测试，解决汽车控制系统复杂问题的能力；

3. 具有汽车整车及零部件数据标定、性能测试、数据分析与处理的能力；

4. 具有汽车整车及零部件产品试制、标定、测试的能力；

5. 具有汽车产品生产工艺设计及改进、质量监测与控制的能力；

6. 具有协调汽车研发部门和汽车生产车间技术对接、编制技术培训资料、为售前售后服务提供汽车技术与产品资料支持的能力；

7. 具有与国家法律、行业规定、绿色生产、环境保护、安全防护、质量管理等相关的知识与技能；

8. 具有信息技术和数字技术的应用能力；

9. 具有探究学习、终身学习和可持续发展的能力。

主要专业课程与实习实训

专业基础课程：机械制图及 CAD、工程与材料力学、汽车材料与设计基础、互换性与技术测量、液压与气压传动、电工与电子技术、汽车微处理器原理与应用、车载网络技术。

专业核心课程：汽车构造、汽车电气与电子控制技术、汽车发动机原理与试验、汽车底盘系统原理与试验、汽车理论与性能评价、汽车制造工艺技术、汽车设计软件应用、新能源汽车技术、智能网联汽车技术。

实习实训：对接真实职业场景或工作情境，在校内外进行电工电子试验、汽车及零部件装调、发动机性能测试和标定、汽车底盘控制系统性能测试和验证、汽车整车性能试验等实训。在汽车整车及零部件产品研发企业、生产制造企业、营运服务企业等单位进行岗位实习。

职业类证书举例

职业技能等级证书：燃油汽车总装与调试、新能源汽车装调与测试、智能网联汽车测试装调

接续专业举例

接续专业硕士学位授予领域举例：机械工程

接续硕士学位二级学科举例：车辆工程、机械电子工程、机械工程

专业代码 260702
专业名称 新能源汽车工程技术
基本修业年限 四年

职业面向

面向新能源汽车制造行业的机械设计、电气设计、工艺工装、产品测试、质量管理、技术支持等岗位（群）。

培养目标定位

本专业培养德智体美劳全面发展，掌握扎实的科学文化基础和新能源汽车构造与汽车理论、机械设计与制造技术、电子电气与自动控制等知识，具备新能源汽车整车及零部件设计、测试与制造工艺开发、工程软件应用等能力，具有工匠精神和信息素养，能够从事新能源汽车整车、零部件及其配套设施的电子电气系统设计与调试、机械系统设计与改进、产品性能测试与评估、制造工艺设计与优化、生产现场管理与技术服务等工作的高层次技术技能人才。

主要专业能力要求

1. 具有新能源汽车整车及零部件电子控制系统软硬件设计与调试优化的能力；

2. 具有新能源汽车整车及零部件机械系统结构设计与仿真分析的能力；

3. 具有新能源汽车电机驱动系统、动力电池系统、交直流充电系统结构与散热设计、电控系统设计、调试与应用的能力；

4. 具有新能源汽车及零部件试验方案制订、试验数据分析、试验报告撰写、产品设计改进的能力；

5. 具有新能源汽车生产工艺设计、工艺文件编制、工装设计制作、非标设备设计的能力；

6. 具有新能源汽车整车及零部件生产制造质量管理标准编制、质量控制体系构建、质量控制方法持续改进的能力；

7. 具有新能源汽车故障诊断、维修方案设计、产品资料编制、技术支持与生产管理的能力；

8. 具有熟练应用信息技术和数字技术的能力；

9. 具有探究学习、终身学习和可持续发展的能力。

主要专业课程

专业基础课程：机械制图、工程力学、汽车机械基础、汽车电工电子技术、电力电子技术、EDA 设计、计算机高级语言、微处理器原理与应用。

专业核心课程：汽车构造、汽车理论、新能源汽车设计、新能源汽车控制技术、新能源汽车动力系统原理与设计、新能源汽车充电系统原理与设计、新能源汽车试验技术、新能源汽车制造技术、智能网联汽车技术、新能源汽车检测与故障诊断技术。

实习实训：对接真实职业场景或工作情境，在校内外进行微处理器应用与电气设计实训、新能源汽车三电系统性能测试试验、新能源汽车零部件设计实训、新能源汽车制造工艺与工装设计实训、新能源汽车工程实训等实训。在新能源汽车整车与零部件设计制造、销售服务企业等单位进行岗位实习。

职业类证书举例

职业技能等级证书：新能源汽车装调与测试

接续专业举例

接续专业硕士学位授予领域举例：机械工程、电气工程、交通运输

接续硕士学位二级学科举例：车辆工程、电力电子与电力传动、载运工具运用工程

专业代码　260703

专业名称　智能网联汽车工程技术

基本修业年限　四年

职业面向

面向汽车工程技术人员、汽车运用工程技术人员等职业，智能网联汽车整车及系统（部件）应用开发、生产制造、营运服务等岗位（群）。

培养目标定位

本专业培养德智体美劳全面发展，掌握扎实的科学文化基础和智能网联汽车结构原理、应用开发方法、测试方法等知识，具备智能网联汽车整车及系统（部件）应用开发、综合测试、现场运营、故障诊断等能力，具有工匠精神和信息素养，能够从事智能网联汽车整车及系统（部件）硬件开发、软件开发、仿真测试、试验测试、生产工艺设计及改进、生产质量管理、生产现场管理、售前售后技术管理等工作的高层次技术技能人才。

主要专业能力要求

1. 具有智能网联汽车功能测试、研发标定的能力；
2. 具有智能网联汽车仿真模型搭建、仿真场景设计、仿真测试及结果分析的能力；
3. 具有智能网联汽车综合测试场景搭建、实车综合测试和测试结果分析的能力；
4. 具有智能网联汽车生产工艺设计及改进、生产质量管理、生产现场管理的能力；
5. 具有智能网联汽车部署调试、地图采集制作、故障诊断的能力；
6. 具有智能车设计方案制订、软硬件开发的能力；
7. 掌握智能网联汽车领域相关国家法律、行业规定、绿色生产原则、项目管理方法，具有项目实施数字化管理的能力；
8. 掌握科学研究与创新方法，具有技术研发、科技成果转化的能力；
9. 具有探究学习、终身学习和可持续发展的能力。

主要专业课程与实习实训

专业基础课程：汽车机械基础、自动控制理论基础、汽车电工电子技术、C/C++语言程序设计、软件开发技术基础、单片机技术原理与应用、汽车网络通信技术、汽车构造、汽车理论。

专业核心课程：汽车电气与电子控制系统应用开发、车载网络系统应用开发、智能感知系统应用开发、汽车线控底盘系统应用开发、智能座舱系统应用开发、智能网联汽车仿真测试、智能网联汽车综合测试、智能车设计实践。

实习实训：对接真实职业场景或工作情境，在校内外进行车载网络系统应用开发、智能感知系统应用开发、线控底盘系统应用开发、智能座舱系统应用开发、智能车设计开发等实训。在智能网联汽车研发机构、生产企业，智能出行服务企业、测试示范区等单位或场所进行岗位实习。

职业类证书举例

    职业技能等级证书：智能网联汽车测试装调

接续专业举例

    接续专业硕士学位授予领域举例：机械工程
    接续硕士学位二级学科举例：车辆工程、机械制造及其自动化、机械电子工程

27 生物与化工大类

2701 生物技术类

专业代码 270101

专业名称 生物检验检测技术

基本修业年限 四年

职业面向

面向核酸检验员、试验员、生物科学研究人员等职业，生物检测、生物试验与研发和实验室管理等岗位（群）。

培养目标定位

本专业培养德智体美劳全面发展，掌握扎实的科学文化基础和微生物与免疫学、分子生物学、生物检验检测及相关法律法规等知识，具备生物大分子物质检测、现代免疫学检测、细胞培养与动物试验、实验室信息化管理等能力，具有工匠精神和信息素养，能够从事生物检测、生物试验与研发和实验室管理等工作的高层次技术技能人才。

主要专业能力要求

1. 具有生物样品采集、制备、运输、保存和处理、检验检测数据记录和分析、检验报告编写的能力；

2. 具有核酸、蛋白质等生物大分子检测及相关仪器设备使用维护的能力；

3. 具有微生物检测、免疫学检测的能力；

4. 具有细胞培养及检测、动物试验及评价的能力；

5. 具有现代智能检验检测装备的使用和维护的能力；

6. 具有生物医药相关标准及法律法规应用、生物安全防护和实验室信息化管理能力；

7. 具有熟练应用信息技术和数字技术的能力；

8. 具有探究学习、终身学习和可持续发展的能力。

主要专业课程与实习实训

专业基础课程：无机及分析化学、有机化学、微生物与免疫、生物化学、分子生物学、细胞生物学、遗传学、生物统计与试验设计。

专业核心课程：微生物检测技术、现代免疫学检测技术、细胞培养与检测技术、核酸检测技术、蛋白纯化与检测技术、智能检验检测装备与维护、生物药物检测技术、实验动物、药品质量管理与法规、生物安全、实验室信息化管理与认可。

实习实训：对接真实职业场景或工作情境，在校内外进行免疫检测、分子生物学检验、生物药物检测、细胞培养、动物试验等实训。在生物医药行业的检验检测、研发、生产与外包服务等单位进行岗位实习。

职业类证书举例

暂无

接续专业举例

接续专业硕士学位授予领域举例：生物与医药、药学

接续硕士学位二级学科举例：微生物学、细胞生物学、生物化学与分子生物学、药物分析学

专业代码 270102

专业名称 合成生物技术

基本修业年限 四年

职业面向

面向检验试验人员、制药工程技术人员、生物药品制造人员等职业，生物技术服务、基因工程药物和疫苗制造等岗位（群）。

培养目标定位

本专业培养德智体美劳全面发展，掌握扎实的科学文化基础和分子生物学、生物信息分析、生物代谢调控、合成生物设计与调控等知识，具备分子生物学操作、基因线路设计、细胞培养和生物药物发酵生产及管理等能力，具有工匠精神和信息素养，能够从事 DNA 测序分析、基因组合成、细胞合成、合成细胞应用技术、基因工程药物和疫苗生产、质量控制等工作的高层次技术技能人才。

主要专业能力要求

1. 具有凝胶电泳、分子杂交、PCR 技术和免疫印迹技术等分子生物学操作，基因测序分析和生物代谢调控分析的能力；

2. 具有设计生化分离技术方案，应用萃取、离子交换、亲和层析、膜过滤等单元

操作，分离纯化基因工程药物和疫苗的能力；

3. 具有初步设计合成生物技术方案，基因合成、载体构建、质粒瞬时转染、高克隆工程细胞株筛选及基因工程菌株应用试验的能力；

4. 具有应用合成生物技术路线初步设计基因工程药物、疫苗等生产工艺，进行生产工艺操作，正确控制工艺参数的能力；

5. 具有按照生物药物生产质量与管理的要求，正确选择方法和标准，进行基因工程药物和疫苗的品质检验和质量控制的能力；

6. 具有运用数字技术进行生物检测服务、生物制药生产、合成生物技术研究及开发的能力；

7. 具有自主学习生物伦理安全相关法律法规，依法从事工作的能力；

8. 具有协助开展合成生物技术领域新产品研发、新工艺研究的创新发展能力；

9. 具有探究学习、终身学习和可持续发展的能力。

主要专业课程与实习实训

专业基础课程： 微生物学、生物化学、酶学与应用、分子生物学、细胞生物学、发酵工程、生物安全与管理、生物代谢调控。

专业核心课程： 生化分离工程、生物仪器分析、生物制品检验技术、基因工程技术、生物信息分析、合成生物设计与实践、基因工程药物生产技术、疫苗生产技术。

实习实训： 对接真实职业场景或工作情境，在校内外进行分子生物学操作、生物信息学技能训练、发酵生产技术技能训练、生物分离纯化技能操作、细胞培养技能训练、合成生物设计与实践等实训。在合成生物设计与制备相关生物科技公司、生物制药企业及疫苗生产企业等单位进行岗位实习。

职业类证书举例

暂无

接续专业举例

接续专业硕士学位授予领域举例： 生物与医药
接续硕士学位二级学科举例： 生物医学工程

专业代码 270103
专业名称 农业生物技术
基本修业年限 四年

职业面向

面向作物遗传育种人员、生物发酵工程技术人员、土壤肥料技术人员等职业，作物品种选育、农业生物产品开发应用、食用药用菌菌种生产管理等岗位（群）。

培养目标定位

本专业培养德智体美劳全面发展，掌握扎实的科学文化基础和生物遗传与基因工程、农业生物产品生产管理及相关法律法规等知识，具备运用生物技术进行作物新品种选育、农业生物产品开发应用等能力，具有工匠精神和信息素养，能够从事分子辅助育种、脱毒种苗生产管理、生物肥料生产管理、生物农药生产管理、食用药用菌菌种生产管理等工作的高层次技术技能人才。

主要专业能力要求

1. 具有应用先进现代育种技术，进行分子辅助育种的能力；
2. 具有脱毒种苗生产与管理的能力；
3. 具有发酵工艺流程设计及优化和发酵设备使用与维护的能力；
4. 具有生物农药、生物肥料生产与管理及新产品辅助研发的能力；
5. 具有食用药用菌菌种选育、提纯、复壮、扩繁生产管理的能力；
6. 具有运用《农业法》《种子法》《农产品质量安全法》等法规和现代信息技术进行农业生物产品安全使用及经营管理的能力；
7. 具备适应农业生物技术产业数字化发展需求的数字技术应用的能力；
8. 具有从事农业生物技术领域新产品研发、技术技能创新的能力；
9. 具有探究学习、终身学习和可持续发展的能力。

主要专业课程与实习实训

专业基础课程：有机化学、生物化学与生化技术、植物学、农业微生物、生物遗传与基因工程、生物试验设计与管理、农业生态工程、生物安全。

专业核心课程：生物发酵工程、土壤改良技术、生物肥料生产与管理、生物农药生产与管理、作物现代育种工程、脱毒种苗生产、食药用菌菌种选育与生产、农业生物产品质量检测、农业生物产品安全应用。

实习实训：对接真实职业场景或工作情境，在校内外进行生物发酵技术、作物育种技术、脱毒种苗生产、食药用菌菌种生产、农业生物产品质量安全检测等实训。在种业企业、种苗生产企业、生物肥料生产企业、生物农药生产企业、食用药用菌生产企业、政府农业管理部门等单位进行岗位实习。

职业类证书举例

暂无

接续专业举例

接续专业硕士学位授予领域举例：农业

接续硕士学位二级学科举例：农艺与种业、作物遗传育种、遗传学

2702　化工技术类

专业代码　270201

专业名称　应用化工技术

基本修业年限　四年

职业面向

面向化工生产工程技术人员等职业，化工生产管理、化工技术管理等岗位（群）。

培养目标定位

本专业培养德智体美劳全面发展，掌握扎实的科学文化基础和化工生产设备及仪表操作维护、生产运行及开停车、生产技术岗位管理等知识，具备较强的组织管理、技术管理、技术研究与开发等能力，具有工匠精神和信息素养，能够从事化工生产运行管理、工艺优化与技术开发、工程设计等工作的高层次技术技能人才。

主要专业能力要求

1. 具有进行化工"一体化"生产装置开车的能力；掌握开车工艺流程、开车条件及开车前吹扫、气密性试验、置换、开车等操作能力；

2. 具有进行化工"一体化"生产装置正常停车的能力；掌握正常停车工艺流程、紧急停车工艺流程及停车后的隔绝、置换等操作能力；

3. 具有进行化工"一体化"生产装置平稳、高效运行的能力；掌握化工生产调节与控制能力，掌握物耗、能耗、设备效能的核算能力，掌握运行数据分析能力；

4. 具有应急处置能力和进行装置紧急停车后恢复生产的能力；掌握装置温度、压力、流量、液位等参数大幅度波动事故的处理能力，掌握事故应急处理能力；

5. 具有撰写工艺技术文件的能力；掌握工艺规程、技术改造、事故应急预案等方案的编制能力；

6. 具有制订安全、节能、降耗措施的能力；掌握物料衡算和能量衡算技能，掌握生产数据统计分析能力；

7. 具有装置标定能力和新工艺、新技术开发的能力；掌握装置验证和评价能力，掌握工艺技术开发和设计能力；

8. 具有管理班组的能力，掌握班组经济核算、企业生产管理等能力；

9. 具有探究学习、终身学习和可持续发展的能力。

主要专业课程与实习实训

　　专业基础课程：有机化学、有机化学实验技术、无机及分析化学、无机与分析化学实验技术、物理化学、物理化学实验技术、化工制图及 CAD、电子电工技术、化工 HSE 与清洁生产。

　　专业核心课程：流体输送与传热技术、化工传质与分离技术、化工热力学分析技术、化学反应工程、绿色化工工艺、工业仪表与自动化、化工安全技术、化工过程分析与控制、化工生产 DCS 操作技术。

　　实习实训：对接真实职业场景或工作情境，在校内外进行化学实验、化工单元操作、化工设备、化工过程分析等实训。在化工生产型企业、生产性实训基地、厂中校、校中厂、虚拟仿真实习基地等单位进行岗位实习。

职业类证书举例

　　职业技能等级证书：化工精馏安全控制、化工危险与可操作性（HAZOP）分析

接续专业举例

　　接续专业硕士学位授予领域举例：化学工程
　　接续硕士学位二级学科举例：材料与化工

专业代码　270202
专业名称　化工智能制造工程技术
基本修业年限　四年

职业面向

　　面向化工产品生产通用工艺人员、化工生产工程技术人员、智能制造工程技术人员等职业，化工生产管理、工艺优化与开发、大数据应用与开发等技术领域。

培养目标定位

　　本专业培养德智体美劳全面发展，掌握扎实的科学文化基础和化工生产工艺、智能制造原理、化工生产智能控制等知识，具备应用化工智能化系统进行生产管理、工艺优化与开发、化工智能制造系统优化与开发等能力，具有工匠精神和信息素养，能够从事化工生产管理、工艺优化与技术开发、大数据应用与开发等工作的高层次技术技能人才。

主要专业能力要求

　　1. 具有利用智能化制造系统，实施计划、调度、生产协同和全流程优化的能力；

2. 具有利用智能制造系统进行能耗、经济分析，挖掘生产潜力的能力；

3. 具有分析、总结日常运维事件，形成生产信息库，实现生产系统的持续优化改进的能力；

4. 具有利用化工模拟计算软件，优化生产工艺的能力；

5. 具有评估现有的智能制造系统，进行优化整合、功能开发的能力；

6. 具有利用轻量级软件开发平台，开发满足生产管理要求的软件的能力；

7. 具有安全、环保、经济和清洁生产运行和管理的能力；

8. 具有对化工生产、智能制造专业领域相关标准、法律法规理解、执行的能力；

9. 具有探究学习、终身学习和可持续发展的能力。

主要专业课程与实习实训

专业基础课程：无机化学、有机化学、物理化学、化工 HSE 与清洁生产、过程控制原理、数据库结构与算法、Java 语言程序。

专业核心课程：化工生产原理与技术、化工热力学、化工生产技术、化工自动化工程技术、化工安全与环保智能技术、化工过程分析与合成、数据库技术与应用。

实习实训：对接真实职业场景或工作情境，在校内外进行化工生产原理与技术、化工自动控制原理与技术、大数据技术与应用、物联网技术、化工智能制造（仿真）等实训。在化工智能制造生产企业、校企合作企业、化工智能制造仿真工厂等场所进行岗位实习。

职业类证书举例

职业技能等级证书：化工精馏安全控制、化工危险与可操作性（HAZOP）分析、大数据分析与应用

接续专业举例

接续专业硕士学位授予领域举例：化学工程

接续硕士学位二级学科举例：材料与化工

专业代码　270203

专业名称　现代精细化工技术

基本修业年限　四年

职业面向

面向精细化工智能生产、智能控制和管理、智能配制及配方优化、产品研发等岗

位（群）。

培养目标定位

本专业培养德智体美劳全面发展,掌握扎实的科学文化基础和精细化学品原料处理、绿色生产、分离精制、数字管理、产品性能测试及企业管理等知识,具备精细化工智能生产、产品检测与评价、新产品新工艺研究开发、工艺和配方设计、放大和优化、数字管理与应用等能力,具有工匠精神和信息素养,能够从事精细化工生产、控制和管理、精细化学品配制及配方优化、产品研发等工作的高层次技术技能人才。

主要专业能力要求

1. 具有应用数字化、智能化技术从事精细化工产品合成、复配、分离等生产管理的能力;

2. 具有发现、提出、分析和解决典型精细化工生产过程中常见问题的能力,能够对现代精细化学品的生产过程进行全流程联合操作;

3. 具有选择和应用行业先进分析方法和现代技术手段分析检测精细化工原材料及产品质量性能的能力;

4. 具有利用现代精细化工生产大数据方法正确处理实验数据和生产数据,优化工艺参数和创新配方的能力;

5. 具有理解、编写报告和设计文档,以及有效的演示和说明的能力,能够在工程活动中有效沟通;

6. 具有安全、环保、经济和清洁生产运行和管理的能力,能够合理分析、评价精细化工实践问题解决方案对社会、健康、安全等的影响;

7. 具有对专业新知识、新技术的学习,创新创业思维方法和实践的能力;

8. 具有现代精细化工技术专业领域相关标准、法律法规的查询、理解和执行的能力;

9. 具有良好的语言、文字表达能力、沟通能力和数字技能,以及适应数字素养和数字治理的能力;

10. 具有探究学习、终身学习和可持续发展的能力。

主要专业课程与实习实训

专业基础课程:大数据应用技术、无机及分析化学、有机化学、物理化学、化工单元操作、表面活性剂生产技术。

专业核心课程:精细绿色合成技术、现代分离技术、胶体与界面化学、现代精细化工工艺、高分子化学与物理、危险与可操作分析（高级）、现代精细化工设备。

实习实训:对接真实职业场景或工作情境,在校内外进行化工单元操作,绿色有机合成、精细化学品智能制造、精细化学品复配、精细化学品性能测试等实训。在化工智能生产和管理、现代精细化工产品研发等单位进行岗位实习。

职业类证书举例

　　职业技能等级证书：化工精馏安全控制、化工危险与可操作性（HAZOP）分析

接续专业举例

　　接续专业硕士学位授予领域举例：材料与化工
　　接续硕士学位二级学科举例：化学工程与技术、轻工技术与工程

专业代码　　270204
专业名称　　现代分析测试技术
基本修业年限　　四年

职业面向

　　面向检验检疫工程技术人员，标准化、计量、质量和认证认可工程技术人员等职业，高端仪器检测、自动监测/在线分析运维、质量管理等岗位（群）。

培养目标定位

　　本专业培养德智体美劳全面发展，掌握扎实的科学文化基础和化学、数学、微生物、分析检测理论、PLC 编程组态、产品的过程质量控制及检验等知识，具备样品采集与制备、分析检测、高端仪器设备使用与维护、专业软件使用与数据处理等能力，具有工匠精神和信息素养，能够从事高端分析仪器使用与维护、自动监测、在线分析系统运维、质量管理、产品研发及测试服务等工作的高层次技术技能人才。

主要专业能力要求

1. 具有化学、微生物、计量与标准化、商品检验等基础知识；
2. 具有样品规范采集、抽检、前处理及准确制备的能力；
3. 具有安全操作与日常维护先进分析仪器及智能在线监测设备的能力；
4. 具有实验数据统计分析、谱图分析及大数据分析应用的能力；
5. 具有创新设计与开发分析检测方法及研制技术标准的能力；
6. 具有熟练运用专业英语的能力，能够持续学习、吸收与转化国际先进测试技术；
7. 具有工业品、食品药品、环境与健康合规性检测与评价的能力；
8. 具有综合运用分离纯化与检测手段剖析产品配方组成的能力；

9. 具有实施安全质量控制和职业健康管理、践行安全环保理念的能力；

10. 具有探究学习、终身学习和可持续发展的能力。

主要专业课程与实习实训

专业基础课程：基础化学、分析化学、物理化学、微生物基础、现代分析技术基础、计量与标准化基础、商品检验基础、实验室安全与环保。

专业核心课程：实验设计与大数据分析、抽样与前处理、先进仪器分析、检测方法与标准开发、质量管理与认证、工业产品合规检验检测、智能在线监测与运维、生态环境监测、食品药品分析、职业健康环境检测。

实习实训：对接真实职业场景或工作情境，在校内外进行分析化学、仪器分析、典型工业原料与产品分析等实训。在化学原料和化学制品制造、专业技术服务等单位进行岗位实习。

职业类证书举例

暂无

接续专业举例

接续专业硕士学位授予领域举例：材料与化工、生物与医药、资源与环境
接续硕士学位二级学科举例：分析化学、药物分析学、应用化学、环境工程

28 轻工纺织大类

2801 轻化工类

专业代码 280101
专业名称 化妆品工程技术
基本修业年限 四年

职业面向

面向化妆品行业的化妆品研发、化妆品检验与评价、化妆品生产管理、化妆品营销策划等岗位（群）。

培养目标定位

本专业培养德智体美劳全面发展，掌握扎实的科学文化基础和化妆品工程技术理论等知识，具备较强的新工艺改良、新技术开发、配方设计、产品质量控制、生产流程安全管理等能力，具有工匠精神和信息素养，能够从事化妆品 GMP 与安全生产、应用研究、功效评价、营销策划等工作的高层次技术技能人才。

主要专业能力要求

1. 具有运用化妆品配方设计与工艺方面的专业基础理论知识，进行新产品开发的能力；

2. 具有优化化妆品生产工艺和开发新工艺、新技术的能力；

3. 具有运用信息技术、数字技术基础知识分析化妆品行业需求、发展动态和发展前景的能力；

4. 具有依据化妆品领域相关法律法规进行产品注册备案审核和生产管理的能力；

5. 具有运用检测检验基本原理和功效评价知识制定原材料和产品质量检验技术规程与功效评价技术方案的能力；

6. 具有操作与维护化妆品设备、处理设备故障及改良设备的能力；

7. 具有从事化妆品技术研发、科技成果或实验成果转化的能力，以及知识产权管理能力；

8. 具有质量意识、环保意识和安全生产现场管理能力；

9. 具有沟通和团队合作能力；

10.具有探究学习、终身学习和可持续发展的能力。

主要专业课程与实习实训

　　专业基础课程：无机化学、有机化学、分析化学、生物化学、仪器分析、物理化学、皮肤生理学、化工单元操作技术、化妆品微生物技术、表面活性剂与洗涤剂、质量管理体系。

　　专业核心课程：化妆品原料、化妆品配方与工艺设计、化妆品质量检测技术、化妆品法规与监管、化妆品安全与功效评价、化妆品 GMP 与安全生产、化妆品工厂设计、化妆品营销策划。

　　实习实训：对接真实职业场景或工作情境，在校内外进行化妆品配方与工艺设计综合实训、化工单元操作实训、化妆品质量检测实训、化妆品功效评价实训等实训。在化妆品原料和化妆品生产、销售等单位进行岗位实习。

职业类证书举例

　　暂无

接续专业举例

　　接续专业硕士学位授予领域举例：材料与化工、生物与医药
　　接续硕士学位二级学科举例：应用化学、化学工程与技术

专业代码　280102
专业名称　现代造纸工程技术
基本修业年限　四年

职业面向

　　面向制浆造纸工程技术人员等职业，工艺技术、工业产品研发、生产流程管理、工程设计等技术领域。

培养目标定位

　　本专业培养德智体美劳全面发展，掌握扎实的科学文化基础和制浆造纸工程技术理论等知识，具备制浆造纸生产流程操作、生产工艺设计优化、造纸化学品应用等能力，具有工匠精神和信息素养，能够从事现代造纸安全生产，现场管理，质量品控，制浆造纸新材料、新技术、新产品研发等工作的高层次技术技能人才。

主要专业能力要求

　　1. 具有制浆造纸生产线设计、生产工艺控制、优化和管理的能力；

2. 具有制浆造纸设备维护管理和技术改造的能力；

3. 具有对原辅材料和产品性能进行评价和质量管理的能力；

4. 具有设计实验方案，开发新产品、新技术、新材料和创新发展的能力；

5. 具有车间生产流程管理，在安全、生产及质量控制等方面提出合理建议和改进意见的能力；

6. 具有通过专家协助的远程监控执行设备维护、检修和数字化仓储的能力；

7. 具有熟悉相关专业法律法规，依法从事工作的能力；

8. 具有一定的制浆造纸绿色低碳生产、节能节水生产、清洁生产和数字化生产的能力；

9. 具有中华优秀传统文化素养，能自觉弘扬中国造纸传统文化，秉持现代造纸工业文化观念；

10. 具有探究学习、终身学习和可持续发展的能力。

主要专业课程与实习实训

专业基础课程：分析化学、有机化学、胶体与表面化学、植物纤维化学、化工原理、化工机械基础、制浆造纸工程设计、制浆造纸生物技术。

专业核心课程：现代制浆工程技术、现代造纸工程技术、制浆造纸分析检验技术、制浆造纸过程数字与智能控制技术、湿部化学与造纸化学品、纸加工与特种纸技术、造纸工业清洁生产技术、纸浆模塑生产技术。

实习实训：对接真实职业场景或工作情境，在校内外进行造纸化学品应用、制浆造纸工程设计和纸加工技术等实训。在制浆造纸生产企业、制浆造纸研究与设计院所、制浆造纸生产性实训基地等单位进行岗位实习。

职业类证书举例

暂无

接续专业举例

接续专业硕士学位授予领域举例：材料与化工、林业、资源与环境

接续硕士学位二级学科举例：制浆造纸工程、材料加工工程、化学工程、林产化学加工工程

2802　包装类

专业代码　280201

专业名称　包装工程技术

基本修业年限　四年

职业面向

面向包装设计师等职业，包装系统设计、包装质量控制与管理、数字化包装流程生产与管理等岗位（群）。

培养目标定位

本专业培养德智体美劳全面发展，掌握扎实的科学文化基础和包装产品工艺设计、包装产品质量控制、数字化流程管理等知识，具备包装整体方案设计、包装质量分析与控制、数字化包装流程系统操作与维护等能力，具有工匠精神和信息素养，能够从事包装系统设计、包装质量控制与管理、数字化包装流程生产与管理等工作的高层次技术技能人才。

主要专业能力要求

1. 具有绿色环保包装材料选材与分析的能力；
2. 具有产品结构分析和创新包装设计的能力；
3. 具有印前设计与编辑、包装生产管理的能力；
4. 具有制订包装工艺和运输包装整体解决方案的能力；
5. 具有包装生产成本核算和产品质量控制的能力；
6. 具有数字化包装流程生产管理与系统维护的能力；
7. 具有适应包装产业数字化发展需求的专业信息技术能力和基本数字技能；
8. 具有适应包装产业智能化升级所需的职业素养、工匠精神和劳动观念，具有绿色生产、环境保护、安全防护等法规意识；
9. 具有探究学习、终身学习和可持续发展的能力。

主要专业课程与实习实训

专业基础课程：包装技术基础、包装应用化学、工程力学、机械制图、人体工程学、包装色彩技术、包装成本核算。

专业核心课程：绿色包装材料技术、包装结构设计、包装容器与模具设计、包装视觉传达设计、运输包装与测试技术、包装数字印前技术、包装工艺与安全、包装机械、包装智能生产技术与管理、包装物联网技术。

实习实训：对接真实职业场景或工作情境，在校内外进行运输包装、包装生产模拟、包装材料检测、包装结构设计、包装模具设计等实训。在包装生产企业或相关测试企业等单位进行岗位实习。

职业类证书举例

暂无

接续专业举例

接续专业硕士学位授予领域举例：轻化工程
接续硕士学位二级学科举例：轻工技术与工程

2803　印刷类

专业代码　280301

专业名称　数字印刷工程

基本修业年限　四年

职业面向

面向出版专业技术人员等职业，数字印刷方案策划与工艺设计、出版物成本核算、印制业务管理、生产实施与工艺控制等岗位（群）。

培养目标定位

本专业培养德智体美劳全面发展，掌握扎实的科学文化基础和印前图文处理、数字印前技术、印刷材料、色彩管理等知识，具备数字印前设计、色彩管理应用、数媒设计与制作、数字印刷工程创新与管理等能力，具有工匠精神和信息素养，能够从事数字印刷方案策划与设计、数字印刷设备操作与维护、数字印刷生产组织与管理等工作的高层次技术技能人才。

主要专业能力要求

1. 具有印刷工程数字信息处理算法设计和编程的能力；
2. 具有个性化印刷产品设计开发、计算机集成化印刷系统应用的能力；
3. 具有数字印刷设备安装调试、操作与运行维护的能力；
4. 具有数字印刷材料的创新设计、开发及应用的能力；
5. 具有数字印刷工艺管理、质量控制的能力；
6. 具有数字印刷项目设计、生产组织与运营管理的能力；
7. 具有运用创新思维分析、研究并解决较复杂工程问题的能力；
8. 具有将物联网、大数据等现代信息技术应用于数字出版领域的能力；
9. 具有探究学习、终身学习和可持续发展的能力。

主要专业课程与实习实训

专业基础课程：电工电子学、计算机基础教程、工程制图及机械设计基础、智能科学技术概论、数字媒体技术基础、数字图像处理、应用化学、颜色科学与技术、印刷材料与适性。

专业核心课程：数字印前原理与技术、印刷色彩管理、数字印刷及印后加工、印刷数字工作流程、数字印刷设备操作与维护、包装策划与设计、信息技术与跨媒体传播、数字印刷品质量检测与控制。

实习实训：对接真实职业场景或工作情境，在校内外进行数字印前处理、印刷色彩管理、数字化印刷流程、数字印刷设备的操作与维护、数字媒体制作、数字印刷质量检测与控制、包装印刷品设计成型等实训。在出版社、图书和出版工作室、排版公司、广告公司等单位进行岗位实习。

职业类证书举例

职业资格证书： 出版专业技术人员职业资格

接续专业举例

接续专业硕士学位授予领域举例： 新闻与传播、出版

接续硕士学位二级学科举例： 新闻与传播、轻工技术与工程

2804　纺织服装类

专业代码　280401
专业名称　现代纺织工程技术
基本修业年限　四年

职业面向

面向纺织产品研发、智能生产、数字化贸易和管理等技术领域。

培养目标定位

本专业培养德智体美劳全面发展，掌握扎实的科学文化基础和纤维材料开发、数字化生产控制、互联网贸易等知识，具备现代纺织工程实践等能力，具有工匠精神、信息素养和国际视野，能够从事纺织新材料检测与开发、智能生产与管理、先进纺织产品开发与品质控制、绿色纺织理念推广与应用、纺织品跟单与数字化贸易等工作的高层次技术技能人才。

主要专业能力要求

1. 具有检测各类纤维新材料性能并综合应用的能力；
2. 具有进行纺织智能生产设计及工艺优化的能力；
3. 具有进行智能纺织设备管理和开发的能力；
4. 具有先进纺织品开发并进行品质控制的能力；
5. 具有绿色纺织品生产及认证认可管理的能力；
6. 具有纺织品跟单和数字化贸易的能力；
7. 具有大数据应用和信息化开发的能力；
8. 具有探究学习、终身学习和可持续发展的能力。

主要专业课程与实习实训

专业基础课程：纺织材料及检测技术、数据处理与应用、织物设计与应用、纺织实用英语、纺织品电子商务、纺织化学与应用、现代信息化管理。

专业核心课程：现代纺纱技术、现代机织技术、现代针织技术、纺织设备数字化控制与管理、纺织质量控制、纺织经济与贸易、产业用纺织品、纺织新产品开发。

实习实训：对接真实职业场景或工作情境，在校内外进行纺织品检测与评价、智能设备运行管理、创新纺织品设计、跟单与数字化贸易等实训。在纺织生产企业、进出口检验检疫机构、纺织品贸易公司等单位进行岗位实习。

职业类证书举例

职业技能等级证书：纺织面料开发

接续专业举例

接续专业硕士学位授予领域举例：纺织工程

接续硕士学位二级学科举例：纺织工程、纺织材料与纺织品设计

专业代码　280402

专业名称　服装工程技术

基本修业年限　四年

职业面向

面向服装工程技术人员、服装设计人员、服装制版人员等职业。

培养目标定位

本专业培养德智体美劳全面发展，掌握扎实的科学文化基础和服装设计、服装结构、工艺生产、智能管理等知识，具备服装产品设计、版型设计、工艺设计、智能生产管理等能力，具有工匠精神和信息素养，能够从事服装设计、服装版型设计、服装工艺设计、品控优化、新产品开发、智能化服装生产管理等工作的高层次技术技能人才。

主要专业能力要求

1. 具有服装产品的设计研发与设计表达的能力；

2. 具有版型设计、样板审板与样衣制作及修正的能力；

3. 具有操作设计软件、制版软件及三维虚拟、生产管理等软件的能力；

4. 具有运用智能化系统进行服装单耗核算、制作工时核算、服装工艺单制作的能力；

5. 具有从事服装生产制造领域中高端产品制造的能力，能够从事技术研发、科技成果或实验成果转化；

6. 具有解决智能化生产现场技术问题和现场创新的能力，能够结合专业知识进行智能化生产技术研发；

7. 具有熟悉绿色生产、环境保护、安全防护、质量管理等相关知识的能力；

8. 熟悉相关专业法律法规，具有依法从事工作的能力；

9. 具有探究学习、终身学习和可持续发展的能力。

主要专业课程与实习实训

专业基础课程：中外服装史、服装款式设计与表达、服装人体工程学、数字化设计技术、市场营销、纺织服装材料应用、服装设备使用与维修。

专业核心课程：服装版型设计与工艺、服装工业制版、服装 CAD 应用、服装三维虚拟设计、智能化生产管理、服装立体裁剪、服装产品设计、服装生产技术。

实习实训：对接真实职业场景或工作情境，在校内外进行不同品类服装工艺、服装立体裁剪、服装产品设计等实训。在纺织服装企业、生产性实训基地或虚拟仿真实习基地等场所进行岗位实习。

职业类证书举例

职业技能等级证书：纺织面料开发、服装陈列设计

接续专业举例

接续专业硕士学位授予领域举例：纺织工程、艺术设计

接续硕士学位二级学科举例：服装设计与工程、设计艺术学

29　食品药品与粮食大类

2901　食品类

专业代码　290101
专业名称　食品工程技术
基本修业年限　四年

职业面向

面向食品工程技术人员、生物发酵工程技术人员、农产品食品检验员等职业，食品智能制造、检验检测、质量管理等岗位（群）。

培养目标定位

本专业培养德智体美劳全面发展，掌握扎实的科学文化基础和化学、人工智能、食品工程、相关法律法规等知识，具备分析与解决食品生产、管理和研发的问题等能力，具有工匠精神和信息素养，能够从事食品和相关领域的智能制造、检验检测、功能评价、产品研制、技术研发等工作的高层次技术技能人才。

主要专业能力要求

1. 具有从事食品工程技术领域中高端产品制造工作的能力；

2. 具有从事工艺设计、方案设计、过程监控并解决岗位现场较复杂技术问题和现场创新的能力；

3. 具有感官评定、理化检测、微生物检验和功能评价的基本技能；

4. 具有对产品质量问题进行分析、判断及解决的能力；

5. 具有参与技术规程与技术方案制定、产品研制、技术研发、科技成果或实验成果转化与熟化的能力；

6. 具有运用网络化、数字化和智能化技术提升生产和管理效率的能力；

7. 具有掌握食品工程技术领域相关法律法规知识，探究学习新知识、新技术的能力；

8. 具有绿色生产、环境保护、安全防护、质量管理、技术经济等相关知识及应用的能力；

9. 具有综合运用专业知识，协助开展食品工程技术领域新产品研发、技术技能创新的能力；

10. 具有探究学习、终身学习和可持续发展的能力。

主要专业课程与实习实训

专业基础课程：基础化学、分析化学、生物化学、食品微生物基础、机电技术基础、人工智能基础、食品工程原理、CAD 制图。

专业核心课程：食品添加剂与配料应用技术、食品生物技术、食品工艺与产品创新、食品检测技术、现代食品仪器分析技术、食品安全与质量控制技术、食品风味技术、食品智能化装备与数字化技术、食品智慧包装技术、食品工厂设计、食品贮运与区块链技术、食品工程高新技术。

实习实训：对接真实职业场景或工作情境，在校内外进行食品工艺与产品创新、食品检测技术、食品智能化装备与数字化技术和食品工厂设计等实训。在食品制造企业、食品检验检测机构、虚拟仿真实习基地和生产性实训基地等单位进行岗位实习。

职业类证书举例

职业技能等级证书：粮农食品安全评价、食品检验管理、食品合规管理

接续专业举例

接续专业硕士学位授予领域举例：食品工程、食品加工与安全

接续硕士学位二级学科举例：食品科学、粮食、油脂及植物蛋白工程、农产品加工及贮藏工程、水产品加工及贮藏工程、制糖工程、发酵工程

专业代码　290102
专业名称　食品质量与安全
基本修业年限　四年

职业面向

面向食品质量检验工程技术人员、食品质量管理工程技术人员、认证认可工程技术人员、食品安全管理师、食品安全监管人员等岗位（群）。

培养目标定位

本专业培养德智体美劳全面发展，掌握扎实的科学文化基础和食品质量检验、质量管理和体系认证、相关法律法规等知识，具备食品检验与分析、质量控制与改进、审核认证、合规管理和安全监管等能力，具有工匠精神和信息素养，能够从事食品质量检验与分析、质量控制与管理、管理体系建立与审核、食品安全风险控制和管理、食品合规管理体系建立与管理及食品安全监管等工作的高层次技术技能人才。

主要专业能力要求

1. 具有对食品及相关产品进行质量安全检验和分析，以及食品企业技术经济分析，修（制）订产品质量标准、技术规范和检验方法的能力；

2. 具有应用质量管理方法和工具进行质量分析、控制和改进，处理食品质量安全事件的能力；

3. 具有依据国家、国际法律、法规和标准，在食品生产、食品流通和餐饮服务等环节开展食品安全风险分析和管理的能力；

4. 具有建立和运行质量管理体系、食品安全管理体系和危害分析与关键控制点（HACCP）体系的能力；

5. 具有在食品生产经营活动中开展食品合规管理体系建设，增强企业合规管理的能力；

6. 具有建立与实施管理体系，产品审核认证活动，进行管理体系、产品等符合性技术评价的能力；

7. 具有开展食品生产经营许可申报、变更和延续，食品生产经营日常监督检查和行政执法等工作的能力；

8. 具有适应数字经济发展新需求，及时自主学习食品质量与安全领域的相关法律法规，探究学习新知识、新技术的可持续发展能力；

9. 具有综合运用专业知识与技术技能，协助开展食品质量与安全领域技术技能创新的能力；

10. 具有探究学习、终身学习和可持续发展的能力。

主要专业课程与实习实训

专业基础课程：基础化学、分析化学、食品生物化学、食品化学与应用、食品微生物基础、食品仪器分析、食品标准与法规、食品安全与毒理、食品营养学基础、数理统计与试验设计。

专业核心课程：食品加工与保藏、食品理化分析技术、食品微生物检验技术、现代食品检测技术、食品质量安全控制技术、食品安全风险分析与管理、食品合规管理及应用、食品企业管理体系建立与认证、食品安全监督管理。

实习实训：对接真实职业场景或工作情境，在校内外进行食品检验检测、质量管理、合规管理、认证审核和安全监管等实训。在食品行业的检测、认证等第三方质量技术服务机构和生产流通企业等单位进行岗位实习。

职业类证书举例

职业技能等级证书：食品合规管理、食品检验管理、粮农食品安全评价

接续专业举例

    接续专业硕士学位授予领域举例：食品工程、食品加工与安全

    接续硕士学位二级学科举例：食品科学、农产品加工及贮藏工程、粮食、油脂及植物蛋白工程、水产品加工及贮藏工程、制糖工程、发酵工程

专业代码   290103

专业名称   食品营养与健康

基本修业年限   四年

职业面向

    面向健康咨询服务人员、餐饮服务人员（营养师、健康管理师）、食品工程技术人员等岗位（群）。

培养目标定位

    本专业培养德智体美劳全面发展，掌握扎实的科学文化基础和生物科学、营养科学、食品科学、健康管理、健康促进及相关法律法规等知识，具备人体营养与健康风险评估、营养膳食设计与配餐、健康营养促进、功能食品开发等能力，具有工匠精神和信息素养，能够从事营养咨询与教育、营养配餐、健康管理与促进、功能食品开发与应用及工艺管理等工作的高层次技术技能人才。

主要专业能力要求

    1. 具有正确进行膳食方案设计、膳食调查与分析、人体测量及常规生化检测、人体营养评估、营养教育与咨询服务的能力；

    2. 具有利用大数据技术分析普通人群、特殊人群的营养需求以及运动营养需求，并能有针对性地进行食谱设计及配餐的能力；

    3. 具有分析营养产品的市场需求或个体需求，并能设计功能食品开发初步方案，执行产品开发方案及进行产品加工工艺管理的能力；

    4. 具有对个体或群体进行健康信息采集，指引和协助实施健康监测，并能根据健康监测结果进行健康风险评估和健康教育的能力；

    5. 具有针对亚健康人群、非传染性代谢疾病人群等制定健康促进的营养与运动干预方案，并能正确实施健康促进方案的能力；

    6. 具有结合营养与健康咨询及服务、功能食品开发及加工工艺管理等工作，熟练应用数字技术，精准提高工作质量和效率的能力；

7. 具有及时自主学习营养健康领域的法律法规，探究学习新知识、新技术的终身学习和可持续发展能力；

8. 具有适应数字经济发展新需求，综合运用专业知识，协助开展营养健康领域新产品研发、技术技能创新的能力；

9. 具有探究学习、终身学习和可持续发展的能力。

主要专业课程与实习实训

专业基础课程： 有机化学、生物化学、微生物与免疫学、人体解剖与生理学、食品毒理学、病理学基础、食品营养学、食品安全与卫生、生化检验技术、基础医学概论。

专业核心课程： 膳食营养与评价、人体营养评估与教育、膳食设计与配餐、运动营养设计、健康评估与管理、健康促进与营养干预、功能食品开发、食品加工技术。

实习实训： 对接真实职业场景或工作情境，在校内外进行膳食调查与分析、人体营养评估、膳食设计与配餐、健康风险评估、功能食品开发等实训。在营养健康咨询企业、营养健康研究院、餐饮企业、营养食品生产企业、保健食品生产企业等单位进行岗位实习。

职业类证书举例

职业技能等级证书： 运动营养咨询与指导

接续专业举例

接续专业硕士学位授予领域举例： 食品工程、食品加工与安全

接续硕士学位二级学科举例： 食品科学、营养与食品卫生学

2902 药品与医疗器械类

专业代码 290201

专业名称 制药工程技术

基本修业年限 四年

职业面向

面向制药工程技术人员等职业，医药产品生产过程和工艺管理、工程技术、质量管理等岗位（群）。

培养目标定位

本专业培养德智体美劳全面发展，掌握扎实的科学文化基础和制药工程技术等知识，具备发现和分析现场问题、生产现场管理、收集和处理质量数据、维护常用设备等能力，具有工匠精神和信息素养，能够从事医药产品生产过程和工艺管理、工程技术、质量管理、设备设施维护等工作的高层次技术技能人才。

主要专业能力要求

1. 具有理解并运用医药产品生产、工程、质量等方面的政策法规和从事医药产品制造相关职业活动的能力；

2. 具有把握本领域新工艺、新技术与新设备发展动态的能力；

3. 具有操作、维护常用设备设施，熟悉车间布局及运行原理的能力；

4. 具有发现、分析医药产品生产、设备、工程、技术问题，并现场解决常见问题的能力；

5. 具有掌握绿色生产、环境保护、安全防护、质量管理等相关政策要求的能力；

6. 具有收集、整理、分析安全和质量数据，对工艺、质量提升提出初步建议的能力，初步具备生产现场管理、成本控制及风险控制的能力；

7. 具有适应医药制造产业数字化发展需求的数字技术和信息技术应用的能力；

8. 具有从事医药生产领域研究和创新发展的能力；

9. 具有探究学习、终身学习和可持续发展的能力。

主要专业课程与实习实训

专业基础课程：无机化学、有机化学、物理化学、数理统计、化工原理、制药分离工程、药事管理与法规、制药工程技术概论。

专业核心课程：制药工艺学、工业药剂技术、制药装备与车间设计、发酵工程、制药过程安全与环保、药品 GMP 实施与管理、制药工程过程验证、制药自动化与智能制造。

实习实训：对接真实职业场景或工作情境，在校内外进行药品生产质量管理、工程管理、药品生产综合技能、工艺验证、设备管理和维护等实训。在医药生产企业等单位进行岗位实习。

职业类证书举例

职业资格证书：执业药师

职业技能等级证书：药物制剂生产

接续专业举例

接续专业硕士学位授予领域举例：制药工程、生物与医药

接续硕士学位二级学科举例：药学

专业代码 290202

专业名称 药品质量管理

基本修业年限 四年

职业面向

面向质量管理工程技术人员等职业，GMP 管理、验证管理、药品检查等岗位（群）。

培养目标定位

本专业培养德智体美劳全面发展，掌握扎实的科学文化基础和药品 GMP 实施与管理、质量风险管理与验证、药品检查技巧及相关法律法规等知识，具备药品生产全过程质量管理、验证项目实施与管理、质量管理体系文件检查和现场检查等能力，具有工匠精神和信息素养，能够从事 GMP 管理、验证管理、药品检查等工作的高层次技术技能人才。

主要专业能力要求

1. 具有对药品生产全过程进行现场质量管理的能力；

2. 具有对药品生产检验场所、活动进行风险研判和风险控制的能力；

3. 具有药品质量管理体系建立、运行和持续改进的能力，能够实施文件管理、偏差和变更管理、质量控制实验室管理等质量管理活动；

4. 具有按照国内外 GMP 和质量管理体系要求开展内部自检、外部审计以及迎接 GMP 检查的能力；

5. 具有掌握药品检查技巧，按照法律法规和药品检查方案要求，实施文件检查、现场检查等检查活动及相关指导的能力；

6. 具有验证管理体系构建、验证项目实施和管理的能力；

7. 具有运用综合理论知识，发现、分析和解决复杂质量问题，协助开展药品质量管理领域研发和创新发展的能力；

8. 具有掌握绿色生产、环境保护、安全防护、质量管理等相关政策要求的能力；

9. 具有适应数字经济发展新需求，学习新知识、新技术的能力；

10. 具有探究学习、终身学习和可持续发展的能力。

主要专业课程与实习实训

专业基础课程：基础化学、微生物学与免疫学、药物制剂技术、药物化学、中药学、生物制品学、现代制药设备与工程设计、质量管理学、医药大数据分析。

专业核心课程：化学药生产技术、中药生产技术、生物制品生产技术、药品质量控制、药事管理与法规、GMP 实施与管理、国际药品 GMP 管理、药品质量风险管理、药品验证管理与实施、药品检查实务。

实习实训：对接真实职业场景或工作情境，在校内外进行 GMP 管理与带教检查、药品风险管理与验证、药品质量控制等实训。在药品生产企业、药品质量监督管理机构、医药合规咨询机构等单位进行岗位实习。

职业类证书举例

暂无

接续专业举例

接续专业硕士学位授予领域举例：药学、生物与医药、中药学

接续硕士学位二级学科举例：药事管理学、社会与管理药学、药剂学

专业代码 290203
专业名称 医疗器械工程技术
基本修业年限 四年

职业面向

面向仪器仪表工程技术人员、医学设备管理工程技术人员、质量管理工程技术人员等职业，技术支持、技术服务、维护维修等岗位（群）。

培养目标定位

本专业培养德智体美劳全面发展，掌握扎实的科学文化基础和较为系统的医疗器械工程技术及相关法律法规等知识，具备较为复杂的技术应用、工程实践及管理实施等能力，具有工匠精神和信息素养，能够从事技术支持、技术服务、维护维修、产品开发（辅助）、质量管理等工作的高层次技术技能人才。

主要专业能力要求

1. 具有医疗器械产品系统、部件结构组成的分析、开发等能力；
2. 具有医疗器械产品系统、部件的质量与性能的测试、调试及故障排除的能力；
3. 具有医疗器械产品相关标准、技术规范、生产工艺、检验方法等应用、制订、审核的能力；
4. 具有指导安装、运行、检验、维护、评估、处置医疗器械产品的能力；
5. 具有引入和应用人工智能等医疗器械相关的新技术、新标准等的能力；
6. 具有医疗器械产品质量管理体系（部分）运行与管理的能力；
7. 具有依据医疗器械行业相关法规、政策等从事职业活动的能力；
8. 具有适应医疗器械技术领域发展需求信息技术、数字技术的能力；
9. 具有探究学习、终身学习和可持续发展的能力。

主要专业课程与实习实训

专业基础课程： 工程制图、医用物理、工程生理学、生物医用材料导论、电路原理、电子技术、计算机程序设计基础、医疗器械法规。

专业核心课程： 自动控制技术、传感器与物联网技术、医学信号处理及应用、智能医学仪器原理与设计、医疗器械检测技术、医疗器械技术评价、医疗器械生产管理、医疗器械维护与管理。

实习实训： 对接真实职业场景或工作情境，在校内外进行医疗器械检测技术、医疗器械维护与管理、医疗器械技术开发综合实践等实训。在医疗器械生产企业、医疗器械检验机构、医疗机构等单位进行岗位实习。

职业类证书举例

暂无

接续专业举例

接续专业硕士学位授予领域举例： 生物医学工程

接续硕士学位二级学科举例： 生物医学工程、精密仪器及机械

专业代码 290204

专业名称 药事服务与管理

基本修业年限 四年

职业面向

面向药学技术人员等职业，药品调剂、用药咨询与服务、医药商品购销与储运、药房运营管理等岗位（群）。

培养目标定位

本专业培养德智体美劳全面发展，掌握扎实的科学文化基础和药物治疗学、药品经营质量管理规范、相关法律法规等知识，具备开展药学服务、处方审核及调配、医药商品购销储运、社会药房运营管理等能力，具有工匠精神和信息素养，能够从事以合理用药为核心的药品调剂、用药指导、常见病症及慢性病药学服务、医药商品购销、社会药房运营管理等工作的高层次技术技能人才。

主要专业能力要求

1. 具有开展药学服务工作的能力；

2. 具有进行处方审核及调配的能力；

3. 具有进行中药调剂及处方审核的能力；

4. 具有开展常见病症及特殊患者药学服务的能力；

5. 具有开展慢性病症及居家药学服务的能力；

6. 具有进行医药商品购销储运的能力；

7. 具有医药电商网站运营与推广、社会药房运营管理和客户关系管理的能力；

8. 具有药学服务人文关怀精神、药品质量管理意识；

9. 具有综合运用专业知识与信息技术技能，协助开展药事服务与管理领域创新的能力；

10. 具有探究学习、终身学习和可持续发展的能力。

主要专业课程与实习实训

专业基础课程：药用基础化学、药用有机化学、生物化学、人体解剖生理学、微生物与免疫学、药剂学、中医药学概论、药物经济学概论。

专业核心课程：药理学、药物制剂技术、药品调剂技术、临床药物治疗学、药学服务实务、医药商品学、药事管理与法规、医药电子商务。

实习实训：对接真实职业场景或工作情境，在校内外进行药学服务、药品调剂、药品购销、药品 GSP、药物制剂等实训。在西药与中药零售及基层医疗卫生服务行业的社会药房、社区卫生服务中心等单位进行岗位实习。

职业类证书举例

    职业资格证书：执业药师

    职业技能等级证书：药品购销

接续专业举例

    接续专业硕士学位授予领域举例：药学、生物与医药

    接续硕士学位二级学科举例：社会与管理药学、药剂学、药理学、临床药学、药物分析学、药物化学

2903 粮食类

专业代码　290301
专业名称　现代粮食工程技术
基本修业年限　四年

职业面向

面向制米工、制粉工、制油工、饲料加工工和农产品食品检验员等职业，粮食加工生产技术、品控技术、生产车间和品控部门管理等岗位（群）。

培养目标定位

本专业培养德智体美劳全面发展，掌握扎实的科学文化基础与粮食加工生产技术、生产检验和品控技术、生产车间和品控部门管理、相关法律法规等知识，具备现代粮食加工生产操作、生产检验与品控、生产复杂问题处理、车间改造、企业中层管理等能力，具有工匠精神和信息素养，能够从事粮食加工生产技术改造和技术攻关、生产车间和品质管理部门主管等工作的高层次技术技能人才。

主要专业能力要求

1. 具有整合和综合运用机械、智能控制、粮食化学、检验、粮食工程原理、管理学原理等专业基础理论知识的能力；

2. 具有运用信息化管理条件下粮食加工生产操作、设备维护保养等技术技能解决生产中复杂问题的能力；

3. 具有信息化管理条件下粮食加工技术革新与改造等技术技能，实施工艺和设备改造、技术研发和成果转化的能力；

4. 具有粮食加工生产检验和质量管理，设计检测方法和质量管理方案的能力；

5. 具有现代粮食加工企业生产车间管理和品控部门管理的技术技能；

6. 具有员工技能培训方案设计，技能培训组织实施的能力；

7. 具有及时自主学习现代粮食工程技术领域的法律法规，探究学习新知识、新技术的可持续发展能力；

8. 具有粮食产业文化素养，树立节粮减损和粮食安全意识，遵守职业道德准则和行为规范，体现社会责任感和担当精神；

9. 具有综合运用专业知识，协助开展现代粮食工程技术领域新产品研发、技术技能创新的数字化能力；

10. 具有探究学习、终身学习和可持续发展的能力。

主要专业课程与实习实训

专业基础课程：机械设计基础、机械制图、工程力学、电工电子技术、粮食工业智能控制技术、粮食化学、分析化学、现代仪器分析、粮食工程原理、管理学原理。

专业核心课程：现代粮食加工生产概论、粮食加工设备维护保养、现代粮食清理与包装技术、粮食加工检验与质量管理、现代稻谷加工技术、现代小麦加工技术、现代油脂制取技术、现代油脂加工技术、现代饲料加工技术、粮食加工技术革新与改造、现代粮食加工生产与质量管理、技能培训设计与实施。

实习实训：对接真实职业场景或工作情境，在校内外进行生产操作、设备保养、生产检验、品质管理、毕业设计等实训。在粮食行业的大米、面粉、油脂和饲料生产企业，政府粮食管理部门和科研院所等单位进行岗位实习。

职业类证书举例

暂无

接续专业举例

接续专业硕士学位授予领域举例：食品工程、食品加工与安全

接续硕士学位二级学科举例：粮食储藏技术与品质控制、粮食油脂及植物蛋白工程、食品安全检测与控制技术、农产品加工与贮藏工程

30　交通运输大类

3001　铁道运输类

专业代码　300101
专业名称　高速铁路工程
基本修业年限　四年

职业面向

面向铁路建筑工程技术人员、铁道工务工程技术人员等岗位（群）。

培养目标定位

本专业培养德智体美劳全面发展，掌握扎实的科学文化基础和高铁线路、桥涵、隧道等建设与运维等知识，具备高铁工程结构设计、施工组织管理、养护维修技术应用与研发等能力，具有工匠精神和信息素养，能够从事高铁工程项目勘测设计、技术管理、质量检测和高铁综合维修等工作的高层次技术技能人才。

主要专业能力要求

1. 具有进行高铁工程项目工程测量、试验检测、BIM 建模、验工计价、竣工验交的能力；

2. 具有进行高铁工程项目施工组织设计和施工预算编制、临时结构设计与检算、重点单项工程施工方案制订和解决工程具体问题的能力；

3. 具有进行高铁工程项目施工调查、工程设计资料交接、施工场地和临时设施布设等能力；

4. 具有正确运用设计规范、标准进行高铁路基、轨道、桥涵、隧道等工程勘察和结构设计的能力；

5. 具有进行精密测量、动态监测、装配施工、信息管理等高铁智能建造新技术应用的能力；

6. 具有高铁基础设施设备检查、监测和病害分析，高铁线路和桥隧维修，突发故障诊断及应急处置的能力；

7. 具有良好的语言表达、文字表达、沟通协调、团队合作、跨文化交流的能力；

8. 具有利用信息技术、数字技术进行智能建造、质量控制、安全生产、绿色生产技术的研究、应用和创新发展能力；

9. 具有探究学习、终身学习和可持续发展的能力。

主要专业课程与实习实训

专业基础课程： 高速铁路概论、工程制图、工程力学、工程测量、土木工程材料、工程地质、土力学、混凝土结构设计原理、BIM 建模技术。

专业核心课程： 高铁选线基础、高铁线路施工技术、高铁桥涵施工技术、高铁隧道施工技术、高铁精测精调技术、高铁结构建模与施工仿真、高铁线路养护维修技术、高铁桥隧养护维修技术、高铁工程项目管理。

实习实训： 对接真实职业场景或工作情境，在校内外进行工程制图实训、工程测量实训、选线设计实训、高铁综合维修实训、施工实习等实训。在铁路工程建设、铁路工程运用、建筑企业等单位进行岗位实习。

职业类证书举例

职业资格证书： 建造师、监理工程师、造价工程师

职业技能等级证书： 建设工程质量检测、建筑信息模型（BIM）

接续专业举例

接续专业硕士学位授予领域举例： 交通运输、土木水利

接续硕士学位二级学科举例： 道路与铁道工程、桥梁与隧道工程

专业代码 300102
专业名称 高速铁路动车组技术
基本修业年限 四年

职业面向

面向动车组制修师、铁路车辆制修工、铁路机车车辆制动钳工、轨道列车司机、铁道工程技术人员等岗位（群）。

培养目标定位

培养德智体美劳全面发展，掌握扎实的科学文化基础和动车组构造、作用原理等知识，具备动车组零部件产品开发、制造，动车组各系统组装调试，监控处理动车组运行状态，故障处理等能力，具有工匠精神和信息素养，能够从事动车组入厂（库）检修、动车组运行保障、动车组乘务及故障处理等工作的高层次技术技能人才。

主要专业能力要求

1. 具有本专业必备的机电设备、检修装备操作系统理论知识，具备生产现场安全、操作安全、用电安全知识的编制能力；

2. 具有动车组结构及设计，网络控制系统的结构、作用原理及有关使用维护工艺编制的能力；

3. 具有高速铁路动车组及主要零部件制造、检测、装配、试验、质量检查、验收的能力；

4. 具有高速铁路动车组制造检修制度、运用管理规章的制订能力；

5. 具有编制制造及检修工艺，工装工具研发、改造及设计的能力；

6. 具备绿色生产、安全防护、质量管理等相关知识与技能，遵守职业道德准则和行为规范，具备社会责任感和担当精神，熟悉相关法律法规；

7. 具有适应产业数字化发展需求的信息技术、数字技术应用能力；

8. 具有较强的语言文字表达、人际沟通、团结协作能力；

9. 具有探究学习、终身学习和可持续发展的能力。

主要专业课程与实习实训

专业基础课程：机械制图与 CAD、理论力学、材料力学、机械原理、互换性与测量技术、机械设计、电工电子技术、电路分析基础。

专业核心课程：动车组结构与原理、动车组牵引传动及控制、动车组制动系统、动车组辅助电气系统、动车组车内环境控制系统、动车组网络控制技术、动车组制造及检修工艺、动车组运用与管理、动车组司机规章与运用。

实习实训：对接真实职业场景或工作情境，在校内外进行动车组专业知识技能实训，动车组机械零件强度试验及检修，动车组牵引系统组装调试，动车组制动系统组装调试及故障查找、处理等实训。在符合面积、安全、环境等方面要求，具备先进智能检测设备及实训设施的校外动车组制造企业、动车段等单位或场所进行岗位实习。

职业类证书举例

职业技能等级证书：轨道交通车辆检修、轨道交通电气设备装调

接续专业举例

接续专业硕士学位授予领域举例：交通运输、机械

接续硕士学位二级学科举例：交通运输工程、机械工程、电气工程

专业代码　　300103

专业名称　　高速铁路信号控制技术

基本修业年限　　四年

职业面向

面向铁路运输行业的铁道电务工程技术人员、轨道交通信号工、信号设计工程师、研发测试工程师、集成工程师等职业，高速铁路信号设备和控制系统的设计、安装、调试与维护等岗位（群）。

培养目标定位

本专业培养德智体美劳全面发展，掌握扎实的科学文化基础和计算机、自动控制、通信以及高速铁路信号和控制及相关法律法规等知识，具备高速铁路信号设备和控制系统的设计、安装、调试与维护等能力，具有工匠精神和信息素养，能够从事高速铁路信号控制系统研发设计、系统集成、工程施工、运营维护及技术管理等工作的高层次技术技能人才。

主要专业能力要求

1. 具有铁路信号专用仪器仪表和工具使用、维护的能力；

2. 具有综合利用电路分析、电子技术、计算机等基础理论进行系统仿真、科学计算和信息处理的能力；

3. 具有轨道电路、道岔转辙设备、信号机和继电器等信号基础设备安装、调试与维护的能力；

4. 具有高速铁路信号技术领域综合专业知识，具有分析高速铁路信号控制系统中较复杂工程问题的能力；

5. 具有轨旁信号设备、控制中心信号设备、车载信号设备的故障分析及处理能力；

6. 具有高速铁路信号系统灾害防护、非正常情况下应急处置以及设计、集成、施工、维护、管理、技术改造等能力；

7. 具有熟练掌握相关的国家法律、行业规定的能力，具有信息技术、数字技术、绿色生产、安全防护、质量管理等相关知识与技能，坚持铁路信号故障-安全原则；

8. 具有技术研发和创新发展能力，具有一定的创业能力，能够参与相关的技术改造、技术革新等工作，具备精益求精的工匠精神；

9. 具有探究学习、终身学习和可持续发展的能力。

主要专业课程与实习实训

专业基础课程：高速铁路概论、电路分析、模拟电子技术、数字电子技术、计算机程序语言设计、传感器原理及应用、自动控制原理、单片机原理与接口技术。

专业核心课程：高铁信号基础设备、车站信号控制技术、调度集中技术、列车运行控制技术、高铁信号设计与施工、铁路信号智能运维技术、系统可靠性与安全性分析及应用、高铁通信技术、CAD 工程制图。

实习实训：对接真实职业场景或工作情境，在校内外进行高铁信号基础设备、车站自动控制系统、调度集中系统、高铁信号设计与施工等实训。在铁路信号系统研发设计、工程施工、装备制造、运营维护企业等单位进行岗位实习。

职业类证书举例

职业技能等级证书：列车运行控制系统车载设备运用与维护、列车运行控制系统现场信号设备运用与维护、轨道交通自动控制系统装备运营维护

接续专业举例

接续专业硕士学位授予领域举例：交通运输、电子信息
接续硕士学位二级学科举例：交通信息工程及控制、控制科学与工程

专业代码　300104
专业名称　铁道机车智能运用技术
基本修业年限　四年

职业面向

面向铁道机务工程技术人员、机车调度值班员、轨道列车司机、数据分析处理工程技术人员等职业。

培养目标定位

本专业培养德智体美劳全面发展，掌握扎实的科学文化基础和机车构造、机车传动与控制系统、机车制动系统、机车网络控制系统、铁路技术管理规程应用、列车运行数据分析、铁道机车智能运维与管理等知识，具备制订铁路机车及部件技术标准、制订铁路机车检修设备技术标准、编制运输方案、处理运行途中故障、处理非正常行车、机车检测与检修设备研发等能力，具有工匠精神和信息素养，能够从事铁道机车运用与维护、动车组驾驶，铁道机车运维大数据分析等工作的高层次技术技能人才。

主要专业能力要求

1. 具有编制铁路机车检修和机务行车安全设备技术标准和规范的能力，具有参与

制订技术规程与技术方案的能力；

2. 具有制订铁路机车运用、救援、施工方案，运用列车牵引计算和试验，指导乘务员操纵机车的能力；

3. 具有管理铁路机车牵引、检修、整备、救援、调度和动车组运用组织管理的能力；

4. 具有机车（动车组）电气性能试验、制动机性能试验和整车故障查找排除能力和途中非正常行车处置的能力；

5. 具有机车整车及关键部件检修作业能力，具有试验、检验机车整车及部件的能力；

6. 具有机车（动车组）智能检测与检修设备研发能力，具有机车（动车组）运行大数据分析与处理能力；

7. 具有适应交通运输领域数字化发展需求的基本数字技能，具有信息技术基础知识、专业信息技术能力；

8. 具有掌握交通运输领域相关法律法规和行业规范的能力，具有铁道机车运维行业安全作业、平稳操纵、绿色节能和环境保护的意识；

9. 具有探究学习、终身学习和可持续发展的能力。

主要专业课程与实习实训

专业基础课程：铁道概论、机械制图、机械设计、工程力学、自动控制原理、电工技术、电子技术、电气控制与 PLC 应用技术、电力电子技术、传感与检测技术。

专业核心课程：机车总体、机车牵引及传动控制技术、行车安全智能装备技术、列车牵引计算及应用、列车制动控制技术、列车网络控制技术、机务智能运用与管理、机车智能检修与管理、机车柴油机检修及维护、列车运维大数据分析技术、机车电机电器检修及维护、动车组技术。

实习实训：对接真实职业场景或工作情境，在校内外进行机车电气综合试验、列车运行监控装置应用、机车（动车组）制动系统检查及试验、牵引电算和列车网络虚拟组网等实训。在机务段、大功率机车检修段和动车段等单位或场所进行岗位实习。

职业类证书举例

职业资格证书：轨道列车司机

职业技术等级证书：轨道交通车辆检修、轨道交通电气设备装调

接续专业举例

接续专业硕士学位授予领域举例：交通运输、电子信息、机械

接续硕士学位二级学科举例：载运工具运用工程、电机与电器、电力电子与电力传

动、车辆工程

专业代码 300105

专业名称 高速铁路运营管理

基本修业年限 四年

职业面向

面向车站值班员、列车调度员等职业，轨道交通运输机械设备操作人员、轨道交通运输服务人员、铁道运输工程技术人员等岗位（群）。

培养目标定位

本专业培养德智体美劳全面发展，掌握扎实的科学文化基础和高速铁路调度指挥，组织、管理车站和列车的作业和服务，运用、管理铁路运输设备等知识，具备高速铁路行车组织与管理、客运组织与管理，铁路货运组织与管理及运输生产技术管理等能力，具有工匠精神和信息素养，能够从事办理接发列车作业、调车作业，编制车站作业计划，列车调度指挥及运输安全生产管理，旅客运输工作组织与管理，货物运输组织与管理，运输产品设计与开发，综合交通运输组织与管理等工作的高层次技术技能人才。

主要专业能力要求

1. 具有高速铁路调度指挥、应急处置，编制与实施铁路运输计划、技术计划、列车运行图、列车编组计划的能力；

2. 具有运用与管理铁路行车设备，组织与管理车站行车作业的能力；

3. 具有运用与管理铁路客运设备，组织与管理车站和列车旅客运输作业和服务的能力；

4. 具有运用与管理铁路货运和装卸设备，组织与管理铁路货物运输作业和服务的能力；

5. 具有制订、实施铁路行车、客运、行包、货运技术标准和规范，管理高速铁路运输安全的能力；

6. 具有信息技术、数字技术和绿色生产、安全防护、质量管理的意识；

7. 具有探究学习、终身学习和可持续发展的能力。

主要专业课程与实习实训

专业基础课程：铁路站场与枢纽、动车组与牵引供电、高速铁路列车运行控制技术、列车运行计算、管理运筹学、数据库应用、面向对象程序设计基础、人工智能应用技术。

专业核心课程：高速铁路调度指挥、铁路行车组织与管理、铁路客运组织与管理、铁路货运组织与管理、高速铁路运输安全风险管理、铁路技术管理规程应用、铁路运输产品设计与营销、综合交通运输规划与管理。

实习实训：对接真实职业场景或工作情境，在校内外进行高速铁路调度指挥与应急处置、铁路行车组织与管理、铁路客运组织与管理、铁路货运组织与管理、高速铁路运输安全管理等实训。在铁路车站、车务段、客运段、货运中心、调度指挥中心等单位或场所进行岗位实习。

职业类证书举例

暂无

接续专业举例

接续专业硕士学位授予领域举例：交通运输

接续硕士学位二级学科举例：交通运输工程

3002 道路运输类

专业代码 300201
专业名称 道路与桥梁工程
基本修业年限 四年

职业面向

面向道路与桥梁工程技术人员等职业，道路与桥梁工程建设、工程项目管理及安全生产管理等技术领域。

培养目标定位

本专业培养德智体美劳全面发展，掌握扎实的科学文化基础和道路与桥梁工程设计、施工和工程项目管理及相关法律法规等知识，具备道路与桥梁结构设计、工程施工与项目管理等能力，具有工匠精神和信息素养，能够从事道路与桥梁工程设计、施工管理、造价编制、工程监理、工程养护、项目管理等工作的高层次技术技能人才。

主要专业能力要求

1. 具有路基、路面、桥梁等工程项目施工图设计及使用专业软件的能力；
2. 具有道路与桥梁施工现场施工管理和安全生产管理的能力；
3. 具有道路与桥梁施工过程监控和检测评价路基、路面、桥梁等结构质量的能力；
4. 具有道路与桥梁工程养护技术应用与管理的能力；
5. 具有道路与桥梁工程建设项目预算和建设项目费用计算的能力；
6. 具有道路与桥梁工程合同履约行为及过程监督和管理的能力；
7. 具有处理交通运输领域道桥 BIM 技术、智能建造等数字化信息的能力；
8. 具有参与制订技术规程与相关专业技术方案，开展路桥应用技术研发、科技成果或实验成果转化的能力；
9. 具有探究学习、终身学习和可持续发展的能力。

主要专业课程与实习实训

专业基础课程：道路工程制图、理论力学、材料力学、结构力学、工程测量、道路工程材料、水力学与桥涵水文、土质学与土力学、结构设计原理、数字技术与土木工程信息化。

专业核心课程：道路勘测设计、路基路面工程设计、桥梁工程设计、基础工程设计、公路工程施工技术、公路工程试验检测、公路施工组织与概预算、公路工程施工监理、公路养护技术与管理、公路施工安全管理、道桥 BIM 技术、智慧工地与智能建造。

实习实训：对接真实职业场景或工作情境，在校内外进行 CAD 制图、工程测量、道路工程勘测、建筑材料检测、道路设计、桥梁设计、施工组织设计等实训。在交通运输行业的道路桥梁施工企业等单位进行岗位实习。

职业类证书举例

职业技能等级证书：建筑信息模型（BIM）、路桥工程无损检测

接续专业举例

接续专业硕士学位授予领域举例：土木水利、交通运输、工程管理

接续硕士学位二级学科举例：桥梁与隧道工程、市政工程、道路与铁道工程、管理科学与工程

专业代码   300202

专业名称   智能交通管理

基本修业年限   四年

职业面向

面向道路交通智能运行与控制、智能交通工程项目管理、交通大数据分析与处理、道路空间信息分析与处理等技术领域。

培养目标定位

本专业培养德智体美劳全面发展，掌握扎实的科学文化基础和道路交通智能运行与控制、智能交通工程项目管理、交通大数据分析与处理等知识，具备道路智能交通系统运维、智能交通工程项目实施、交通大数据分析处理等能力，具有工匠精神和信息素养，能够从事道路交通状况评估和控制系统运维、工程项目管理、交通大数据分析处理等工作的高层次技术技能人才。

主要专业能力要求

1. 具有评估道路交通状况，运行和维护道路智能交通系统的能力；
2. 具有编制智能交通工程项目招投标文件、管理智能交通工程项目建设的能力；
3. 具有交通大数据采集、分析与处理的能力；
4. 具有道路空间信息采集、分析与处理的能力；
5. 具有分析、评估、设计道路智能交通系统的能力；

6. 具有道路智能交通系统项目施工安全防护和质量管理的能力；

7. 具有参与道路智能交通领域技术改造、技术研发和创新发展的能力；

8. 具有分析问题和解决问题的能力；

9. 具有探究学习、终身学习和可持续发展的能力。

主要专业课程与实习实训

专业基础课程： 电工电子技术、网络和通信技术、自动控制原理、传感器技术、计算机程序设计、信号与系统、数据结构、管理运筹、交通工程、智能交通系统、交通工程制图、交通调查与统计分析。

专业核心课程： 道路交通规划、智能交通设计、交通工程项目管理、道路交通安全管理、交通信息采集、交通电子控制、道路交通监控、道路交通信号控制、交通仿真、交通大数据分析与处理、交通地理信息系统、车联网技术应用。

实习实训： 对接真实职业场景或工作情境，在校内外进行 CAD 制图、交通监控、信号控制、数据处理、定位导航等实训。在智能交通行业相关企业等单位进行岗位实习。

职业类证书举例

职业技能等级证书： 道路机电设备装调与运维、安全防范系统建设与运维、智能汽车大数据管理与应用

接续专业举例

接续专业硕士学位授予领域举例： 交通运输、电子信息

接续硕士学位二级学科举例： 交通信息工程及控制、检测技术与自动化装置

专业代码 300203

专业名称 汽车服务工程技术

基本修业年限 四年

职业面向

面向汽车性能检测评价、汽车故障诊断、汽车营销、汽车金融服务、共享出行服务等岗位（群）。

培养目标定位

本专业培养德智体美劳全面发展，掌握扎实的科学文化基础和汽车构造（含新能源与智能网联汽车）、汽车理论与性能评价、汽车营销和金融等知识，具备汽车性能检测、

诊断复杂故障、营销和金融服务等能力，具有工匠精神和信息素养，能够从事汽车性能检测评价、汽车故障诊断、汽车市场营销策划与管理、汽车金融产品设计、汽车保险服务、共享出行运营管理等工作的高层次技术技能人才。

主要专业能力要求

1. 具有汽车性能检测和汽车检测企业技术管理的能力；
2. 具有汽车故障诊断、技术培训和汽车维修企业技术管理的能力；
3. 具有汽车市场营销策划、销售网点规划和管理、汽车新媒体营销的能力；
4. 具有汽车金融产品设计、汽车金融服务、汽车保险服务、事故车查勘与定损、汽车租赁管理的能力；
5. 具有共享出行产品设计和共享出行运营管理的能力；
6. 具有信息技术能力和汽车服务工程领域数字化技能；
7. 掌握与从事本专业职业活动相关的国家法律、行业规定，具有质量意识、环保意识、安全意识和创新思维；
8. 具有探究学习、终身学习和可持续发展的能力。

主要专业课程与实习实训

专业基础课程：机械制图及 CAD、工程力学、工程材料与机械制造基础、电工与电子技术、汽车微处理器原理与应用、C 语言程序设计基础、大数据技术及应用、汽车服务工程基础。

专业核心课程：汽车构造、汽车电气与电子控制技术、新能源汽车技术、智能网联汽车技术、汽车理论与性能评价、汽车故障诊断技术、汽车市场营销、汽车金融服务、事故车查勘与定损、共享出行营运管理。

实习实训：对接真实职业场景或工作情境，在校内外进行汽车结构分析、汽车性能检测、汽车故障诊断、汽车营销策划、事故车查勘与定损等实训。在汽车检测、汽车销售服务、汽车保险、共享出行企业等单位进行岗位实习。

职业类证书举例

职业技能等级证书：汽车运用与维修、智能新能源汽车、智能网联汽车共享出行服务

接续专业举例

接续专业硕士学位授予领域举例：机械、交通运输
接续硕士学位二级学科举例：车辆工程、载运工具运用工程

3003　水上运输类

专业代码　300301
专业名称　航海技术
基本修业年限　四年

职业面向

面向甲板部技术人员等职业，船舶驾驶、货物载运、通信导航、船舶指挥和引航等岗位（群）。

培养目标定位

本专业培养德智体美劳全面发展，掌握扎实的科学文化基础和船舶日常营运、货物积载运输、航海设备维护等知识，具备履行安保职责、维护保养航海仪器、设计船舶航线、船舶通信等能力，具有工匠精神和信息素养，能够从事船舶航行值班、航行指挥、货物配积载和作业图表编制审核、船舶污染防范、通信导航设备操作与维护、消防救生设备管理、船舶营运管理等工作的高层次技术技能人才。

主要专业能力要求

1. 具有海上个人求生、安全保护、防火灭火、精通船上急救、救生艇筏操纵、船体保养、高级消防和履行保安职责的能力；

2. 具有正确使用电子海图、航海雷达、计程仪等航海仪器设备的能力；

3. 具有拟定船舶航线、对船舶进行定位并正确引导船舶航行的能力；

4. 具有较强的英语听说读写能力；

5. 具有制订货物积载与系固方案、航运业务操作及海事管理的能力；

6. 具有熟练操作、维护 GMDSS 设备，并能进行遇险、紧急、安全和常规通信的能力；

7. 具有安全防护和质量管理能力；

8. 具有参与智能航运技术改造、技术革新等工作的能力；

9. 具有分析问题和解决问题的能力；

10. 具有探究学习、终身学习和可持续发展的能力。

主要专业课程与实习实训

专业基础课程：现代控制理论、C 语言程序设计、智慧交通概论、国际海事通信英语、航海数学、船舶力学基础、水手工艺、轮机概论、海商法。

专业核心课程：船舶定位与导航、航海仪器操作与维护、船舶操纵、船舶结构与货运、船舶管理、智能航运技术与应用、船舶值班与避碰、航海英语、GMDSS 综合业务、航海仿真与控制、航海气象观测与分析。

实习实训：对接真实职业场景或工作情境，在校内外进行高级消防、精通救生艇筏与救助艇、驾驶台资源管理、GMDSS 设备操作、基本安全、航线设计等实训。在海事部门、港航管理中心、航运公司、港航企业等单位进行岗位实习。

职业类证书举例

暂无

接续专业举例

接续专业硕士学位授予领域举例：交通运输

接续硕士学位二级学科举例：载运工具运用工程、交通信息工程及控制、交通运输规划与管理

专业代码　300302
专业名称　港口智能工程技术
基本修业年限　四年

职业面向

面向港口装卸搬运设备操控与运维、故障诊断与修理、工程技术服务与管理、港口智能设备运用等技术领域。

培养目标定位

本专业培养德智体美劳全面发展，掌握扎实的科学文化基础和港口设备机电基础理论、操控管理、诊断维修、新能源技术以及智能系统设计等知识，具备实施安全生产、应急处置、操作管理、工艺优化、故障诊断修理、新技术应用、技术创新与改造等能力，具有工匠精神和信息素养，能够从事港口设备的运行管理、操作维护、故障诊断修理以及港口智能设备运用与技术服务等工作的高层次技术技能人才。

主要专业能力要求

1. 具有现代化港口安全环保意识、港口设备采购与使用管理、生产管理与监督的能力；

2. 具有港口典型设备、港口智能设备的操作与维护能力；

3. 具有组织、制订并实施港口设备维护保养方案的能力；

4. 具有运用现代港口数字化平台的能力；

5. 具有制订现代港口设备绿色、低碳、节能方案的能力；

6. 具有对港口设备系统软硬件进行技术服务、综合组装调试的能力；

7. 具有跟踪港口设备前沿技术、参与港口设备技术升级改造的能力；

8. 具有分析问题和解决问题的能力；

9. 具有探究学习、终身学习和可持续发展的能力。

主要专业课程与实习实训

专业基础课程：画法几何与工程制图、互换性与技术测量、机械原理与设计、电工与电子技术、单片机原理及应用、液压与液力传动、PLC 与变频器技术、控制工程基础。

专业核心课程：港口起重运输机械管理、智能装卸搬运机械操作与维护、传感器与物联网技术应用、现代港口电气设备安装与调试、智能港口装卸工艺设计、港口新能源与供电技术应用、现代港口设备管理、港口机械故障诊断与修理、港口设备智能系统设计与实施、智慧港口数字化营运管理。

实习实训：对接真实职业场景或工作情境，在校内外进行车钳焊工、CAD 考证训练、单片机原理技术实训、PLC 与变频器实训、港口机械液压系统设计、现代港口电气设备、装卸搬运机械检修、维修电工考证训练、港口设备智能系统设计、自动化码头装卸管理系统仿真等实训。在集装箱港口企业、散货码头、港机制造企业、虚拟仿真实习基地等单位或场所进行岗位实习。

职业类证书举例

职业技能等级证书：工程机械数字化管理和运维、智能制造单元维护

接续专业举例

接续专业硕士学位授予领域举例：交通运输、机械

接续硕士学位二级学科举例：机械制造及其自动化、机械电子工程、机械设计及理论

专业代码　300303

专业名称　轮机工程技术

基本修业年限　四年

职业面向

面向轮机部技术人员等职业，轮机设备运用与维护、船舶机务管理等岗位（群）。

培养目标定位

本专业培养德智体美劳全面发展，掌握扎实的科学文化基础和船舶动力、轮机系统管理及相关法律法规等知识，具备船舶机舱设备操纵、维护管理以及轮机工程实践应用等能力，具有工匠精神和信息素养，能够从事船舶主辅设备操纵和维修、电气电子设备维护和管理、船舶作业及机舱资源管理、船舶防污染等工作的高层次技术技能人才。

主要专业能力要求

1. 具有金工工艺操作和应用的能力；
2. 具有船舶主机和辅机及其相关系统的操作、维护管理和故障诊断的能力；
3. 具有正确操作和管理船舶电子电气设备、无线电通信设备、局域网络和应急设备的能力；
4. 具有进行船舶机舱设备装配、调试、维修等操作和项目管理能力；
5. 具有进行船舶机舱设备设计、技术改造、技术革新等工作的信息技术、数字技术能力；
6. 具有船舶机舱智能控制、节能减排、安全防护、质量管理的意识；
7. 具有船舶机舱设备英文资料读写和英语听说交流能力；
8. 具有分析问题和解决问题的能力；
9. 具有探究学习、终身学习和可持续发展的能力。

主要专业课程与实习实训

专业基础课程： 流体力学、工程热力学与传热学、轮机工程基础、微机原理及应用、电工与电子学、机械故障诊断、现代控制理论、保安意识与职责、航海概论。

专业核心课程： 船舶柴油机操纵与维护、船舶辅机操作与管理、船舶管理、轮机英语、船舶电气设备维护管理、轮机维修、动力装置故障诊断、船舶电站管理、现代船舶智能控制、船舶节能减排技术应用。

实习实训： 对接真实职业场景或工作情境，在校内外进行金工工艺、船舶电工工艺与电气设备实训，动力设备操作、动力设备拆装、电气与自动控制实训，机舱资源管理实训。在远洋运输企业、船舶修造企业、海事管理部门等单位进行岗位实习。

职业类证书举例

暂无

接续专业举例

接续专业硕士学位授予领域举例： 能源动力

接续硕士学位二级学科举例： 轮机工程、动力机械及工程

专业代码　300304
专业名称　国际邮轮运营管理
基本修业年限　四年

职业面向

面向国际邮轮旅游产品设计实施、业务管理、服务管理、服务咨询等岗位（群）。

培养目标定位

本专业培养德智体美劳全面发展，掌握扎实的科学文化基础和国际邮轮服务标准与质量管理、邮轮安全与法规、邮轮旅游产品开发与营销、邮轮数字化运营等知识，具备国际邮轮服务工作组织管理、邮轮业务管理、邮轮旅游产品设计开发等能力，具有工匠精神和信息素养，能够从事国际邮轮旅游产品开发与营销、航行线路设计、邮轮业务管理、邮轮餐饮服务、客舱服务、宾客服务管理、邮轮旅游信息服务管理等工作的高层次技术技能人才。

主要专业能力要求

1. 具有邮轮餐饮、客舱等服务管理工作流程与工作方法的运用能力；
2. 具有邮轮行业所需的外语沟通交流、跨文化交际能力；
3. 具有邮轮运营管理决策计划、组织协调、领导控制、危机公关等能力；
4. 具有邮轮航线设计及运营的能力；
5. 具有邮轮旅游产品开发策划和运营销售的能力；
6. 具有邮轮信息技术应用和智能化管理的能力；
7. 具有参与邮轮运营工作相关的技术改造、技术革新工作的能力；
8. 具有分析问题和解决问题的能力；
9. 具有探究学习、终身学习和可持续发展的能力。

主要专业课程与实习实训

专业基础课： 邮轮概论、邮轮安全管理、邮轮服务心理、邮轮经济分析、实用跨文化交际、公共卫生与健康、邮轮消费行为、邮轮海事政策与法规、海船船员基本技能训练。

专业核心课： 邮轮餐饮管理、邮轮宾客服务管理、邮轮客舱管理、休闲娱乐活动策划与管理、邮轮实用英语、邮轮督导与质量管理、邮轮航线设计与策划、邮轮人力资源

管理、邮轮信息管理、邮轮船舶业务管理。

实习实训：对接真实职业场景或工作情境，在校内外进行邮轮餐饮、客舱服务管理、邮轮虚拟仿真运营、邮轮旅游产品开发营销、船员基本安全教育等实训。在水上运输业的国际邮轮等场所进行岗位实习。

职业类证书举例

职业技能等级证书：邮轮运营服务

接续专业举例

接续专业硕士学位授予领域举例：工商管理、旅游管理

接续硕士学位二级学科举例：旅游管理

专业代码　300305
专业名称　水路运输与海事管理
基本修业年限　四年

职业面向

面向水上交通安全监管、船舶代理、货运代理、船舶经纪等岗位（群）。

培养目标定位

本专业培养德智体美劳全面发展，掌握扎实的科学文化基础和船舶安全、环境保护、航运业务等知识，具备维护水上交通秩序、防治船舶污染水域、保障船舶运营等能力，具有工匠精神和信息素养，能够从事水上交通秩序管理、海事调查与分析、危险品管理与污染防治、体系运行监控、船员管理、运输代理、船舶运输经营等工作的高层次技术技能人才。

主要专业能力要求

1. 具有水上交通安全监管、保障船舶安全航行的能力；

2. 具有水上交通事故预防预测和分析、评估、处理的能力；

3. 具有水路危险货物和船舶污染应急处置的能力；

4. 具有编制船舶安全体系、船舶与港口设施保安体系、危险源辨识和评估方案的能力；

5. 具有组织船员培训、考评和发证、调配等船员管理的能力；

6. 具有开展船舶代理、货运代理、船舶租赁、船舶买卖等商务活动的能力；

7. 具有参与船舶交通工程、船舶导航工程等领域技术改造、技术研发、科技成果转化的数字化能力；

8. 具有分析问题和解决问题的能力；

9. 具有探究学习、终身学习和可持续发展的能力。

主要专业课程与实习实训

专业基础课程：基本安全与保安、航运大数据、海事行政法、船舶原理与积载、供应链管理、港口管理、海商法、航运风险管理。

专业核心课程：海事英语、水上交通安全管理、海事调查与分析、水路危险品运输与管理、船舶防污染管理、船舶安全生产管理、船员管理、国际船舶代理、国际货运代理、国际航运业务、船舶买卖。

实习实训：对接真实职业场景或工作情境，在校内外进行水上交通监控、海事案例分析、船舶安全评价、船舶代理、货运代理等实训。在海事航管、航运企业，船舶管理公司，船员管理公司，船舶代理企业，货运代理企业等单位进行岗位实习。

职业类证书举例

暂无

接续专业举例

接续专业硕士学位授予领域举例：交通运输、工程管理

接续硕士学位二级学科举例：交通运输规划与管理

3004　航空运输类

专业代码　300401
专业名称　民航运输服务与管理
基本修业年限　四年

职业面向

面向民航客运员、民航货运员和运输代理服务员等职业。

培养目标定位

本专业培养德智体美劳全面发展，掌握扎实的科学文化基础和民航旅客、货物运输及航空运输产品销售管理及相关法律法规等知识，具备民航旅客地面服务质量管理、货物运输组织管理及航空运输产品销售管理等能力，具有工匠精神和信息素养，能够从事民航客运员、民航货运员和运输代理服务员等工作的高层次技术技能人才。

主要专业能力要求

1. 具有提供国内、国际客票销售及退、改、签等服务的能力；
2. 具有使用座位控制与运价工具，进行航线收益管理的能力；
3. 具有优化民航地面服务流程，提升地面旅客服务质量的能力；
4. 具有进行货物（邮件）收运管理、进出港航班管理、特殊货物组装和装载、不正常航班货物（邮件）处理和赔偿业务的能力；
5. 具有进行航班预配和结算，优化重心位置，确保航班安全运行的能力；
6. 具有识别航空客货运输服务业务中的危险源，制订安全管控措施，保障安全运输的能力；
7. 具有对民航客货运输服务业务进行法规的合规性审查管理的能力；
8. 具有使用专业英语处置民航国际客货运输业务的能力；
9. 具有运用数字技术、信息技术的能力；
10. 具有探究学习、终身学习和可持续发展的能力。

主要专业课程与实习实训

专业基础课程：民航概论、航空运输地理、民航旅客服务心理学、民航服务礼仪、航空法、民航市场营销数据挖掘、民航旅客服务英语、民航货物运输英语、民航运输经济。

专业核心课程：民航客票销售、民航客户关系管理、航空公司收益管理、民航地面服务质量管理、航空货物运输组织与管理、航空货物组装与装载技术、航空危险品安全运输管理、航空器重量与平衡控制技术、民航运输航线网络规划、民航安全管理。

实习实训：对接真实职业场景或工作情境，在校内外进行民航销售管理、民航旅客地面服务质量管理、民航货物运输组织与管理、航空器重量与平衡控制等实训。在航空公司、机场、销售代理企业及校内生产性实训基地等单位或场所进行岗位实习。

职业类证书举例

职业技能等级证书：民航旅客地面服务、民航货物运输

接续专业举例

接续专业硕士学位授予领域举例：工商管理
接续硕士学位二级学科举例：工商管理、交通运输规划与管理

专业代码 300402
专业名称 航空机电设备维修技术
基本修业年限 四年

职业面向

面向民用航空器维修工程技术人员等职业，民用航空器航线维护、定期检修、部件维修、航材管理、维修计划、质量管理等技术领域。

培养目标定位

本专业培养德智体美劳全面发展，掌握扎实的科学文化基础和民用航空器机体、航空发动机、航空维修工程与管理及相关法律法规等知识，具备对航空器及其部件进行勤务、检查、拆装、测试、修理等能力，以及编写技术文件、制订生产计划和控制生产进度、检查和验收维修工作等工程管理能力，具有工匠精神和信息素养，能够从事民用航空器航线维护、定检维修、部件维修、航材管理、维修计划、质量管理等工作的高层次技术技能人才。

主要专业能力要求

1. 具有良好的安全与规范意识、精益求精的工匠精神和吃苦耐劳精神；
2. 具有按照航线检查单进行航线、短停和航后的例行检查以及适时的排故能力；
3. 具有按照定检工作单卡对航空器机体结构、机电系统和动力装置进行检查、拆装、操作、测试和排故等定检维修任务的能力；

4. 具有对典型的航空器离位机械部附件进行检验、分解、修理、装配和测试的能力；

5. 具有从事编制维修方案和工作单卡、处理技术文件、制订维修计划、进行生产控制以及航材管理等维修工程与管理工作的基本能力；

6. 具有从事对完成的维修工作进行质量检查与验收等质量管理工作的基本能力；

7. 具有虚拟仿真技术、增强现实技术等数字技术在民用航空器维修领域的应用能力；

8. 具有民用航空器维修领域法律法规体系的认知能力和工程技术的研究与创新能力；

9. 具有探究学习、终身学习和可持续发展的能力。

主要专业课程与实习实训

专业基础课程：工程制图、工程力学、电工电子技术、飞机维护技术、机械设计、航空工程材料、航空维修技术英语、航空安全管理。

专业核心课程：飞机构造基础、飞机系统与维护、航空发动机原理与结构、发动机系统与维护、航空部件维修技术、飞机结构与损伤、航空维修工程管理、飞机故障诊断技术。

实习实训：对接真实职业场景或工作情境，在校内外进行钳工操作、钣金制作等飞机维护基本技能实训，液压系统、起落架系统等飞机机体系统实训，航空发动机维护实训，航空机械部件修理实训，飞机排故虚拟仿真实训。在符合中国民用航空规章《民用航空器维修单位合格审定规定》（CCAR-145）或《维修和改装一般规则》（CCAR-43）的航空公司、机场维修部门和航空维修企业等单位进行岗位实习。

职业类证书举例

职业技能等级证书：民用航空器航线维修

接续专业举例

接续专业硕士学位授予领域举例：交通运输、机械

接续硕士学位二级学科举例：交通运输工程、航空宇航科学与技术、机械工程

专业代码　300403
专业名称　智慧机场运行与管理
基本修业年限　四年

职业面向

面向航空运输服务人员等职业，机场运行指挥员、机坪管制员等岗位（群）。

培养目标定位

本专业培养德智体美劳全面发展，掌握扎实的科学文化基础和智慧机场航班流、事件流、资源流管控及相关法律法规等知识，具备面向旅客、行李、航空器及货物端到端运行全流程精细化管理等能力，具有工匠精神和信息素养，能够从事机场资源分配智慧化调度优化、航班计划智慧化运行管理、航空器机坪管制智慧化指挥与协调、机场安全管理、机场旅客地面服务保障、机场货物运输地面服务保障、机场航务保障、机坪运行管理等工作的高层次技术技能人才。

主要专业能力要求

1. 具有运用机场运行资源分配与管理有关的规则，基于智能化信息技术对机场资源进行分配调度优化的能力；

2. 具有运用航班计划管理有关的知识，基于智能化信息技术对航班计划进行管理的能力；

3. 具有运用机坪管制工作有关的法律、法规、规章、标准和规定对航空器机坪管制进行智慧化指挥的能力；

4. 具有运用民航旅客、货物运输服务有关的知识对机场旅客、货物进行数字化管理的能力；

5. 具有基于信息化技术手段对机场运行态势进行诊断分析、预警研判，提供运行决策的能力；

6. 具有运用数字化技术对机场关键生产指标进行关联分析和智能预测的能力；

7. 具有良好的吃苦耐劳精神、抗压能力、语言表达能力、团队合作能力，懂得敬畏生命、敬畏规章、敬畏职责；

8. 具有探究学习、终身学习和可持续发展的能力。

主要专业课程与实习实训

专业基础课程：智能交通系统概述、大数据与人工智能、民航概论、航空气象服务、航行情报服务、航空法规、空中交通管理基础、飞行计划与载重平衡、民航专业英语。

专业核心课程：智慧机场运行资源调度、智慧机场航班运行管理、智慧机场机坪管制指挥、机场安全管理、机场地面旅客服务、机场地面货物运输保障、机场航务运行保障、机坪运行管理。

实习实训：对接真实职业场景或工作情境，在校内外进行机场运行资源分配及调配、航班信息处置、机坪智慧化管制指挥与协调、航空器突发事件应急处置等实训。在公共运输机场运行指挥中心、通用航空机场、塔台管制室等单位或场所进行岗位实习。

职业类证书举例

职业资格证书：机场运行指挥员

接续专业举例

接续专业硕士学位授予领域举例：交通运输
接续硕士学位二级学科举例：交通信息工程及控制、交通运输规划与管理

专业代码　　300404
专业名称　　通用航空航务技术
基本修业年限　　四年

职业面向

面向通用航空服务行业的航空工程技术人员等职业。

培养目标定位

本专业培养德智体美劳全面发展，掌握扎实的科学文化基础和通用航空运行法律法规、通用航空器系统与性能、航空气象与航行情报等知识，具备申请飞行任务、航前讲解、跟踪监控飞行过程等能力，具有工匠精神和信息素养，能够从事通用航空航务支持、通航运行控制等工作的高层次技术技能人才。

主要专业能力要求

1. 具有收集、分析与讲解航空气象、航行通告等运行资料，分析与计算通用航空器性能数据的能力；

2. 具有申请临时空域、保障飞行任务，制作、变更与取消飞行计划的能力；

3. 具有熟练使用飞行监控系统、通信设施等软硬件设备的能力；

4. 具有评估与决策通用航空器飞行状态的能力；

5. 具有处置通用航空器运行中不正常和不安全事件的能力；

6. 具有使用正确沟通技巧处理工作问题的能力，具有一定的心理抗压能力；

7. 具有适应通用航空航行新规范、新技术、数字化智能运控系统、智慧机场运行与服务等对工作新要求的能力；

8. 具有将行业新技术与理论同具体运行工作相融合的研究、创新及推广实施的能力;

9. 具有探究学习、终身学习和可持续发展的能力。

主要专业课程与实习实训

专业基础课程: 通用航空法规、通用航空概论、空中交通管理基础、航空气象学基础、航行情报服务、通信导航监视基础、运筹学原理、沟通心理学、民航航务专业英语。

专业核心课程: 通用航空器系统与附件、航空器电子系统、通用航空器配载与平衡、通用航空器性能工程、通航航务运行管理、飞行签派业务、通用航空安全管理、通用航空运营与管理、通用航空航行新技术、智慧机场运行与服务。

实习实训: 对接真实职业场景或工作情境,在校内外进行航行情报识读、飞行计划制作、载重平衡单填写、通航飞行申请、航班跟踪监控等实训。在通用航空公司、通用机场、通航飞行服务站等单位或场所进行岗位实习。

职业类证书举例

暂无

接续专业举例

接续专业硕士学位授予领域举例: 交通运输

接续硕士学位二级学科举例: 交通运输规划与管理、交通信息工程与控制

3006　城市轨道交通类

专业代码　300601
专业名称　城市轨道交通信号与控制技术
基本修业年限　四年

职业面向

面向城市轨道交通信号系统施工、维护、技术管理等技术领域。

培养目标定位

本专业培养德智体美劳全面发展，掌握扎实的科学文化基础和计算机网络、信号及控制系统、信号设计施工管理等知识，具备信号设备及列车自动控制系统设备检修和故障分析与处理、信号工程管理等能力，具有工匠精神和信息素养，能够从事城市轨道交通信号系统维护、施工、设计、开发、技术管理等工作的高层次技术技能人才。

主要专业能力要求

1. 具有对城市轨道交通信号基础设备、联锁设备进行安装维护和故障分析处理的能力；

2. 具有对城市轨道交通列车自动控制系统设备进行安装维护和故障分析处理的能力；

3. 具有维护通信传输系统设备、电源及接地系统的能力；

4. 具有采集信号系统关键数据进行分析处理的能力；

5. 具有平面施工图设计绘图，信号项目施工、预算与规划的能力；

6. 具有运用专业信息技术和数字技术的能力；

7. 具有参与城市轨道交通信号技术规程与技术方案制订、技术改造、技术革新等工作的能力；

8. 具有分析问题和解决问题的能力；

9. 具有探究学习、终身学习和可持续发展的能力。

主要专业课程与实习实训

专业基础课程：机械基础、电工电子技术、电机及拖动技术、自动控制理论与PLC应用、计算机网络、CAD辅助设计、传感器原理及应用、通信与系统、嵌入式系统基础与应用、城市轨道交通概论。

专业核心课程：城市轨道交通信号基础设备应用与维护、城市轨道交通联锁系统应用与维护、城市轨道交通列车自动控制系统应用与维护、通信传输系统应用与维护、无线通信系统应用与维护、城市轨道交通电源系统应用与维护、城市轨道交通信号设计与施工、城市轨道交通信号工程管理。

实习实训：对接真实职业场景或工作情境，在校内外进行信号基础设备维护、联锁系统运行与维护、列车自动控制系统维护、无线通信系统维护等实训。在城市轨道交通行业的运营维保企业、运营企业培训基地等单位或场所进行岗位实习。

职业类证书举例

职业技能等级证书：城市轨道交通信号检修

接续专业举例

接续专业硕士学位授予领域举例：交通运输

接续硕士学位二级学科举例：交通信息工程及控制、检测技术与自动化装置

专业代码 300602
专业名称 城市轨道交通设备与控制技术
基本修业年限 四年

职业面向

面向城市轨道交通信息系统运维、机电设备运维、自动控制系统管理等技术领域。

培养目标定位

本专业培养德智体美劳全面发展，掌握扎实的科学文化基础和电工电子技术、自动控制综合应用技术、计算机辅助设计等知识，具备机电设备及系统安装调试、故障检修、自动控制系统维护等能力，具有工匠精神和信息素养，能够从事城市轨道交通信息系统保障与管理、车站机电设备故障分析与排除、车站机电设备系统自动控制管理等工作的高层次技术技能人才。

主要专业能力要求

1. 具有常用数据库管理系统安装、城市轨道交通信息系统运行维护的能力；
2. 具有安装、调试、检修城市轨道交通机电设备的能力；
3. 具有管理维护车站自动控制系统的能力；
4. 具有编制车站机电设备日常检查与维护计划的能力；
5. 具有生产组织管理、对城市轨道交通车站设备与控制系统进行项目管理的能力；

6. 具有有效监管生产环节安全运行的能力；

7. 具有参与轨道交通机电设备升级改造和数字技术革新工作的能力；

8. 具有分析问题和解决问题的能力；

9. 具有探究学习、终身学习和可持续发展的能力。

主要专业课程与实习实训

专业基础课程： 机械设计基础、电路理论、模拟电子技术、数字电子技术、电力电子技术、PLC 电气控制技术、单片机原理与应用、计算机辅助设计、电机及拖动原理、传感器与检测技术、城市轨道交通概论。

专业核心课程： 城市轨道交通 AFC 原理与应用、城市轨道交通站台门结构与检修、城市轨道交通消防与环控系统运行维护、电扶梯原理与控制、城市轨道交通机电设备安装工艺、城市轨道交通综合监控系统管理、现场总线技术应用、智能检测、工业机器人原理及应用。

实习实训： 对接真实职业场景或工作情境，在校内外进行金属加工、电工电子实训、PLC 电气控制实训、城市轨道交通车站设备综合监控、城市轨道交通车站设备智能检测等实训。在城市轨道交通运营企业、城市轨道交通机电设备维保企业等单位进行岗位实习。

职业类证书举例

职业技能等级证书： 轨道交通电气设备装调

接续专业举例

接续专业硕士学位授予领域举例： 交通运输

接续硕士学位二级学科举例： 控制理论与控制工程、检测技术与自动化装置、电机与电器、电力系统及其自动化、交通信息工程及控制

专业代码 300603
专业名称 城市轨道交通智能运营
基本修业年限 四年

职业面向

面向城市轨道交通车站站务组织管理、安全管理、新线开通筹备管理、运行调度组织、施工计划组织管理等岗位（群）。

培养目标定位

本专业培养德智体美劳全面发展，掌握扎实的科学文化基础和城市轨道交通客运组织与优化、运输规划、大数据与人工智能、交通法规等知识，具备车站客流分析、团队管理、服务质量控制、运营安全管理、行车调度与优化等能力，具有工匠精神和信息素养，能够从事客运组织、服务质量管理、运营安全管理、应急预案编制、新线筹备及试运行组织、智能调度指挥、系统运行监控、施工计划组织等工作的高层次技术技能人才。

主要专业能力要求

1. 具有开展车站客流分析、优化客运组织方案的能力；
2. 具有城市轨道交通团队管理、项目管理和企业文化建设的能力；
3. 具有城市轨道交通服务需求分析、服务设计、服务质量标准制订、服务质量测评、服务质量控制的能力；
4. 具有编制城市轨道交通应急预案、制订安全生产计划、设计安全防护方案、组织事故调查分析和事故处理的能力；
5. 具有组织新线联调联试方案与既有线接驳方案的编制、组织运输设备功能和压力测试的能力；
6. 具有编制列车运行图、对列车行车组织方案进行节能优化、开展施工计划编制、组织轨行区施工作业的能力；
7. 具有对运输设备进行监控和维护管理的能力；
8. 具有智能城轨列车运行技术方案研发和智能地铁运维技术创新的能力；
9. 具有分析问题和解决问题的能力；
10. 具有探究学习、终身学习和可持续发展的能力。

主要专业课程与实习实训

专业基础课程：电工电子技术、工程制图、管理运筹学、运输经济学、交通运输法律法规、班组管理与企业文化、城市轨道交通客运服务心理、城市轨道交通专业英语、城市轨道交通电动列车驾驶、交通系统建模与仿真。

专业核心课程：城市轨道交通客运管理、城市轨道交通智能调度、城市轨道交通智慧票务系统管理、城市轨道交通运营安全管理、城市轨道交通运营筹备管理、城市轨道交通运输设备运行与维护、城市轨道交通服务质量管理、城市轨道交通智能控制系统运用、城市轨道交通线路与车站规划、管理信息系统应用。

实习实训：对接真实职业场景或工作情境，在校内外进行客运组织方案设计、行车调度指挥、大数据分析应用、应急预案编制与演练、运输设备操作等实训。在城市轨道交通运营、公共交通经营企业等单位进行岗位实习。

职业类证书举例

　　职业技能等级证书：城市轨道交通站务、城市轨道交通乘务

接续专业举例

　　接续专业硕士学位授予领域举例：交通运输

　　接续硕士学位二级学科举例：交通运输规划与管理

3007　邮政类

专业代码　300701
专业名称　邮政快递管理
基本修业年限　四年

职业面向

　　面向邮政业的邮政和快递服务人员、邮政和快递工程技术人员等职业，邮政快递数字化运营管理、邮政快递营销策划、邮政快递网络规划与智能优化、邮政快递大数据分析与管理等岗位（群）。

培养目标定位

　　本专业培养德智体美劳全面发展，掌握扎实的科学文化基础和供应链管理、智慧化运营、网络规划与管理等知识，具备邮政快递企业管理、邮政快递方案设计、研究与创新等能力，具有工匠精神和信息素养，能够从事邮政快递服务管理、产品管理、质量管理、安全管理、经营管理、数字化运营管理、网络规划与智能优化等工作的高层次技术技能人才。

主要专业能力要求

　　1. 具有收集分析邮政快递市场信息的能力，具有分析宏观经济和行业产业数据与企业经营数据关联关系的能力；

　　2. 具有作业现场管理能力、团队管理能力、财务管理能力、安全生产管理能力，具有邮政快递经营管理的能力；

　　3. 具有网络运营与组织能力，能够制定网路优化方案，具有分析快件路由时效、成本等指标数据，合理进行资源配置和统筹规划的能力；

　　4. 具有排查邮政快递运营安全隐患的能力和制定应急预案的能力，具有进行全环节安全管理的能力；

　　5. 具有邮政快递管理信息系统和数据平台维护的能力、数据挖掘与应用的能力；

　　6. 具有数字化运营与管理能力，具有运用数据分析工具对邮政快递经营管理活动进行分析的能力；

　　7. 具有制定邮政快递智能化解决方案的能力，具有能够根据快递应用场景设计快递设施设备、智能装备等进行作业优化的能力；

　　8. 具有推广绿色生产、服务质量管理、运用邮政快递法规等能力；

9. 具有参与邮政快递行业、企业的技术研发和创新活动的能力；

10. 具有探究学习、终身学习和可持续发展的能力。

主要专业课程与实习实训

专业基础课程： 管理学、现代物流管理、采购与供应链管理、应用统计学、运筹学、物流成本管理、邮政快递质量管理、人工智能与大数据。

专业核心课程： 邮政快递管理概论、邮政快递网络规划与管理、邮政快递运营管理、邮政快递法律法规实务、邮政快递营销管理、邮政快递技术与设备、邮政快递信息系统、邮政快递系统建模与仿真。

实习实训： 对接真实职业场景或工作情境，在校内外进行运筹优化、邮政快递营销方案策划、人工智能与大数据应用、邮政快递网络规划、邮政快递信息系统开发等实训。在各级邮政管理部门及所属单位，与邮政、快递、物流相关企事业单位进行岗位实习。

职业类证书举例

职业技能等级证书： 快递运营管理、物流管理

接续专业举例

接续专业硕士学位授予领域举例： 工商管理、工程管理、物流工程与管理

接续硕士学位二级学科举例： 管理科学与工程、企业管理、技术经济及管理、交通运输规划与管理

31　电子与信息大类

3101　电子信息类

专业代码　310101

专业名称　电子信息工程技术

基本修业年限　四年

职业面向

面向电子信息产品软硬件开发、工艺管理、产品测试、品质管控、产品营销、项目管理及智能系统集成等岗位（群）。

培养目标定位

本专业培养德智体美劳全面发展，掌握扎实的科学文化基础和电子电路技术、程序设计基础、信号处理、嵌入式与边缘计算技术等知识，具备电子信息产品硬件设计、软件开发、信号与信息处理、智能互联应用开发、人工智能边缘计算开发、系统集成与应用等能力，具有工匠精神和信息素养，能够从事电子信息产品软硬件开发、产品及系统装调、测试与质检、工艺设计及改进、产品销售及技术支持、项目管理及咨询、智能系统集成与实施等工作的高层次技术技能人才。

主要专业能力要求

1. 具有较复杂电路原理图与 PCB 设计、硬件焊接与调试的能力；
2. 具有中高端电子产品工艺开发、工艺实施与管理的能力；
3. 具有单片机控制程序设计、传感器应用的能力；
4. 具有嵌入式软件开发、智能互联应用开发的能力；
5. 具有信号分析、信号处理仿真与应用的能力；
6. 具有图像处理与识别、智能语音交互及人工智能边缘计算开发的能力；
7. 具有智能系统集成与评估、项目实施与管理的能力；
8. 具有电子信息领域研发设计、生产制造、经营管理等业务流程数字化转型升级的能力；
9. 具有探究学习、终身学习和可持续发展的能力。

主要专业课程与实习实训

专业基础课程：电子信息导论、电路分析基础、人工智能基础、程序设计基础、模拟电子技术、数字电子技术、高频电子线路、单片机技术与应用、网络与通信基础、信号与系统。

专业核心课程：电子线路 CAD 设计、新工艺开发及工艺管理、数字信号处理与应用、智能传感器应用、嵌入式处理器应用开发、智能互联通信技术应用、FPGA 技术与应用、嵌入式 Linux 应用开发、计算机视觉技术与应用、智能电子系统设计、智能系统集成与应用。

实习实训：对接真实职业场景或工作情境，在校内外进行智能电子产品开发综合实训、智能传感器应用、智能系统集成与应用、人工智能与边缘计算应用、电子信息创新等实训。在电子信息产品研发制造、智能硬件设计、智能系统集成等企事业单位或生产性实训基地等场所进行岗位实习。

职业类证书举例

职业资格证书：计算机技术与软件专业技术资格

职业技能等级证书：传感网应用开发、集成电路开发与测试、网络系统建设与运维、无人机驾驶、5G 移动网络运维、嵌入式边缘计算软硬件开发、智能终端产品调试与维修、智能硬件应用开发

接续专业举例

接续专业硕士学位授予领域举例：新一代电子信息技术、仪器仪表工程、人工智能

接续硕士学位二级学科举例：信号与信息处理、通信与信息系统、电路与系统

专业代码　310102
专业名称　物联网工程技术
基本修业年限　四年

职业面向

面向物联网工程技术人员、嵌入式系统设计工程技术人员、计算机程序设计员、工业互联网工程技术人员等职业，物联网感知控制开发、物联网组网通信开发、物联网应用开发、物联网应用系统设计开发、物联网工程实施与运维等岗位（群）。

培养目标定位

本专业培养德智体美劳全面发展，掌握扎实的科学文化基础和物联网协议开发与组网通信、物联网系统集成开发与工程管理等知识，具备物联网标识技术应用、物联网设备接入和组网、物联网数据应用、物联网系统部署与维护等能力，具有工匠精神和信息素养，能够从事物联网感知控制开发、物联网组网通信开发、物联网应用开发、物联网

应用系统的设计开发和工程实施与运维等工作的高层次技术技能人才。

主要专业能力要求

1. 具有物联网感知设备安装部署、测试、故障排除与数据采集的能力;
2. 具有物联网标识系统设计开发、集成实施、管理控制及运行维护的能力;
3. 具有物联网多传感器融合式技术应用、简单开发、设备接入和组网的能力;
4. 具有物联网边缘设备应用开发、数据应用及设备控制的能力;
5. 具有物联网控制系统设计、开发调试与运行维护的能力;
6. 具有物联网系统集成设备安装调试、系统部署、运行与维护的能力;
7. 具有将 5G、人工智能等现代信息技术应用于物联网工程领域的能力;
8. 具有探究学习、终身学习和可持续发展的能力。

主要专业课程与实习实训

专业基础课程: 电路与电子技术、微控制器原理、嵌入式操作系统、面向对象程序设计、计算机网络技术、通信原理。

专业核心课程: 物联网工程导论、嵌入式系统开发、传感器技术、物联网标识技术、无线传感网络开发、物联网控制技术、物联网应用开发、物联网系统集成开发、物联网信息安全技术、物联网工程设计与实施。

实习实训: 对接真实职业场景或工作情境,在校内外进行物联网传感网、物联网标识技术、嵌入式开发、物联网系统集成开发等实训。在物联网制造业、物联网通信业、物联网服务业企业等单位进行岗位实习。

职业类证书举例

职业资格证书: 计算机技术与软件专业技术资格

职业技能等级证书: 传感网应用开发、移动应用开发、计算机视觉应用开发、大数据应用开发(Java)、物联网智能家居系统集成和应用、物联网单片机应用与开发、物联网工程实施与运维

接续专业举例

接续专业硕士学位授予领域举例: 电子信息

接续硕士学位二级学科举例: 计算机科学与技术、电子科学与技术、通信与信息系统、信号与信息处理

专业代码 310103
专业名称 柔性电子技术

基本修业年限　四年

职业面向

面向电子工程技术人员、电子材料工程技术人员、电子元器件工程技术人员、电子仪器与电子测量工程技术人员等职业。

培养目标定位

本专业培养德智体美劳全面发展，掌握扎实的科学文化基础和柔性电子技术、柔性电子加工工艺、柔性电子制造等知识，具备电子版图设计、制程工艺、设备使用与维护、品质检测等能力，具有工匠精神和信息素养，能够从事柔性电子器件及柔性组件的制造、服务、设备维护等工作的高层次技术技能人才。

主要专业能力要求

1. 具有分析柔性电子领域工程问题中涉及电子电路、电磁场及信号、材料特性的相关问题的能力；

2. 具有使用 CAD 软件绘制电子电路元器件封装、电路板布局、布线、仿真、生产工艺验证的能力；

3. 具有电路板生产相关设备使用、维护、生产工艺改进和生产管理的能力；

4. 具有电子组件或产品安装、拆装、调试、生产工艺改进的能力；

5. 具有依据国家和行业标准设计检测试验方案，完成检测试验，结果分析解释并判定是否合格，以及开展质量管理的能力；

6. 具有良好的人文修养，具有开展柔性电子技术服务的能力；

7. 具有运用数字技术、信息技术进行研发设计、生产制造、经营管理等业务数字化转型的能力；

8. 具有探究学习、终身学习和可持续发展的能力。

主要专业课程与实习实训

专业基础课程：制图基础及计算机绘图、电路与系统、模拟电子线路、数字电路与逻辑设计、电磁场与信号传输、半导体物理、C 语言程序设计、柔性电子材料及应用。

专业核心课程：集成电路与 CAD、单片机应用、自动检测技术、微纳传感器件及应用、微电子工艺、柔性电路板加工技术、柔性电路印刷技术、柔性封装技术。

实习实训：对接真实职业场景或工作情境，在校内外进行电子 CAD 设计、集成电路生产工艺、自动检测技术应用等实训。在电子部件、组件或整机的研究机构或生产制造企业等单位进行岗位实习。

职业类证书举例

职业技能等级证书：集成电路版图设计、集成电路检测技术应用、集成电路封装与测试

接续专业举例

接续专业硕士学位授予领域举例：电子信息

接续硕士学位二级学科举例：物理电子学、电路与系统、微电子学与固体电子学

专业代码 310104

专业名称 光电信息工程技术

基本修业年限 四年

职业面向

面向电子工程师、信息工程师等职业，光电信息处理、光电成像系统、光电传感与信号检测、光电测量与控制、光通信技术、信息电子技术、激光技术等技术领域。

培养目标定位

本专业培养德智体美劳全面发展，掌握扎实的科学文化基础和工程光学、光电子学、电子信息技术、通信技术等知识，具备各种光电系统的设计、集成、调式、安装、编程以及二次开发等能力，具有工匠精神和信息素养，能够从事光电通信系统、光电检测系统、光电成像系统以及信息系统的设计、集成、维护、运行、管理等工作的高层次技术技能人才。

主要专业能力要求

1. 具有光电通信系统的基本操作、安装调试、运行维护、安全保障、故障检修、二次开发、设计结构的能力；

2. 具有各种光电成像系统的使用、维护、改进能力，以及新型成像系统设计、集成能力；

3. 具有信息处理系统的设计、集成、运行、改进的能力；

4. 具有熟练运用各种光电检测技术对产品进行自动化生产改造、质量检测、分类筛选，以及各种信号监控的能力；

5. 具有新型光电器件的仿真设计能力以及运用光学知识进行光电信息工程设计的能力；

6. 具有使用计算机进行程序编程、自动化控制，使用工业互联网、大数据、人工智能的能力；

7. 具有根据所学知识进行分析问题和解决问题的能力；

8. 具有探究学习、终身学习和可持续发展的能力。

主要专业课程与实习实训

专业基础课程：物理光学基础、电路分析基础、模拟电子技术、数字电子技术、计算机程序设计、辐射度照度与色度、工程光学、信号与系统、光电子信息技术、激光原理与技术。

专业核心课程：应用光学设计、光电子材料与器件、光电传感与系统、光电检测技术、电气工程设计、光纤与光通信技术、光电信息工程与施工。

实习实训：对接真实职业场景或工作情境，在校内进行电路分析、模拟电子技术、数字电子技术、光电检测技术、光纤与光通信技术、光电信息系统仿真设计、电路板设计、电气工程设计等实训。在光电产品制造类企业、光电信息工程企业、通信类企业、电子类企业等单位进行岗位实习。

职业类证书举例

职业技能等级证书：全光网线路建设与维护、激光加工技术应用、工业互联网集成应用

接续专业举例

接续专业硕士学位授予领域举例：电子信息

接续硕士学位二级学科举例：信号与信息处理、通信与信息系统

3102　计算机类

专业代码　310201
专业名称　计算机应用工程
基本修业年限　四年

职业面向

面向计算机硬件工程技术、计算机软件工程技术、计算机网络工程技术、计算机程序设计等岗位（群）。

培养目标定位

本专业培养德智体美劳全面发展，掌握扎实的科学文化基础和计算机系统集成相关基础理论等知识，具有一定的计算机技术研发、技术实践等能力，具有工匠精神和信息素养，能够从事计算机应用系统的分析与设计、开发与集成、运行与维护、安全与测评等工作的高层次技术技能人才。

主要专业能力要求

1. 具备项目管理、软硬件需求分析、软件设计的能力；
2. 具备软件开发和 Web 设计与开发的能力；
3. 具备服务器和网络设备的选型、安装、调试和维护的能力；
4. 具备搭建云计算环境，进行虚拟化管理的信息技术能力；
5. 具备设备选型、方案设计与实施的能力；
6. 具备编写测试方案，进行软件测试的能力；
7. 具备安全防护策略设计和实施的能力；
8. 具备分析问题和解决问题的能力；
9. 具有探究学习、终身学习和可持续发展的能力。

主要专业课程与实习实训

专业基础课程：计算机导论、计算机组成原理、离散数学、程序设计、数据结构与算法、数据库原理及应用、操作系统原理、计算机网络与应用等。

专业核心课程：软件工程、软件体系结构与架构技术、服务器管理与配置、网络系统集成、软件测试技术、云计算与虚拟化、信息系统安全、Web 开发技术等。

实习实训：对接真实职业场景或工作情境，在校内外进行软件工程、网络工程、云计算和虚拟化、信息安全等综合实训。在软件和信息技术服务业的信息集成、软件开发、计算机服务平台搭建的企业进行岗位实习。

职业类证书举例

职业资格证书：计算机技术与软件专业技术资格

职业技能等级证书：网络系统建设与运维、智能计算平台应用开发、云计算开发与运维

接续专业举例

接续专业硕士学位授予领域举例：计算机科学与技术、软件工程、网络与信息安全

接续硕士学位二级学科举例：计算机科学与技术

专业代码 310202

专业名称 网络工程技术

基本修业年限 四年

职业面向

面向信息和通信工程技术、信息通信网络运行管理等职业，网络运维、网络系统集成、网络规划设计与应用开发等岗位（群）。

培养目标定位

本专业培养德智体美劳全面发展，掌握扎实的科学文化基础和计算机网络、操作系统、程序设计及相关法律法规等知识，具备网络管理、网络工程施工、网络系统设计等能力，具有工匠精神和信息素养，能够从事网络运维、网络系统集成、网络工程规划设计与应用开发等工作的高层次技术技能人才。

主要专业能力要求

1. 具有程序设计、数据结构、操作系统、数据库、网络技术等专业基本技能；

2. 具有网络工程的设计、实施、测试、管理与维护等技术技能；

3. 具有网络系统集成、网络安全保障、云计算平台部署实施、网络自动化运维等解决复杂网络工程问题的能力；

4. 具有网络应用系统开发能力；

5. 具有计算机网络工程领域数字化技能，具有适应产业数字化发展需求的能力；

6. 具有参与制定技术规程与技术方案，从事技术研发、科技创新、科技成果或实验成果转化的能力；

7. 具有探究学习、终身学习和可持续发展的能力。

主要专业课程与实习实训

专业基础课程： 计算机网络基础、程序设计、数据库原理与应用、数据结构、信息网络布线、信息安全基础、Windows Server 操作系统、Web 开发技术。

专业核心课程： 路由交换技术、网络安全技术、无线网络技术、网络规划与系统集成、虚拟化与存储技术、Linux 操作系统、SDN 与网络自动化技术、云计算技术。

实习实训： 对接真实职业场景或工作情境，在校内外进行网络工程规划设计、开发、实施、测试、管理和维护等实训。在信息传输、软件和信息技术服务行业相关企事业单位进行岗位实习。

职业类证书举例

职业资格证书： 计算机技术与软件专业技术资格

职业技能等级证书： 网络系统建设与运维、Web 前端开发、云计算平台运维与开发、网络安全运维、WPS 办公应用、无线网络规划与实施、网络系统规划与部署

接续专业举例

接续专业硕士学位授予领域举例： 电子信息

接续硕士学位二级学科举例： 信息与通信工程、计算机科学与技术

专业代码 310203
专业名称 软件工程技术
基本修业年限 四年

职业面向

面向计算机软件工程技术、信息系统分析工程技术等岗位（群）。

培养目标定位

本专业培养德智体美劳全面发展，掌握扎实的科学文化基础和计算机软件系统、软件项目管理、信息系统分析及相关法律法规等知识，具备软件研究及项目实施、信息系统分析与设计等能力，具有工匠精神和信息素养，能够从事软件研究、开发、测试、管理和信息系统分析与设计等工作的高层次技术技能人才。

主要专业能力要求

1. 具备按照规范流程开发软件系统、组建模型的能力；

2. 具备使用常见测试工具，依据软件测试方法进行软件测试的能力；

3. 具备软件项目实施、运维、管理等能力；

4. 具备从事软件工程职业提供中高端服务的能力；

5. 具备参与信息系统设计，制定工程技术方案与技术路线的能力；

6. 具备信息系统分析，技术研发、科技成果或实验成果转化的能力；

7. 具备诚实守信的职业道德，遵守软件行业相关的法律法规的能力；

8. 具有探究学习、终身学习和可持续发展的能力。

主要专业课程与实习实训

专业基础课程：离散数学、程序设计基础、计算机导论、计算机组成原理、数据结构、操作系统、计算机网络、数据库原理与应用。

专业核心课程：Web 开发技术、面向对象程序设计、面向对象系统分析与设计、软件工程、软件体系结构与架构技术、软件质量保证与测试、前端开发技术、智能终端应用软件开发。

实习实训：对接真实职业场景或工作情境，在校内外进行面向对象程序设计、Web 前端开发、智能终端应用软件开发、软件测试、信息系统分析与设计、软件项目管理等实训。在软件和信息技术服务、互联网和相关服务行业的企事业单位、生产性实习实训基地等场所进行岗位实习。

职业类证书举例

职业资格证书：计算机技术与软件专业技术资格

职业技能等级证书：Web 前端开发、移动应用开发、大数据分析与应用、3D 引擎技术应用、虚拟现实应用开发、JavaWeb 应用开发、Web 应用软件测试

接续专业举例

接续专业硕士学位授予领域举例：计算机科学与技术、人工智能、软件工程、大数据技术与工程

接续硕士学位二级学科举例：计算机科学与技术

专业代码 310204

专业名称 数字媒体技术

基本修业年限 四年

职业面向

面向数字媒体开发与应用相关领域内策划与创作、产品设计与研发、运营与管理等

岗位（群）。

培养目标定位

本专业培养德智体美劳全面发展，掌握扎实的科学文化基础和信息传播理论、数字媒体技术、人机交互技术及相关法律法规等知识，具备对用户的研究分析能力，数字媒体内容设计和制作、数字媒体系统开发、系统集成、新媒体策划、全媒体运营与管理等能力，具有工匠精神和信息素养，能够从事数字媒体产品策划与设计、人机交互技术开发、新媒体后期制作、全媒体运营与管理等工作的高层次技术技能人才。

主要专业能力要求

1. 具备较强的数字媒体、艺术设计、媒体传播等知识整合与技术应用能力；
2. 具备制定数字媒体技术规程与方案、创新性解决技术难题的能力；
3. 具备数字图像处理技术，具备影像采集、整合、输出的能力；
4. 具备人机交互设计与制作技术，具备视觉设计能力；
5. 具备完成互联网广告、新媒体视频等数字作品的能力；
6. 具备三维虚拟仿真产品的设计、制作、开发和集成能力；
7. 具备全媒体融合统筹规划、执行管理与推进、内容规划评估与优化的能力；
8. 具备从事数字媒体技术研发、科技成果转化的能力；
9. 具有探究学习、终身学习和可持续发展的能力。

主要专业课程与实习实训

专业基础课程：数字媒体技术概论、艺术设计与美学、摄影摄像、计算机平面设计、数字音视频技术、人机交互技术、用户心理与行为分析、项目策划与文案写作。

专业核心课程：三维动画制作技术、计算机视觉技术应用、信息可视化技术、非线性编辑技术、虚拟现实应用开发、交互产品开发、媒体栏目包装、融合媒体策划与营销。

实习实训：对接真实职业场景或工作情境，在校内外进行视觉设计、交互设计、短视频合成与特效、媒体栏目包装等实训。在数字内容服务、影视节目制作等行业的数字媒体技术设计与应用企业、媒体内容策划制作企业、虚拟现实应用开发企业等单位进行岗位实习。

职业类证书举例

职业技能等级证书：数字媒体交互设计、数字创意建模、界面设计、虚拟现实应用开发、数字影像处理、新媒体运营

接续专业举例

接续专业硕士学位授予领域举例：计算机科学与技术、新闻与传播

接续硕士学位二级学科举例：计算机科学与技术、新闻传播学

专业代码　310205

专业名称　大数据工程技术

基本修业年限　四年

职业面向

面向大数据工程技术人员、数据分析处理工程技术人员等职业，大数据应用开发、大数据分析与挖掘等岗位（群）。

培养目标定位

本专业培养德智体美劳全面发展，掌握扎实的科学文化基础和大数据开发、大数据分析与挖掘及相关法律法规等知识，具备数据采集、处理与可视化及大数据系统开发、测试等能力，具有工匠精神和信息素养，能够从事大数据系统开发及运维、大数据分析与挖掘等工作的高层次技术技能人才。

主要专业能力要求

1. 具备大数据采集、清洗、存储及管理、分析及挖掘、展现及应用的能力；

2. 具备应用大数据平台体系架构，完成大数据系统的设计、开发、测试，以及性能监控及调优的能力；

3. 具备管理维护并保障大数据系统稳定运行的能力；

4. 具备提供大数据技术咨询和技术服务的能力；

5. 具备开发或操作应用工具完成大数据工程领域的应用开发、数据分析、数据挖掘和数字化应用的能力；

6. 具备大数据工程领域信息技术和数字技术应用能力；

7. 具有探究学习、终身学习和可持续发展的能力。

主要专业课程与实习实训

专业基础课程：计算机基础、程序设计、数据结构、大数据技术导论、数据库原理与应用、Linux 操作系统、计算机网络技术、Web 前端技术。

专业核心课程：数据采集技术、数据预处理技术、分布式数据库技术、Hadoop 应用开发技术、Spark 应用开发技术、高性能系统架构、数据分析与挖掘技术、数据可视化技术。

实习实训：对接真实职业场景或工作情境，在校内外进行数据采集、数据预处理、

数据分析与挖掘、大数据开发与运维等实训。在数据处理与分析、大数据平台运维、大数据技术咨询与服务等企事业单位或生产性实训基地等场所进行岗位实习。

职业类证书举例

职业资格证书：计算机技术与软件专业技术资格

职业技能等级证书：大数据工程化处理与应用、大数据分析与应用

接续专业举例

接续专业硕士学位授予领域举例：计算机科学与技术、人工智能、软件工程

接续硕士学位二级学科举例：计算机科学与技术、人工智能

专业代码　310206

专业名称　云计算技术

基本修业年限　四年

职业面向

面向云计算工程技术人员等职业，云平台部署运维、云应用开发、云安全管理等技术领域。

培养目标定位

本专业培养德智体美劳全面发展，掌握扎实的科学文化基础和私有云、公有云、虚拟化、容器技术、云安全、云存储及相关法律法规等知识，具备云平台规划设计、云平台部署和自动化运维、基于云平台的应用系统设计和开发、云安全管理等能力，具有工匠精神和信息素养，能够从事云平台设计、部署、运维、安全管理及自动化运维开发，云应用系统设计与开发、开源系统的二次开发等工作的高层次技术技能人才。

主要专业能力要求

1. 具备云计算平台配置与管理、云平台运维、云应用系统的设计与开发能力；

2. 具备私有云、容器云、公有云平台中计算、网络、存储、DevOps、云安全、云原生等服务或产品的开发与运维能力；

3. 具备云计算平台及组件的性能监控与调优、云应用开发的能力；

4. 具备结合业务背景开展云平台业务需求分析、架构设计、部署运维、应用开发的能力；

5. 具备云计算工程技术领域中方案设计、项目管理、问题排查的能力；

6. 具备解决岗位现场较复杂的云计算应用问题、实施现场管理的能力；

7. 具备信息技术和数字技术的应用能力；

8. 具有探究学习、终身学习和可持续发展的能力。

主要专业课程与实习实训

专业基础课： 计算机网络技术、程序设计、云计算技术、Linux 操作系统、数据库设计、算法与数据结构。

专业核心课： 虚拟化技术、Web 前端开发技术、私有云技术、容器云技术、公有云技术、云安全技术、云存储技术、自动化运维技术、Web 应用系统开发、云应用开发。

实习实训： 对接真实职业场景或工作情境，在校内外进行云平台设计部署、虚拟化技术应用、自动化运维、云应用开发、安全管理等实训。在云计算厂商和企事业的云数据中心等单位（场所）进行岗位实习。

职业类证书举例

职业技能等级证书： 云服务操作管理、云计算平台运维与开发、云计算开发与运维

接续专业举例

接续专业硕士学位授予领域举例： 计算机科学与技术、软件工程

接续硕士学位二级学科举例： 计算机科学与技术

专业代码 310207
专业名称 信息安全与管理
基本修业年限 四年

职业面向

面向网络与信息安全管理、网络安全应急服务、网络安全风险评估、数据灾备、数字取证与司法鉴定等技术领域。

培养目标定位

本专业培养德智体美劳全面发展，掌握扎实的科学文化基础和网络空间安全、计算机组成、计算机网络、程序设计、数字逻辑电路及相关法律法规等知识，具备网络安全风险评估、网络安全应急服务、网络安全测评、数据取证与分析等能力，具有工匠精神和信息素养，能够从事信息系统安全工程规划与建设、信息系统安全评估与管理等工作的高层次技术技能人才。

主要专业能力要求

1. 具备网络操作系统、数据库系统安全加固能力；
2. 具备代码审计与系统渗透测试能力；
3. 具备信息系统的安全策略部署实施和安全运维能力；
4. 具备信息系统灾备方案制定、数据恢复与取证能力；
5. 具备信息系统安全评估方案编制与安全测评能力；
6. 具备信息安全事件应急响应与处置能力；
7. 具备信息安全工程方案规划设计和工程实施能力；
8. 具备信息技术和数字技术的应用能力以及国产软件部署与适配能力；
9. 具有探究学习、终身学习和可持续发展的能力。

主要专业课程与实习实训

专业基础课程：数字逻辑电路基础、C 语言程序设计、计算机组成原理、计算机网络原理及应用、汇编语言程序设计、数据结构、信息安全标准与法规、网络空间安全导论。

专业核心课程：操作系统原理及安全、数据库原理及安全、Web 应用安全审计、密码技术应用、网络安全系统集成、数字取证与司法鉴定、数据灾备技术、软件逆向技术、信息安全测评与风险评估、信息安全工程管理。

实习实训：对接真实职业场景或工作情境，在校内外进行信息系统组建和安全运维、系统安全测试和评估、网络攻防对抗、数字调查取证、数据安全管理等实训。在公安局网安系统、国家保密系统、通信行业、信息安全设备厂商、信息安全服务等企业（单位）进行岗位实习。

职业类证书举例

职业资格证书：计算机技术与软件专业技术资格
职业技能等级证书：网络安全运维、网络安全评估、网络安全渗透测试

接续专业举例

接续专业硕士学位授予领域举例：网络与信息安全、软件工程、计算机科学与技术
接续硕士学位二级学科举例：网络空间安全、软件工程、计算机科学与技术

专业代码　310208
专业名称　虚拟现实技术

基本修业年限　四年

职业面向

面向虚拟现实产品设计师、虚拟现实软件工程师、虚拟现实系统实施及运维工程师等职业，虚拟现实软硬件产品的设计、开发、测试、维护和服务等岗位（群）。

培养目标定位

本专业培养德智体美劳全面发展，掌握扎实的科学文化基础和程序设计、虚拟现实引擎使用、虚拟现实产品开发、虚拟现实软硬件运维及相关法律法规等知识，具备使用开发虚拟现实软件及内容、进行相关软硬件运维操作等能力，具有工匠精神和信息素养，能够从事虚拟现实相关硬件搭建、软件部署、产品设计、开发应用程序、测试应用、虚拟现实三维场景设计、虚拟现实产品运维及软硬件集成、实施等工作的高层次技术技能人才。

主要专业能力要求

1. 具备安装、操作和维护常见虚拟现实系统软硬件环境的能力；
2. 具备虚拟现实应用开发和测试能力；
3. 具备使用设计工具完成虚拟现实内容制作的能力；
4. 具备分析现有虚拟现实应用和内容，优化性能和视觉表现的能力；
5. 具备开发、选择与使用恰当的技术、资源和工具解决虚拟现实实际问题的能力；
6. 具备需求分析、架构设计、团队协作等设计和管理虚拟现实项目的能力；
7. 具备以用户体验、虚拟现实技术设计为核心的创新能力；
8. 具有掌握本专业相关法律法规，依法从事工作的能力；
9. 具备探究学习、终身学习和可持续发展的能力。

主要专业课程与实习实训

专业基础课程：设计基础、程序设计、数据结构、数据库原理与应用、计算机网络、引擎技术基础、三维软件基础、界面设计。

专业核心课程：虚拟现实应用策划、虚拟现实引擎技术、三维建模制作、虚拟现实场景制作技术、人机交互技术、全景制作技术、数字图像处理、虚拟现实技术开发。

实习实训：对接真实职业场景或工作情境，在校内外进行三维设计、虚拟现实引擎应用、虚拟现实综合应用等实训。在虚拟游戏设计企业、软件开发企业、虚拟展馆制作企业等单位进行岗位实习。

职业类证书举例

职业技能等级证书：虚拟现实应用设计与制作、虚拟现实应用开发、数字创意建模

接续专业举例

接续专业硕士学位授予领域举例：计算机科学与技术、软件工程

接续硕士学位二级学科举例：计算机科学与技术、软件工程

专业代码 310209

专业名称 人工智能工程技术

基本修业年限 四年

职业面向

面向人工智能工程技术人员、人工智能训练师等职业，人工智能数据处理、产品实现、应用集成与运维等岗位（群）。

培养目标定位

本专业培养德智体美劳全面发展，掌握扎实的科学文化基础和人工智能数据技术、机器学习、深度学习框架及相关法律法规等知识，具备人工智能数据处理、模型构建、系统研发与运维等能力，具有工匠精神和信息素养，能够从事人工智能数据处理与分析、人工智能应用开发等工作的高层次技术技能人才。

主要专业能力要求

1. 具备数据结构与算法分析、程序设计、数据库设计能力；

2. 具备设计典型机器学习算法和深度学习模型，运用人工智能思维解决实际应用问题的能力；

3. 具备计算机视觉、自然语言等领域的业务分析与方案设计能力；

4. 具备数据采集、数据分析与挖掘技能，数据业务分析设计、模型搭建及训练的能力；

5. 能够使用机器学习和深度学习开发框架或工具，具备结合业务场景的模型评估、调优、测试、推理的能力；

6. 能够设计人工智能应用系统开发流程，具备业务系统实现及应用创新的能力；

7. 具备人工智能系统的安装、部署、调测、运维等技能，能够提供人工智能技术支持和服务；

8. 具有探究学习、终身学习和可持续发展的能力。

主要专业课程与实习实训

专业基础课程：人工智能数学基础、电路设计基础、计算机系统结构、计算机网络技术、数据结构与算法、程序设计。

专业核心课程：人工智能技术与应用导论、数据采集与处理、数据分析与挖掘、机器学习技术与应用、深度学习技术与应用、嵌入式技术与应用、人工智能应用系统开发。

实习实训：对接真实职业场景或工作情境，在校内外进行数据处理与分析、机器学习模型与应用开发、深度学习模型与应用开发等实训。在人工智能行业应用领域的企事业单位进行岗位实习。

职业类证书举例

职业资格证书：计算机技术与软件专业技术资格

职业技能等级证书：计算机视觉应用开发、Python 程序开发、人工智能深度学习工程应用、智能计算平台应用开发、人工智能数据处理

接续专业举例

接续专业硕士学位授予领域举例：人工智能、计算机科学与技术、软件工程

接续硕士学位二级学科举例：人工智能、计算机科学与技术

专业代码 310210
专业名称 嵌入式技术
基本修业年限 四年

职业面向

面向嵌入式系统设计工程技术人员、计算机软件工程技术人员、软件和信息技术服务人员等职业，嵌入式系统设计、开发、测试及系统集成等技术领域。

培养目标定位

本专业培养德智体美劳全面发展，掌握扎实的科学文化基础和掌握电子电路、程序设计、数据库、网络通信、嵌入式微处理器、嵌入式操作系统、人工智能等知识，具备嵌入式硬件调测、嵌入式底层驱动开发、嵌入式系统应用程序开发、智能算法分析与应用、嵌入式人工智能开发、嵌入式软件测试等能力，具有工匠精神和信息素养，能够从事嵌入式系统设计、嵌入式系统软件开发、产品测试、系统集成等工作的高层次技术技能人才。

主要专业能力要求

1. 具有常用电子测量仪器使用、电路原理图识读与分析、计算机程序设计与数据库应用的能力；

2. 具有嵌入式系统硬件调测能力；

3. 具有微处理器接口应用及嵌入式底层驱动开发的能力；

4. 具有嵌入式应用软件开发与测试能力；

5. 具有嵌入式操作系统移植、应用与开发能力；

6. 具有智能算法分析与应用、嵌入式人工智能应用与开发的能力；

7. 具有智能系统集成与实施、项目管理与运维等能力；

8. 具有创新意识及信息技术与数字技术的应用能力；

9. 具有探究学习、终身学习和可持续发展的能力。

主要专业课程与实习实训

专业基础课程：专业导论、电路分析基础、嵌入式 C 程序设计、电子技术与应用、单片机技术与应用、计算机网络技术、数据结构与算法、Linux 操作系统基础、数据库技术与应用、Python 与人工智能基础。

专业核心课程：嵌入式微控制器应用开发、传感器技术与应用、嵌入式实时操作系统、智能互联通信技术应用、嵌入式 Linux 驱动开发、嵌入式 Linux 应用开发、Android 嵌入式应用开发、嵌入式视觉识别技术与应用、嵌入式 AI 与边缘计算技术应用、智能嵌入式系统设计与开发、嵌入式软件测试技术。

实习实训：对接真实职业场景或工作情境，在校内外进行电子电路调试与应用、嵌入式微控制器技术应用、传感器技术应用、嵌入式 Linux 应用、智能嵌入式系统设计等实训。在嵌入式产品设计研发、生产制造、系统集成等企业或生产线实训基地进行岗位实习。

职业类证书举例

职业资格证书：计算机技术与软件专业技术资格

职业技能等级证书：嵌入式边缘计算软硬件开发、物联网单片机应用与开发

接续专业举例

接续专业硕士学位授予领域举例：电子信息、计算机科学与技术、软件工程、人工智能

接续硕士学位二级学科举例：计算机科学与技术、电子科学与技术

专业代码　310211

专业名称　工业互联网技术

基本修业年限　四年

职业面向

面向工业互联网工程技术人员、计算机网络工程技术人员、计算机软件工程技术人员等职业。

培养目标定位

本专业培养德智体美劳全面发展，掌握扎实的科学文化基础和工业互联网络技术、数据处理、安全防护等知识，具备工业互联网网络互联、数据采集与标识解析、边缘计算应用、工业大数据分析、工业 App 开发与应用、安全防护运维等能力，具有工匠精神和信息素养，能够从事工业数字化工程设计、实施与维护、应用开发、数据分析等工作的高层次技术技能人才。

主要专业能力要求

1. 具有工业网络互联方案设计、设备选型、安装及调试的能力；
2. 具有工业数据采集方案设计、边缘网关配置、边缘应用开发的能力；
3. 具有工业互联网标识解析系统部署、运行监测、日常维护和故障排查的能力；
4. 具有工业大数据采集处理、进行可视化展示及应用分析的能力；
5. 具有工业应用软件需求分析、功能设计、开发调试的能力；
6. 具有工业互联网安全防护方案设计、策略配置、安全审计及应急处理的能力；
7. 具有工业数字化工程设计实施、技术支持、应用场景集成的能力；
8. 具有将 5G、人工智能等现代信息技术应用于工业互联网领域的能力；
9. 具有探究学习、终身学习和可持续发展的能力。

主要专业课程与实习实训

专业基础课程：电工电子技术、程序设计基础、数据结构与算法、数据库应用技术、网络与通信技术基础、工业控制技术基础、生产与运作管理、工业互联网基础。

专业核心课程：工业网络互联技术、工业数据采集技术、工业互联网标识解析技术、工业边缘计算与控制技术、工业大数据分析与应用、工业 AI 智能技术与应用、工业 App 设计与开发、工业互联网安全技术、工业区块链技术与应用、工业互联网实施与运维、工业互联网工程管理。

实习实训：对接真实职业场景或工作情境，在校内外进行工业网络互联、数据采集与边缘计算、标识解析、数据分析、工业 App 设计、安全防护实施等实训。在工业互联网技术类、制造业类、软件开发类企业等单位进行岗位实习。

职业类证书举例

职业资格证书：计算机技术与软件专业技术资格

职业技能等级证书：工业互联网网络运维、工业互联网设备数据采集、工业互联网实施与运维

接续专业举例

接续专业硕士学位授予领域举例：计算机科学与技术、控制工程、软件工程

接续硕士学位二级学科举例：计算机科学与技术、控制科学与工程、软件工程

专业代码 310212

专业名称 区块链技术

基本修业年限 四年

职业面向

面向互联网和相关服务、软件和信息技术服务、区块链工程技术等职业，区块链设计、区块链应用开发与测试、区块链运维等岗位（群）。

培养目标定位

本专业培养德智体美劳全面发展，掌握扎实的科学文化基础和区块链底层研发、区块链应用设计、区块链应用开发、测试和运维及相关法律法规等知识，具备区块链架构设计、底层研发、应用开发、测试和运维等能力，具有工匠精神和信息素养，能够从事区块链设计、区块链研发、区块链应用开发与测试、区块链运维等工作的高层次技术技能人才。

主要专业能力要求

1. 具备区块链架构设计、底层研发的能力；

2. 具备区块链应用设计和研发的能力；

3. 具备智能合约设计与开发的能力；

4. 具备区块链应用测试设计、执行与分析的能力；

5. 具备区块链应用运维的能力；

6. 具备国产操作系统、数据库、密码技术、安全产品应用能力；

7. 具备信息技术和数字技术的应用能力；

8. 具备依法从事区块链技术专业相关工作的能力；
9. 具有探究学习、终身学习和可持续发展的能力。

主要专业课程与实习实训

专业基础课程： 计算机网络基础、程序设计基础、区块链导论、数据结构与算法、数据库原理及应用、操作系统原理及应用、Web 前端开发技术、密码技术基础、信息安全技术。

专业核心课程： 面向对象程序设计、区块链原理与设计、虚拟化技术与应用、区块链部署与运维、智能合约设计与开发、区块链应用开发、DApp 应用开发、区块链项目设计与实践。

实习实训： 对接真实职业场景或工作情境，在校内外进行区块链原理与设计、区块链部署与运维、虚拟化技术与应用、智能合约设计与开发、区块链项目设计与实践等实训。在区块链产业创新基地、区块链产教融合基地、区块链产业学院等单位或场所进行岗位实习。

职业类证书举例

职业资格证书： 计算机技术与软件专业技术资格

职业技能等级证书： 区块链系统应用与设计、区块链应用软件开发与运维、区块链智能合约开发

接续专业举例

接续专业硕士学位授予领域举例： 网络与信息安全、软件工程、计算机技术

接续硕士学位二级学科举例： 计算机科学与技术

3103 通信类

专业代码 310301
专业名称 现代通信工程
基本修业年限 四年

职业面向

面向电信广播电视和卫星传输、软件和信息技术服务等行业的通信工程技术人员、信息通信网络机务员、信息通信网络管理员等职业。面向通信工程勘察、规划、设计、监理与施工，通信设备与网络的运行、维护、管理与优化，信息通信系统软硬件开发、测试、生产组织、管理与销售，行业企业智慧应用方案设计和系统集成等岗位（群）。

培养目标定位

本专业培养德智体美劳全面发展，掌握扎实的科学文化基础和现代信息通信理论等知识，具备一定的通信技术开发、通信技术实践等能力，具有工匠精神和信息素养，能够从事通信工程勘察、规划、设计、监理与施工，通信设备与网络的运行、维护、管理与优化，信息通信系统软硬件开发、测试、生产组织、管理与销售，行业企业智慧应用方案设计和系统集成等工作的高层次技术技能人才。

主要专业能力要求

1. 具有信息通信工程勘察、规划、设计、概预算、项目管理与监理的能力；
2. 具有现代通信网络组建、运维与优化的能力；
3. 具有信息通信系统软硬件开发、测试、应用、管理与营销的能力；
4. 具有行业/企业智慧应用综合方案设计、集成的能力；
5. 具有适应信息通信领域数字化发展需求的能力；
6. 具有运用信息通信领域知识、资源和工具分析解决信息通信工程问题的能力；
7. 具有为数字经济领域提供中高端服务的能力；
8. 具有解决现场复杂技术问题、实施现场管理和创新的能力；
9. 具有质量、环保、安全生产的意识和能力；
10. 具有探究学习、终身学习和可持续发展的能力。

主要专业课程与实习实训

专业基础课程： 电路分析基础、模拟电子技术、数字电子技术、C 语言程序设计、通信电子电路、通信原理。

专业核心课程：数据通信技术、移动通信技术、接入网技术、光传送网技术、移动通信网络规划与优化、嵌入式系统原理与应用、通信软件开发、通信工程勘察与设计、云计算技术与应用。

实习实训：对接真实职业场景或工作情境，在校内外进行电工技术实训、C 语言程序设计实训、电子产品装调实训、电子 CAD 实训、通信工程制图实训、通信产品创新设计与开发实训、数据通信实训、光传输实训、通信网络优化实训、通信工程综合实训等实训。在 ICT 及数字经济新兴行业的通信、智能化相关企业等单位进行岗位实习。

职业类证书举例

职业资格证书：通信专业技术人员职业资格

职业技能等级证书：5G 基站建设与维护、5G 移动网络运维、网络系统建设与运维

接续专业举例

接续专业硕士学位授予领域举例：通信工程（含宽带网络、移动通信等）、新一代电子信息技术（含量子技术等）、控制工程、计算机技术、人工智能、网络与信息安全、电子与通信工程

接续硕士学位二级学科举例：通信与信息系统、信号与信息处理、电路与系统、计算机应用技术、模式识别与智能系统

3104　集成电路类

专业代码　310401
专业名称　集成电路工程技术
基本修业年限　四年

职业面向

　　面向集成电路设计、集成电路制造、集成电路封装、集成电路测试等岗位（群）。

培养目标定位

　　本专业培养德智体美劳全面发展，掌握扎实的科学文化基础和集成电路设计、制造、封装、测试等知识，具备集成电路设计、工艺开发、芯片测试应用等能力，具有工匠精神和信息素养，能够从事集成电路设计、集成电路验证、制造工艺整合、封装工艺开发、集成电路测试等工作的高层次技术技能人才。

主要专业能力要求

　　1. 具有集成电路 EDA 工具使用、集成电路基本电路模块设计、集成电路验证环境搭建和验证方案设计实施、集成电路后端和版图设计的能力；

　　2. 具有电路工艺技术开发、工艺优化与整合、工艺验证与缺陷排查、工艺稳定性与良率提升、工艺设备维护的能力；

　　3. 具有集成电路封装设计与仿真、封装材料选择、封装互联和物理结构设计、封装设备操作与维护的能力；

　　4. 具有集成电路测试方案制定、测试电路设计、测试程序开发与调试、测试结果处理与分析、测试机台使用与维护的能力；

　　5. 具有依照国家法律、行业规范开展绿色生产、承担社会责任的能力；

　　6. 具有运用数字技术、信息技术进行研发设计、生产制造、经营管理等业务数字化转型的能力；

　　7. 具有利用创新思维分析和解决复杂问题的能力；

　　8. 具有探究学习、终身学习和可持续发展的能力。

主要专业课程与实习实训

　　专业基础课程：电路分析基础、数字电子技术、模拟电子技术、工程制图基础、程序设计基础、单片机原理与应用、PCB 设计应用、半导体物理与器件、集成电路制造工艺基础、集成电路封装技术基础。

专业核心课程：数字 IC 设计基础、Verilog 数字系统设计、数字 IC 后端设计、数字集成电路验证技术、FPGA 应用开发、模拟集成电路设计基础、半导体器件工艺、先进半导体制造技术、集成电路封装设计、集成电路测试技术。

实习实训：对接真实职业场景或工作情境，在校内外进行数字芯片前端设计项目实训、数字芯片后端设计项目实训、模拟版图设计项目实训、工艺制造（虚拟仿真）实训、封装测试项目实训等实训。在集成电路相关企业或生产性实训基地等单位或场所进行岗位实习。

职业类证书举例

职业技能等级证书：集成电路版图设计、集成电路开发与测试

接续专业举例

接续专业硕士学位授予领域举例：集成电路工程
接续硕士学位二级学科举例：微电子学与固体电子学

32 医药卫生大类

3202 护理类

专业代码 320201

专业名称 护理

基本修业年限 四年

职业面向

面向执业护士等职业，患者护理、预防保健及健康指导等岗位（群）。

培养目标定位

本专业培养德智体美劳全面发展，掌握扎实的科学文化基础和医学、护理理论基础及相关卫生法律法规等知识，具备整体护理及医学科研、管理和创新等能力，具有敬佑生命、救死扶伤、甘于奉献、大爱无疆的职业精神及信息素养，能够从事患者护理、预防保健及健康指导等工作的高层次技术技能人才。

主要专业能力要求

1. 具有人类全生命周期常见疾病病情观察、护理诊断及依照护理规范和程序实施整体护理的能力；

2. 具有对急危重症患者进行抢救和针对突发事件应急救护的能力；

3. 具有为个体、家庭、社区等提供预防保健及健康指导的能力；

4. 具备护理教育、科研和管理的能力；

5. 具有运用信息技术和健康大数据开展护理服务的能力；

6. 具有依照卫生法律法规与护理伦理原则实施护理的能力；

7. 具有运用创新思维分析、研究并解决较复杂的护理问题的能力；

8. 具有探究学习、终身学习和可持续发展的能力。

主要专业课程与实习实训

专业基础课程：人体解剖与组织胚胎学、生理学、生物化学、病原生物学与免疫学、病理学与病理生理学、药理学、医学统计学、护理学导论。

专业核心课程：健康评估、基础护理、内科护理、外科护理、妇产科护理、儿科护理、老年护理、急危重症护理、社区预防保健、护理管理、护理科研基础。

实习实训：对接真实职业场景或工作情境，在校内外进行基础护理、健康评估及临床各专科护理等实训。在二级甲等以上综合医院及社区卫生服务中心等单位进行岗位实习。

职业类证书举例

职业资格证书：护士执业资格

职业技能等级证书：老年照护、母婴护理、幼儿照护、医养个案管理、产后恢复、失智老年人照护

接续专业举例

接续专业硕士学位授予领域举例：护理

接续硕士学位二级学科举例：护理

3203　药学类

专业代码　320301
专业名称　药学
基本修业年限　四年

职业面向

面向卫生行业的药师等职业，药学服务、药品质量控制、药物临床研究、药品市场营销等技术领域。

培养目标定位

本专业培养德智体美劳全面发展，掌握扎实的科学文化基础和药学学科基础及相关法律法规与技术标准等知识，具备处方审核、药品调剂、用药指导、药品质量检测、药物相关应用研究等能力，具有敬佑生命、救死扶伤、甘于奉献、大爱无疆的职业精神和信息素养，能够从事药学服务、药品质量控制、药物临床研究、药品市场营销等工作的高层次技术技能人才。

主要专业能力要求

1. 具有处方审核能力，能够解读药品说明书，能够进行处方审核、药品调剂、用药指导；

2. 具有完成静脉配置中心处方审核、加药调配等工作能力；

3. 具有对社区慢性疾病患者提供用药指导、用药管理，开展合理用药宣教等药学服务的基本能力；

4. 具有解析处方，制备片剂、胶囊剂、注射剂等常见剂型的能力；

5. 具有查阅药典、操作质量检测仪器、检测药品质量、出具质量检验报告、做好检测记录的能力；

6. 具有一定的科研思维和创新发展能力，能够开展药物相关应用研究；

7. 具有利用或借助现代信息技术提供药学专业服务的能力；

8. 具有绿色生产、环境保护、安全防护、质量管理等相关知识，能够按照国家药品管理法律法规依法执业；

9. 具有探究学习、终身学习和可持续发展的能力。

主要专业课程与实习实训

专业基础课程：无机化学、有机化学、分析化学、人体解剖生理学、病原微生物与免疫学、临床医学概要、生物化学与分子生物学、中医药基础等。

专业核心课程：药物化学、天然药物化学、药剂学、药物分析、药理学、生物药物应用、药事管理与法规、临床药物治疗学、药学综合知识与技能等。

实习实训：对接真实职业场景或工作情境，在校内外开展药学服务、药品生产检验等综合实训。在医疗机构、药品生产企业、药品流通企业、药品检验所等单位进行岗位实习。

职业类证书举例

职业资格证书：执业药师

职业技能等级证书：药品购销

接续专业举例

接续专业硕士学位授予领域举例：药学

接续硕士学位二级学科举例：药理学、药剂学、药物分析学

3204　中医药类

专业代码　320401

专业名称　中药制药

基本修业年限　四年

职业面向

面向中药炮制工、药物制剂工、药物检验员、制药工程技术人员等职业，中药炮制加工、中药制剂生产、中药保管与养护、中药质量检验等岗位（群）。

培养目标定位

本专业培养德智体美劳全面发展，掌握扎实的科学文化基础和中药炮制、中药制剂、中药质量管理、中药研发及相关法律法规等知识，具备中药生产工艺改进、解决中药生产与质量管理过程中较复杂问题等能力，具有敬佑生命、救死扶伤、甘于奉献、大爱无疆的职业精神和信息素养，能够从事中药制药生产及质量管理、中药制剂生产工艺改进、中药处方优化与剂型改进、中药制药工程设计、中药研发及注册申报等工作的高层次技术技能人才。

主要专业能力要求

1. 具有系统编制中药饮片和中药制剂生产计划，组织和实施生产与管理的能力；

2. 具有中药质量检测与管理、中药质量标准起草与复核的能力；

3. 具有中药剂型与处方优化、中药生产工艺改进及依法依规进行变更申报的能力；

4. 具有设计中药饮片生产车间、中药制药车间、医院制剂室的能力；

5. 具有中药新药选题、立项、研发及过程管理等研发能力；

6. 具有适应中药产业优化升级和绿色生产、环境保护、安全防护的能力；

7. 具有综合利用计算机、人工智能、智能制造等知识，实施中药产业领域数字化操作的能力；

8. 具有发现、分析和解决生产与质量管理中较复杂问题的能力；

9. 具有探究学习、终身学习和可持续发展的能力。

主要专业课程与实习实训

专业基础课程：基础化学（含无机化学、有机化学、物理化学及分析化学等）、生物化学、药用植物学、中医学基础、实用中药学、方剂学、实用中药药理、药事管理与法规。

专业核心课程：中药化学技术、中药鉴定技术、中药炮制技术、中药制剂技术、中药制药工艺与设计、中药制剂分析技术、中药制药设备与工程设计、药品生产质量管理规范（GMP）。

实习实训：对接真实职业场景或工作情境，在校内外进行中药饮片生产、中药制剂生产、中药质量管理、中药研发等实训。在中药饮片及中药制剂生产企业、药品检验检测机构、中药研发机构或医疗机构等单位进行岗位实习。

职业类证书举例

职业资格证书：执业药师
职业技能等级证书：药物制剂生产

接续专业举例

接续专业硕士学位授予领域举例：中药学
接续硕士学位二级学科举例：中药学

3205　医学技术类

专业代码　320501
专业名称　医学检验技术
基本修业年限　四年

职业面向

面向医学检验技师等职业，临床检验、输血检验等技术领域。

培养目标定位

本专业培养德智体美劳全面发展，掌握扎实的科学文化基础和基础医学、临床医学、医学检验理论及卫生法律法规等知识，具备医学检验技术专业技能、适应医学检验技术数字化转型升级和发展趋势等能力，具有敬佑生命、救死扶伤、甘于奉献、大爱无疆的职业精神和信息素养，能够从事临床医学检验、输（采供）血检验等工作的高层次技术技能人才。

主要专业能力要求

1. 具有良好的生物安全防范能力及正确采集、处理和保存临床检验标本的能力；

2. 具有熟练开展临床检验标本和输血项目检验，并对检验结果做出质量分析及判断的能力；

3. 具有良好的医学检验仪器设备日常保养、维护及一般问题处理的能力；

4. 具备对检验结果进行综合分析判断，在出现危急值时及时发出预警，能主动与医生、护士等人员及时沟通的能力；

5. 具有一定的实验室质量控制和管理能力及对检验仪器进行校正比对的能力；

6. 具有适应健康产业数字化发展的信息技术和数字技术应用能力；

7. 具有参与医学技术研发和创新发展的能力；

8. 具有探究学习、终身学习和可持续发展的能力。

主要专业课程与实习实训

专业基础课程：医用化学、正常人体解剖与组织胚胎学、电子电工基础、生理学、生物化学、病理学、药理学、临床检验仪器、临床疾病概要。

专业核心课程：临床基本检验、临床生物化学检验、临床微生物学检验、临床寄生虫学检验、临床免疫学技术与检验、输血检验技术、临床血液学检验、分子生物学技术及检验、医学检验与临床诊断。

实习实训：对接真实职业场景或工作情境，在校内外进行临床基本检验、生物化学检验、病原生物学检验、免疫学技术及检验、血液检验等实训。在二级甲等及以上综合性医院、三级专科医院等检验科、输血科或同等规模的第三方医学检验中心等场所进行岗位实习。

职业类证书举例

职业资格证书：卫生专业技术资格

接续专业举例

接续专业硕士学位授予领域举例：临床医学

接续硕士学位二级学科举例：免疫学、病原生物学、临床检验诊断学

专业代码 320502
专业名称 医学影像技术
基本修业年限 四年

职业面向

面向影像技师等职业，X线摄影检查、计算机体层成像（CT）检查、磁共振成像（MRI）检查、超声检查、核医学检查、介入检查等技术领域。

培养目标定位

本专业培养德智体美劳全面发展，掌握扎实的科学文化基础和相关的基础医学和临床医学、医学影像成像原理和医学影像检查技术及相关卫生法律法规等知识，具备规范使用现代化医学影像设备进行人体各部位影像检查以及一定技术研发和创新发展等能力，具有敬佑生命、救死扶伤、甘于奉献、大爱无疆的职业精神和信息素养，能够从事X线摄影检查、CT检查、MRI检查、超声检查、核医学检查、介入检查等技术工作的高层次技术技能人才。

主要专业能力要求

1. 具有操作X线摄影检查、CT检查、MRI检查、超声检查、核医学检查和介入检查的能力；
2. 具有识别常见病、多发病影像的能力；
3. 具有人工智能影像应用和影像数据挖掘的能力；
4. 具有医学影像图像获取、分析、处理、储存、打印和网络传输管理的能力；

5. 具有医学影像质量分析和评价的能力；

6. 具有影像检查感染防控和辐射防护的能力；

7. 具有急危重症患者影像检查的应急处理能力；

8. 具有解决临床成像过程中关键技术问题的能力，并具有一定的信息技术、数字技术、科研创新能力；

9. 具有依照法律法规、医疗安全及质量管理要求开展工作的能力；

10. 具有探究学习，终身学习和可持续发展的能力。

主要专业课程与实习实训

专业基础课程： 医学影像电子学、放射物理与防护、微机原理与接口技术、医学影像成像原理、人体结构与功能、医学影像解剖学、病理学、临床疾病概要。

专业核心课程： 医学影像设备、X 线摄影检查技术、CT 检查技术、MRI 检查技术、超声检查技术、介入检查技术、核医学检查技术、医学影像诊断学、医学影像图像处理。

实习实训： 对接真实职业场景或工作情境，在校内外进行 X 线摄影检查技术、CT 检查技术、MRI 检查技术、超声检查技术、介入检查技术、核医学检查技术等实训。在三级医院、第三方医学影像中心等单位进行岗位实习。

职业类证书举例

职业资格证书： 卫生专业技术资格

接续专业举例

接续专业硕士学位授予领域举例： 临床医学、生物医学工程

接续硕士学位二级学科举例： 医学影像技术、生物医学工程

专业代码 320503

专业名称 医学生物技术

基本修业年限 四年

职业面向

面向医学实验研究、生物医药研发等职业，分子诊断、细胞工程技术、生物产品质量控制及其技术开发等技术领域。

培养目标定位

本专业培养德智体美劳全面发展，掌握扎实的科学文化基础和基础医学、生命科学、

生物技术及相关法律法规等知识，具备一定的医学实验室管理、生物技术服务、生物技术科研设计等能力，具有敬佑生命、救死扶伤、甘于奉献、大爱无疆的职业精神和信息素养，能够从事分子诊断技术、细胞工程技术、生物产品质量控制及其技术开发等工作的高层次技术技能人才。

主要专业能力要求

1. 具有医学实验室管理、稳定细胞系构建及干细胞、免疫细胞的制备、培养和优化实验方案的能力；

2. 具有运用生物信息数据库设计引物、构建表达载体和文库，使用高通量测序仪完成基因测序、分析数据并出具报告的能力；

3. 具有常见细菌和病毒的分离、培养、鉴定，病毒载体的构建与包装，抗体制备、纯化、标记，参与免疫分析方法的开发和验证的能力；

4. 具有探索、开发、优化与放大蛋白纯化工艺，发现问题并提出解决方案的能力；

5. 具有设计优化动物实验方案、构建常见人类疾病动物模型的能力；

6. 具有组织标本制片与染色、免疫组织化学技术服务以及初步使用电子显微镜的能力；

7. 熟悉生物技术领域法律法规，具有修（制）订生物安全、质量管理、产品检验数据分析和评价的能力；

8. 具有精准医疗大数据收集、处理、分析，适应分子诊断和细胞治疗新岗位的能力；

9. 具有探究学习、终身学习和可持续发展的能力。

主要专业课程与实习实训

专业基础课程：正常人体结构与功能、肿瘤学基础、医学实验仪器分析、生物化学、细胞生物学、医学遗传学、临床疾病概要、分子生物学。

专业核心课程：医学实验室管理、动物实验技术、生物大分子分离与纯化技术、细胞工程技术与应用、分子诊断技术、医学微生物技术、医学免疫技术、组织学实验技术、生物产品质量保证、生物产品质量控制。

实习实训：对接真实职业场景或工作情境，在校内外进行分子诊断、细胞工程技术、生物大分子分离与纯化、动物实验、生物产品质量控制等实训。在医院实验室、医疗科研机构、医学生物技术企业等单位进行岗位实习。

职业类证书举例

职业资格证书：卫生专业技术资格

接续专业举例

接续专业硕士学位授予领域举例：暂无

接续硕士学位二级学科举例：生物化学与分子生物学

专业代码　320504

专业名称　口腔医学技术

基本修业年限　四年

职业面向

面向口腔医学技师、口腔修复体制作工（二级）等职业，口腔修复体制作、口腔修复工艺椅旁技术服务、口腔修复工艺管理和技术研发等技术领域。

培养目标定位

本专业培养德智体美劳全面发展，掌握扎实的科学文化基础和口腔医学、口腔修复体设计与制作及相关法律法规等知识，具备各种口腔修复体设计与程序化制作、口腔修复体数字化设计与智能化制作等能力，具有敬佑生命、救死扶伤、甘于奉献、大爱无疆的职业精神和信息素养，能够从事口腔修复体设计与制作、口腔修复工艺椅旁技术服务、口腔修复工艺管理和技术研发等工作的高层次技术技能人才。

主要专业能力要求

1. 具有各种口腔修复材料的应用、调配、加工能力；

2. 具备熟练的口腔修复工艺基本技术技能和各种口腔修复体设计与程序化制作的能力；

3. 具有口腔修复体数字化设计与智能化制作的能力；

4. 具有口腔修复工艺椅旁技术和应用信息技术、数字技术开展服务的能力；

5. 具有口腔修复工艺管理、参与技术研发和创新发展的能力；

6. 具有熟练使用、维护各类口腔修复仪器设备的能力；

7. 具有安全生产、质量管理和依照法律法规开展工作的能力；

8. 具有探究学习、终身学习和可持续发展的能力。

主要专业课程与实习实训

专业基础课程： 计算机图形图像处理、口腔医学技术概论、口腔工艺技术基础、口腔解剖生理学、口腔材料学、口腔医学美学、口腔预防保健、口腔设备应用与维护。

专业核心课程： 口腔疾病概要、口腔修复学、固定义齿修复工艺技术、全口义齿修复工艺技术、可摘局部义齿修复工艺技术、种植义齿修复工艺技术、口腔正畸工艺技术、口腔 CAD/CAM 技术（计算机辅助设计与制作）、口腔修复工艺椅旁技术、口腔修复工艺管理。

实习实训：对接真实职业场景或工作情境，在校内外进行固定义齿修复、可摘局部义齿修复、全口义齿修复、口腔修复体数字化设计与智能化制作等综合实训。在口腔医疗机构、义齿加工企业等单位进行岗位实习。

职业类证书举例

职业资格证书：卫生专业技术资格

接续专业举例

接续专业硕士学位授予领域举例：暂无
接续硕士学位二级学科举例：口腔修复工艺学

专业代码　320505
专业名称　放射治疗技术
基本修业年限　四年

职业面向

面向医疗机构肿瘤放射治疗技师职业，医用电子加速器治疗、肿瘤模拟定位、近距离放射治疗及放射治疗计划设计等岗位（群）。

培养目标定位

本专业培养德智体美劳全面发展，掌握扎实的科学文化基础和相关的基础医学、临床医学、放射治疗技术及相关法律法规等知识，具有操作放射治疗设备进行各部位肿瘤放射治疗、使用治疗计划系统（TPS）制作各部位肿瘤放射治疗计划等能力，具有敬佑生命、救死扶伤、甘于奉献、大爱无疆的职业精神和信息素养，能够从事医用电子加速器治疗操作、肿瘤模拟定位操作、近距离放射治疗及放射治疗计划设计等工作的高层次技术技能人才。

主要专业能力要求

1. 具有操作医用电子加速器、TOMO、MRI 加速器、后装治疗机、立体定向放射 γ 刀和 X 刀、质子重离子等放射治疗设备的能力；
2. 具有运用体位固定、模拟定位、呼吸运动管理、影像引导及治疗实施等各种放射治疗技术，执行放射治疗工作任务的能力；

3. 具有操作 X 线/CT/MRI 等模拟定位机，识别肿瘤相关影像改变，为调整治疗策略提供依据的能力；

4. 具有设计、制定和使用 TPS 的实践操作能力，并能评估、验证和进行放射治疗计划质控的能力；

5. 具有安全防范意识，应用放射防护、急救医学知识处置意外突发情况及遵循相关法律法规的能力；

6. 具有应用放射治疗智能信息网络管理系统进行信息传递、资源共享及大数据分析的能力；

7. 具有放射治疗整体流程的质量保证（QA）和质量控制（QC）能力；

8. 具有探究学习、终身学习和可持续发展的能力。

主要专业课程与实习实训

专业基础课程：人体解剖与组织胚胎学、生理学、病理学、高等数学、临床疾病概要、肿瘤影像诊断、放射生物学、医学影像解剖。

专业核心课程：临床肿瘤学、放射物理与防护、辐射剂量学、放射治疗设备、肿瘤放射治疗、放射治疗计划、放射治疗技术学、医学影像技术、医学影像图像处理。

实习实训：对接真实职业场景或工作情境，在校内外进行各部位肿瘤外照射治疗技术、各部位肿瘤模拟定位、近距离后装腔内治疗、常见肿瘤计划设计及辐射防护与剂量测量等实训。在三级甲等肿瘤专科医院或二级甲等及以上综合医院肿瘤放射治疗科及放射物理技术科等场所进行岗位实习。

职业类证书举例

职业资格证书：卫生专业技术资格

接续专业举例

接续硕士学位授予领域举例：生物与医学、生物医学工程
接续硕士学位二级学科举例：医学影像技术、生物医学工程

专业代码　320506
专业名称　呼吸治疗技术
基本修业年限　四年

职业面向

面向呼吸治疗师等职业，机械通气、气道管理、重症监护、呼吸康复和呼吸治疗技术应用研究等技术领域。

培养目标定位

本专业培养德智体美劳全面发展，掌握扎实的科学文化基础和基础医学、临床医学、呼吸治疗及相关卫生法律法规等知识，具有呼吸治疗技术监测评估、方案制定和实施、数据信息与技术管理、较强的就业和可持续发展等能力，具有敬佑生命、救死扶伤、甘于奉献、大爱无疆的职业精神和信息素养，能够从事机械通气、气道管理、重症监护、呼吸康复和呼吸治疗技术应用研究等工作的高层次技术技能人才。

主要专业能力要求

1. 具有进行心肺和相关脏器生理与功能的监测及评估的能力，能制定和实施呼吸治疗技术方案；

2. 具有维护呼吸机等相关设备的能力，能保障呼吸机等设备的规范化使用，监测与评估呼吸治疗过程；

3. 具有进行人工气道管理与自然气道维护的个体化计划的制定与实施的能力；

4. 具有重症患者监测与支持技术的能力，能进行氧疗、雾化吸入、气道湿化、气道廓清等呼吸治疗技术方案的制定和实施；

5. 具有完成患者院内外转运或急救中呼吸治疗安全保障工作的能力；

6. 具有呼吸康复管理、指导与咨询的能力，能制定和实施重症患者的呼吸康复方案，能进行戒烟指导和呼吸健康宣教工作；

7. 具有参与复杂呼吸治疗技术策略制定和实施、呼吸治疗技术质量控制，以及参与技术研发和创新发展的能力；

8. 具有信息技术和数字技术应用能力，具有一定的国际视野和跨文化交流能力，能运用法律法规、医学伦理依法从事职业活动；

9. 具有探究学习、终身学习和可持续发展的能力。

主要专业课程与实习实训

专业基础课程：人体解剖学、生理学、病原微生物与免疫学、生物化学、病理与病理生理学、药理学、心肺解剖生理、呼吸治疗药理、临床疾病概要。

专业核心课程：诊断学基础、呼吸系统疾病、呼吸治疗学、呼吸治疗设备、机械通气、重症监护、儿童呼吸治疗、呼吸康复、胸部影像技术、呼吸治疗管理、呼吸治疗科研。

实习实训：对接真实职业场景或工作情境，在校内外进行机械通气、重症监护、呼吸康复、睡眠监测、胸部影像检查等实训。在医疗卫生服务机构的呼吸治疗科（组）、ICU、呼吸科、急诊科、辅助医疗（如肺功能检测、睡眠监测与治疗、支气管镜检查、高压氧治疗等）、康复医疗中心、社区医疗中心等场所进行岗位实习。

职业类证书举例

　　暂无

接续专业举例

　　接续专业硕士学位授予领域举例：暂无

　　接续硕士学位二级学科举例：呼吸治疗、呼吸医学技术

3206　康复治疗类

专业代码　320601
专业名称　康复治疗
基本修业年限　四年

职业面向

面向康复技师等职业，物理治疗、作业治疗、言语治疗等康复治疗等技术领域。

培养目标定位

本专业培养德智体美劳全面发展，掌握扎实的科学文化基础和基础医学、临床医学、康复医学的基础理论及相关卫生法律法规等知识，具备康复评定、运动治疗、物理因子治疗、作业治疗和言语治疗等能力，具有敬佑生命、救死扶伤、甘于奉献、大爱无疆的职业精神和信息素养，能够从事康复治疗工作的高层次技术技能人才。

主要专业能力要求

1. 具有为患者进行运动功能、日常生活活动能力、感知认知和语言言语功能等康复评估的能力，并能根据评估结果制订康复治疗方案；

2. 具有对患者进行常见疾病和功能障碍的运动训练、物理因子治疗以及相关设备的操作和维护等物理治疗的能力；

3. 具有正确选择并实施作业活动分析、日常生活能力训练、生产性活动训练、娱乐休闲活动训练、感知认知训练等作业治疗的能力；

4. 具有对失语症、构音障碍、吞咽功能障碍患者和语言发育迟缓患儿进行康复评估与康复训练的能力；

5. 具有对患者进行推拿、灸法、刮痧、拔罐、药浴、中药熏蒸、传统功法等基本中医康复治疗的能力；

6. 具有运用法律法规、医学伦理依法从事职业活动的能力；

7. 具有利用各种信息资源和数字技术进行技术研发和创新发展的能力；

8. 具有探究学习、终身学习和可持续发展的能力。

主要专业课程与实习实训

专业基础课程：人体解剖学、功能解剖学、生理学、康复医学概论、病理学与病理生理学、人体运动学、人体发育学、诊断学基础、临床疾病概要。

专业核心课程：康复功能评定、神经电生理技术、运动治疗、物理因子治疗、作业治疗、言语治疗、中医康复治疗、康复辅助技术、神经疾病康复、骨骼肌肉疾病康复、内科与外科疾病康复。

实习实训：对接真实职业场景或工作情境，在校内外进行康复功能评定、运动治疗、物理因子治疗、作业治疗、言语治疗、中医康复治疗等实训。在二级甲等及以上医疗机构康复医学科、康复医院（中心）等场所进行岗位实习。

职业类证书举例

暂无

接续专业举例

接续专业硕士学位授予领域举例：暂无

接续硕士学位二级学科举例：康复医学与理疗学、康复治疗技术

专业代码 320602

专业名称 康复辅助器具技术

基本修业年限 四年

职业面向

面向康复辅助技术咨询师、助听器验配师、听力师、假肢师、矫形器师等职业。

培养目标定位

本专业培养德智体美劳全面发展，掌握扎实的科学文化基础和人体结构与功能、康复辅具产品功能与特点、康复辅具服务理念与方法、人机交互设计、材料加工等知识，具备康复辅具综合服务方案设计、项目管理、产品研发设计与制作等能力，具有工匠精神和信息素养，能够从事康复辅具服务管理、康复辅具产品研制等工作的高层次技术技能人才。

主要专业能力要求

1. 具有评估用户康复辅具个性化需求的能力；
2. 具有制定康复辅具技术综合服务方案的能力；
3. 具有组织资源开展编写、申报康复辅具技术项目的能力；
4. 具有开展康复辅具个案工作的能力；
5. 具有使用数字化软件完成康复辅具设计、制作的能力；
6. 具有精益求精、自觉规范个人角色和职责的能力；

7. 具有动态跟踪康复辅具产品和服务最新发展趋势的能力；
8. 具有探究学习、终身学习和可持续发展的能力。

主要专业课程与实习实训

专业基础课程：康复医学、康复辅具认知、康复治疗技术、人体运动学、功能障碍评定、机械电子技术、人机工程学、材料应用与加工。

专业核心课程：康复辅助技术原理与实践、康复辅具评估与咨询、康复辅具服务组织与管理、康复辅具个案工作、康复辅具设计与加工、康复辅具定改制服务、康复辅具数字化制造。

实习实训：对接真实职业场景或工作情境，在校内外进行康复辅具技术综合需求评估及定改制方案制定、康复辅具服务项目的申报与管理、康复辅具结构与外形设计、康复辅具的制作与调试等实训。在医院康复科、康复工程科，民政系统各省级康复辅具技术中心，残联系统康复中心、各级辅助器具（资源）服务中心，康复辅具生产、经销和租赁服务企业，养老机构等场所进行岗位实习。

职业类证书举例

暂无

接续专业举例

接续专业硕士学位授予领域举例：工学
接续硕士学位二级学科举例：生物医学工程

专业代码 320603
专业名称 言语听觉治疗技术
基本修业年限 四年

职业面向

面向康复技师、听力师、助听器验配师等职业，言语康复治疗、听力康复治疗等技术领域。

培养目标定位

本专业培养德智体美劳全面发展，掌握扎实的科学文化基础和言语听觉康复理论及相关法律法规等知识，具备言语障碍、语言障碍、吞咽障碍、听力障碍的康复评定及康复治疗等能力，具有敬佑生命、救死扶伤、甘于奉献、大爱无疆的职业精神和信息素养，能够从事言语功能、语言功能、吞咽功能、听功能康复治疗等工作的高层次技术技能人才。

主要专业能力要求

1. 具有规范采集、记录并分析言语听觉障碍相关资料的能力；
2. 具有操作与维护常用言语听觉康复机械设备和理疗设备的能力；
3. 具有依照言语听觉康复规范和程序实施康复评定、康复治疗的能力；
4. 具有参与言语听觉康复治疗技术研发和创新发展的能力；
5. 具有运用现代信息技术和手段开展言语听觉康复治疗的能力；
6. 具有依照卫生法律法规与康复医学伦理实施言语听觉康复治疗的能力；
7. 具有运用创新思维分析、研究并解决较复杂言语听觉障碍的能力；
8. 具有安全防护、质量管理、突发事件灵活应变与应急处理能力；
9. 具有探究学习、终身学习和可持续发展的能力。

主要专业课程与实习实训

专业基础课程： 人体解剖学、生理学、人体发育学、语音学基础、听力学基础、儿童语言发展、临床疾病概要、言语听觉康复导论、言语科学基础。

专业核心课程： 嗓音障碍康复治疗、构音音韵障碍康复治疗、听功能检测评估、听觉障碍康复治疗、运动性言语障碍康复治疗、儿童语言障碍康复治疗、失语症康复治疗、吞咽障碍康复治疗、语畅障碍康复治疗。

实习实训： 对接真实职业场景或工作情境，在校内外进行言语障碍评估与治疗、语言障碍评估与治疗、吞咽障碍评估与治疗、听力障碍评估与治疗等实训。在各级医疗康复机构、助听器验配机构等单位进行岗位实习。

职业类证书举例

暂无

接续专业举例

接续专业硕士学位授予领域举例： 康复医学与理疗学、特殊教育

接续硕士学位二级学科举例： 医学技术、教育

专业代码 320604

专业名称 儿童康复治疗

基本修业年限 四年

职业面向

面向儿童康复技师等职业，儿童物理治疗、儿童作业治疗、儿童言语治疗、儿童教育康复等技术领域。

培养目标定位

本专业培养德智体美劳全面发展，掌握扎实的科学文化基础和常见儿童疾病功能障碍及评定、儿童康复治疗技术及相关法律法规等知识，具备为患儿实施康复评定、康复治疗、康复指导培训等能力，具有敬佑生命、救死扶伤、甘于奉献、大爱无疆的职业精神和信息素养，能够从事儿童物理治疗、儿童作业治疗、儿童言语治疗、儿童教育康复等工作的高层次技术技能人才。

主要专业能力要求

1. 具有采集整理患儿相关障碍信息、评定患儿功能障碍、制订康复治疗计划和方案的能力；

2. 具有为患儿实施物理治疗、作业治疗、言语治疗、心理治疗等康复治疗的能力；

3. 具有对患儿家属或相关人员进行儿童康复指导培训、为出院患儿提出康复指导建议的能力；

4. 具有一定的社区残疾儿童管理、社区儿童康复工作指导的能力；

5. 具有提供儿童辅助器具应用方面的技术指导和咨询服务的能力；

6. 具有运用信息技术创新思维分析、参与技术研发并解决复杂儿童康复问题的能力；

7. 具有依照卫生法律法规和康复治疗伦理实施儿童康复治疗的能力；

8. 具有探究学习，终身学习和可持续发展的能力。

主要专业课程与实习实训

专业基础课程：人体解剖学、生理学、病理学、人体发育学、人体运动学、诊断学、儿科学、康复医学概论、儿童发展心理学。

专业核心课程：儿童康复评定、儿童物理治疗、儿童作业治疗、儿童言语治疗、儿童辅具技术应用、中医儿童康复、儿童康复心理治疗、引导式教育、儿童神经疾病康复、儿童肌肉骨骼疾病康复、儿童临床疾病康复。

实习实训：对接真实职业场景或工作情境，在校内外进行儿童康复评定、物理治疗、作业治疗、言语治疗、心理治疗等实训。在各级医院、康复中心、儿童福利机构、妇幼保健院等单位进行岗位实习。

职业类证书举例

    暂无

接续专业举例

    接续硕士学位授予领域举例：暂无

    接续硕士学位二级学科举例：康复医学与理疗学、康复治疗技术

3207 公共卫生与卫生管理类

专业代码 320701

专业名称 公共卫生管理

基本修业年限 四年

职业面向

面向基层公务员等职业，公共卫生服务管理、公共卫生应急与监督管理、疾病预防控制管理等岗位（群）。

培养目标定位

本专业培养德智体美劳全面发展，掌握扎实的科学文化基础和公共卫生服务管理内容和实施评价方法、公共卫生项目和行政事务管理方法、突发公共卫生事件应急处置与监督管理方法、疾病预防控制管理方法、健康教育与健康促进及相关法律法规等知识，具有开展公共卫生服务管理、应对突发公共卫生事件、卫生监督监测、疾病预防控制、健康教育与健康促进等能力，具有敬佑生命、救死扶伤、甘于奉献、大爱无疆的职业精神和信息素养，能够从事公共卫生服务管理、公共卫生应急与监督管理、疾病预防控制管理等工作的高层次技术技能人才。

主要专业能力要求

1. 具有开展公共卫生服务管理的能力，能够开展各项公共卫生服务项目管理工作；

2. 具有开展突发公共卫生事件应急处置工作和现场流行病学调查的能力；

3. 具备运用法律法规和行业规范，开展医疗机构医院感染控制管理和各类公共卫生场所卫生监测与监督的能力；

4. 具有开展疾病分布及其影响因素的调查与分析，并制定预防控制措施，开展疾病预防控制管理的能力；

5. 具有面向不同群体在社区、学校和医院等场所开展健康教育与健康促进的能力；

6. 具有开展公共卫生专业机构行政事务管理的能力；

7. 具有在突发公共卫生事件现场处置和监督工作中做好安全防护的能力；

8. 具有适应公共卫生产业大数据收集、整理和分析等数字化发展需求的基本数字技能，具有参与技术研发和创新发展的能力；

9. 具有探究学习、终身学习和可持续发展的能力。

主要专业课程与实习实训

    专业基础课程：基础医学概论、临床疾病概要、传染病学、管理学基础、流行病学基础、卫生统计学、卫生法学、卫生经济学、社会医学。

    专业核心课程：公共卫生学、社区公共卫生服务管理、卫生项目管理、卫生事业管理、现场流行病学调查技术、卫生应急管理、卫生监督、医院感染控制管理、健康教育与健康促进、基本公共卫生服务。

    实习实训：对接真实职业场景或工作情境，在校内外进行公共卫生服务管理、突发公共卫生应急管理与卫生监督监测管理、流行病学现场调查、卫生健康信息管理与统计、疾病预防控制管理等实训。在社区卫生服务中心、疾病预防控制中心、二级以上甲等综合医院、基层卫生行政机构等单位进行岗位实习。

职业类证书举例

    暂无

接续专业举例

    接续专业硕士学位授予领域举例：公共卫生
    接续硕士学位二级学科举例：暂无

专业代码   320702
专业名称   职业卫生工程技术
基本修业年限   四年

职业面向

    面向职业卫生管理工程技术人员、职业卫生工程技术人员、卫生工程技师等职业，职业卫生管理、职业危害治理、职业卫生工程防护等技术领域。

培养目标定位

    本专业培养德智体美劳全面发展，掌握扎实的科学文化基础和工作场所各类职业危害因素辨识与采样检测、职业卫生工程防护及相关法律法规和技术标准等知识，具备职业卫生管理、职业病危害事故应急救援、职业危害治理等能力，具有工匠精神和信息素养，能够从事职业卫生管理、工作场所职业危害治理、职业卫生防护工程设计、职业病危害事故应急处置等工作的高层次技术技能人才。

主要专业能力要求

1. 具有依据相关法律法规从事企业职业卫生管理工作的能力，能开展计划、组织、实施、检查、改进企业职业健康工作；

2. 具有开展现场隐患排查、提出整改措施的能力；

3. 具有职业病危害事故应急救援、危险有害物质现场应急处置等能力；

4. 具有制定科学合理的现场采样、检测和调查方案，并正确分析检测结果的能力；

5. 具有针对工作场所职业危害提出具体的工程防护措施指导意见，正确评价职业卫生工程防护措施实施效果的能力；

6. 具有制定、落实、评估与改进工作场所职业危害治理方案，设计职业卫生防护工程的能力；

7. 具有一定的职业卫生防护产品/技术研发、创新设计、筛选评价、推广应用等信息技术能力；

8. 具有探究学习、终身学习和可持续发展的能力。

主要专业课程与实习实训

专业基础课程：职业卫生与职业医学、卫生统计学、化学分析检验基础、流体力学、工程制图、职业安全卫生法规实务、职业危害因素辨识与防控概论。

专业核心课程：工业通风与除尘、噪声与振动控制工程、工业防毒技术、辐射防护技术、个体防护技术、职业健康监护与管理、企业突发事件应急管理、职业卫生评价。

实习实训：对接真实职业场景或工作情境，在校内外进行工作场所职业危害因素现场采样、职业危害因素现场检测、事故应急处置与救援等实训。在职业病危害严重的生产经营单位、疾病预防控制中心、职业病防治院所、职业卫生技术服务机构等单位进行岗位实习。

职业类证书举例

职业资格证书：注册安全工程师

接续专业举例

接续专业硕士学位授予领域举例：资源与环境
接续硕士学位二级学科举例：安全科学与工程、环境科学与工程

专业代码　320703
专业名称　职业病危害检测评价技术
基本修业年限　四年

职业面向

面向卫生工程技师、公卫检验技师、注册安全工程师等职业，职业病防治、疾病预防控制、职业卫生技术服务等技术领域。

培养目标定位

本专业培养德智体美劳全面发展，掌握扎实的科学文化基础和医学基础、职业卫生、检测检验、职业健康风险评估及相关法律法规和技术标准等知识，具备职业病危害识别、检测及评价、控制与治理等能力，具有敬佑生命、救死扶伤、甘于奉献、大爱无疆的职业精神和信息素养，能够从事职业病危害因素检测与评价、职业卫生管理等工作的高层次技术技能人才。

主要专业能力要求

1. 具有检测与分析技能，能够完成职业病危害识别，化学及物理、生物等采样检测，检测报告编制等工作；

2. 具有职业病危害评价技能，能够开展职业病危害预评价及控制效果评价、现状评价、评价报告编制等工作；

3. 具有检测检验仪器操作及分析技术技能，能够完成样品预处理、实验室理化检测、检验结果分析等工作；

4. 具有职业卫生管理能力，能够参与职业健康监护、风险排查、现场管理等工作；

5. 具有风险评估、工程分析及危害控制技能，能够参与通风除尘、排毒净化、噪声治理与风险评估工作；

6. 具有应急预案编制及组织实施能力，能够参与职业病危害事故调查、处理、应急救援工作；

7. 具有数字化素养和职业健康技术领域数字化应用能力；

8. 具有探究学习、终身学习和可持续发展的能力。

主要专业课程与实习实训

专业基础课程： 分析化学、基础医学概论、工业毒理学、临床疾病概要、职业卫生法律法规、仪器分析、工业工程概论、流行病学、卫生统计学、预防医学。

专业核心课程： 职业卫生与职业医学、职业病危害因素检测技术、职业卫生工程控制技术、职业病危害评价技术、卫生理化检验技术、放射卫生检测与评价、公共卫生应急管理、职业卫生管理、职业健康风险评估、卫生信息大数据。

实习实训： 对接真实职业场景或工作情境，在校内外进行分析化学及仪器分析、职业病危害因素检测技术、卫生理化检验技术、职业病危害评价技术等实训。在职业病防治院所、疾病预防控制中心、职业卫生技术服务机构等单位进行岗位实习。

职业类证书举例

　　职业资格证书：注册安全工程师

接续专业举例

　　接续专业硕士学位授予领域举例：公共卫生、临床医学、安全工程

　　接续硕士学位二级学科举例：公共卫生与预防医学、医学技术、安全科学与工程

3208　健康管理与促进类

专业代码　320801
专业名称　健康管理
基本修业年限　四年

职业面向

　　面向健康管理师、公共营养师等职业，健康体检、慢性病健康管理、养生保健服务、卫生行政管理等岗位（群）。

培养目标定位

　　本专业培养德智体美劳全面发展，掌握扎实的科学文化基础和临床医学、预防医学、中医学、公共卫生、健康管理学及卫生法律法规等知识，具备健康信息数据分析及应用、健康监测与风险评估、健康干预方案制定及健康指导等能力，具有敬佑生命、救死扶伤、甘于奉献、大爱无疆的职业精神和信息素养，能够从事健康评估与服务规划、智慧健康技术应用与生产等工作的高层次技术技能人才。

主要专业能力要求

　　1. 具有进行健康信息数据采集、统计、分析及应用，建立并管理健康档案的能力；

　　2. 具有协助医疗卫生工作人员开展慢性病病人管理、非医疗性疾病管理并制定管理计划的能力；

　　3. 具有利用健康管理系统进行健康监测、健康风险评估的能力，能够对健康管理效果进行评估；

　　4. 具有实施健康干预方案，进行营养与保健指导、运动康复指导、健康教育与培训的能力；

　　5. 具有一定的健康技术与产品研发、健康技术与产品应用指导、客户服务与管理的能力，具备对需求者进行健康咨询与指导、健康随访的能力；

　　6. 具有利用卫生法律法规、行业标准对健康管理过程进行质量监督，开展卫生行政监督与管理的能力；

　　7. 具备健康服务产业发展需要的基本数字技能，具有绿色生产、安全防护等意识，具备参与健康新技术、新工艺研发的能力；

　　8. 具有探究学习、终身学习和可持续发展的能力。

主要专业课程与实习实训

专业基础课程： 管理学基础、基础医学概论、中医学基础、预防医学概论、健康心理学、社会调查与研究方法、公共卫生、社会医学。

专业核心课程： 健康管理概论、临床疾病概要、常见健康问题及处理、健康综合监测技术、健康风险评估技术、数字化健康信息管理技术、健康教育与促进、养生保健技术、健康服务规划与评价、卫生事业管理。

实习实训： 对接真实职业场景或工作情境，在校内外进行健康信息数据采集及分析、健康监测与风险评估、健康干预方案制定等实训。在疾病预防控制中心、健康体检中心、医疗卫生机构、健康管理公司等单位进行岗位实习。

职业类证书举例

职业技能等级证书： 幼儿照护、母婴护理、体重管理、老年照护、运动营养咨询与指导、医养个案管理

接续专业举例

接续专业硕士学位授予领域举例： 公共管理
接续硕士学位二级学科举例： 健康管理、健康管理学、健康教育与健康促进

专业代码 320802
专业名称 婴幼儿发展与健康管理
基本修业年限 四年

职业面向

面向保育师、健康照护师等职业，婴幼儿①保育、卫生保健、机构管理等岗位（群）。

培养目标定位

本专业培养德智体美劳全面发展，掌握扎实的科学文化基础和婴幼儿生理学、发展心理学、卫生保健、营养喂养、急救护理等知识，具备婴幼儿回应性照料、游戏活动设计与实施、婴幼儿观察与评估、伤害预防与处理、疾病识别与护理、照护者指导与咨询、机构创立与管理等能力，具有敬佑生命、甘于奉献、大爱无疆的职业精神和信息素养，能够从事婴幼儿的生活照料、学习支持、安全保障、健康管理、合作共育以及婴幼儿照护机构建设管理等工作的高层次技术技能人才。

---

① 注：本文中婴幼儿特指 3 岁以下婴幼儿。

主要专业能力要求

1. 具有婴幼儿回应性照料、生活卫生习惯培养、照料策略评估与改进等能力；

2. 具有支持性环境创设、游戏活动设计实施与改进、婴幼儿观察评估、婴幼儿发展异常初步识别与转介等能力；

3. 具有婴幼儿风险规避、生活过程看护、安全教育、伤害处理、应急救援等能力；

4. 具有强健婴幼儿体质，健康观察、晨午晚检与儿保检查，常见病早期识别、预防与初步护理，健康行为异常初步识别与重点观察等能力；

5. 具有家园共育、社区共建、婴幼儿养育指导与咨询等能力；

6. 具有婴幼儿照护机构创立、区域规划、经营决策、领导控制、制度建设、组织管理等能力；

7. 具有对婴幼儿照护事业的强烈使命感和责任感，具有贯彻执行党和国家有关婴幼儿照护方针政策和法律法规的能力；

8. 具有良好的数字化应用、组织管理、沟通协调、反思实践、分析与解决问题的能力；

9. 具有参与制定技术规程与技术方案的能力，具有参与技术研发和创新发展的能力；

10. 具有探究学习、终身学习和可持续发展的能力。

主要专业课程与实习实训

专业基础课程：婴幼儿照护政策法规与职业伦理、婴幼儿生理学、婴幼儿发展心理学、婴幼儿营养与喂养、婴幼儿学习与发展、婴幼儿卫生与保健、婴幼儿合作共育、婴幼儿照护机构管理概论。

专业核心课程：婴幼儿回应性照料、婴幼儿照护机构环境创设、婴幼儿游戏活动设计实施、婴幼儿观察与评估、婴幼儿伤害预防与急救、婴幼儿常见病预防与护理、婴幼儿养育指导、婴幼儿照护机构建设管理实务。

实习实训：对接真实职业场景或工作情境，在校内外进行婴幼儿生活照料、婴幼儿学习支持、婴幼儿观察评估、婴幼儿卫生保健、婴幼儿急救护理、婴幼儿合作共育、婴幼儿照护机构建设管理等实训。在婴幼儿托育、妇幼保健、幼儿园、儿童早期发展服务、婴幼儿家庭指导与咨询服务等单位进行岗位实习。

职业类证书举例

职业技能等级证书：幼儿照护

接续专业举例

接续专业硕士学位授予领域举例：公共管理、教育、社会工作

接续硕士学位二级学科举例：社会医学与卫生事业管理、学前教育学、发展与教育

心理学

专业代码 320803

专业名称 医养照护与管理

基本修业年限 四年

职业面向

面向健康照护师、老年人能力评估师等职业，老年人综合评估、老年人健康照护、老年人疾病管理、医养结合机构运营与管理等技术领域。

培养目标定位

本专业培养德智体美劳全面发展，掌握扎实的科学文化基础和老年人生活照护、慢性病管理、康复保健、活动组织策划、机构运营管理及相关法律法规等知识，具备老年人综合评估、老年人健康照护、安宁疗护、医养结合结构运营与管理等能力，具有敬佑生命、救死扶伤、甘于奉献、大爱无疆的职业精神及信息素养，能够从事老年人健康照护、老年人疾病管理、医养结合机构运营与管理等工作的高层次技术技能人才。

主要专业能力要求

1. 具有准确进行老年人健康评估、老年人能力评估、老年人需求评估的能力；

2. 具有熟练运用综合评估结果制定照护计划、指导实施照护方案的能力；

3. 具有熟练运用老年医学、护理、康复等相关基础知识对老年人常见病、多发病进行监测和管理以及应急救护的能力；

4. 具有根据老年人健康状况开展中医养生保健、康体指导、预防保健、健康教育等的能力；

5. 具有对老年人健康风险进行评估和分析，对健康危险因素进行干预的能力；

6. 具有对临终老年人进行症状控制，提供舒适照护及心理支持和人文关怀等安宁疗护的能力；

7. 具有运用现代信息技术对医养结合机构、老年服务机构等进行运营管理和安全风险防范的能力；

8. 掌握相关专业法律法规，具有依法从事医养照护与管理工作的能力；

9. 具有在医养照护与管理领域参与技术研发和创新发展的能力；

10. 具有探究学习、终身学习和可持续发展的能力。

主要专业课程与实习实训

    专业基础课程：基础医学概论、健康评估、临床疾病概要、健康管理学、社会医学、卫生事业管理学、中医学基础、管理学基础、老年康复医学、养老保险理论与政策。

    专业核心课程：老年人能力评估、基础照护知识与技能、慢性病管理、老年心理学、医养结合机构运营与管理、中医适宜技术、老年营养与膳食指导、老年人安全护理与风险管理、安宁疗护、老年活动组织与策划。

    实习实训：对接真实职业场景或工作情境，在校内外进行老年人能力评估、老年人生活照护、医养结合机构运营与管理、中医适宜技术、康复理疗等实训。在医养结合机构、康复医院、护理院、养老机构、社区和居家养老服务中心等单位进行岗位实习。

职业类证书举例

    职业技能等级证书：老年照护、老年护理服务需求评估、失智老年人照护

接续专业举例

    接续专业硕士学位授予领域举例：公共管理

    接续硕士学位二级学科举例：社会医学与卫生事业管理

3209 眼视光类

专业代码 320901

专业名称 眼视光技术

基本修业年限 四年

职业面向

面向眼镜验光员、眼镜定配工等职业，眼保健、验光、眼视光特检、接触镜验配、儿童青少年近视防控、视觉训练与康复、眼镜定配、眼镜营销与管理等岗位（群）。

培养目标定位

本专业培养德智体美劳全面发展，掌握扎实的科学文化基础和光学、眼保健、视光学基础理论及相关法律法规等知识，具备运用现代技术和手段进行验光配镜、儿童青少年近视防控、视觉训练与康复、各种眼镜加工与质检等能力，具有工匠精神和信息素养，能够从事眼保健、眼屈光检查与矫正、眼视光特检、接触镜验配、近视防控、视觉训练与康复、眼镜定配、眼镜营销与眼镜店管理等工作的高层次技术技能人才。

主要专业能力要求

1. 具有眼部健康检查与视觉质量咨询与指导的能力；

2. 具有验光前相关检查、常规主客观验光、特殊患者验光和开具验光处方的能力；

3. 具有接触镜验配前检查、不同类型软硬性接触镜验配、接触镜常见并发症甄别的能力；

4. 具有眼科检查、视功能检查、对所使用的常规仪器设备进行调试和维护保养的能力；

5. 具有近视防控科普宣传、近视防控方案制定和防控手段实施的能力；

6. 具有运用数字化技术进行双眼视功能检查分析、低视力助视器验配及斜视、弱视、非斜视性双眼视觉功能异常的康复训练的能力；

7. 具有眼镜加工、整形、校配和按照国家标准进行质量检测的能力；

8. 具有眼镜营销、营销方案制定和眼镜店管理的能力；

9. 具有探究学习、终身学习和可持续发展的能力。

主要专业课程与实习实训

专业基础课程： 医学基础概论、眼应用光学基础、眼镜光学技术、眼科学基础、眼屈光基础、眼镜材料与工艺、双眼视基础、眼视光常用仪器设备。

专业核心课程：眼科与视功能检查、验光技术、眼镜定配技术、接触镜验配技术、双眼视功能检查分析与处理、眼视光特检技术、斜视与弱视临床技术、儿童青少年近视防控技术、低视力评估与康复技术、眼镜营销与眼镜店管理。

实习实训：对接真实职业场景或工作情境，在校内外进行眼屈光检查与矫正、接触镜验配、儿童青少年近视防控、视觉训练与康复、眼镜定配等实训。在眼镜零售企业、综合医院、眼科医院、眼视光中心或诊所、低视力验配康复中心等单位进行岗位实习。

职业类证书举例

暂无

接续专业举例

接续专业硕士学位授予领域举例：临床医学

接续硕士学位二级学科举例：医学技术

33 财经商贸大类

3301 财政税务类

专业代码 330101
专业名称 财税大数据应用
基本修业年限 四年

职业面向

面向企事业单位财税核算与管理、财税代理与共享服务、财税顾问与决策咨询、政府财税收支核算与管理、财税大数据系统及财税机器人应用与开发等岗位（群）。

培养目标定位

本专业培养德智体美劳全面发展，掌握扎实的科学文化基础和系统的经济管理、财政税收、财务会计、业财管理与大数据等知识，具备大数据思维和大数据工具应用能力、财税业务核算与管理能力及智能化财税技术开发与应用等能力，具有为国聚财的家国情怀、使命担当和精益求精的工匠精神，能够从事财税核算与管理、纳税检查与鉴证、纳税筹划、财税共享服务、财税顾问与决策咨询、政府会计、财税数据分析、财税机器人应用与开发等工作的高层次技术技能人才。

主要专业能力要求

1. 具有运用经济学、财政学、大数据与统计、税法和经济法等方面的系统理论知识分析和解决财税业务问题的能力；

2. 具有按照财税管理业务流程和规范进行财税会计核算、财务管理及咨询服务的能力；

3. 具有办理所得税汇算清缴、纳税检查和税务鉴证的能力；

4. 具有一定的纳税筹划、财税咨询、税务风险预警和控制的能力；

5. 具有依法维护纳税人合法权益的法律事务处理的能力；

6. 具有熟练应用 Python 技术与 Excel、BI 数据可视化分析等工具进行财税数据分析的信息技术能力；

7. 具有熟练运用财税机器人进行日常财税业务操作和编程设计的能力；

8. 具有探究学习、终身学习和可持续发展的能力。

主要专业课程与实习实训

  专业基础课程：经济学原理、财政学原理、会计基础、税法、企业财务会计、智能化财务管理、统计与经济计量学基础、大数据技术在财务中的应用。

  专业核心课程：智能化税务会计、大数据税务风险防控、智能化税务管理、企业财税顾问、政府会计、政府采购理论与实务、财税大数据分析、财税机器人应用与开发。

  实习实训：对接真实职业场景或工作情境，在校内外进行财税核算、财税咨询、财务共享、税收管理、财税大数据分析、智能财税工具运用等实训。在各类企业单位、财税服务机构、财务共享中心、行政事业单位和政府财税机关等单位（场所）进行岗位实习。

职业类证书举例

  职业资格证书：会计专业技术资格、经济专业技术资格

  职业技能等级证书：智能财税、财务共享服务、金税财务应用

接续专业举例

  接续专业硕士学位授予领域举例：税务、会计、审计

  接续硕士学位二级学科举例：财政学（含：税收学）、会计学、企业管理（含：财务管理）

3302 金融类

专业代码 330201
专业名称 金融管理
基本修业年限 四年

职业面向

面向货币金融服务、资本市场服务以及其他金融业的银行服务、证券服务等岗位（群）。

培养目标定位

本专业培养德智体美劳全面发展，掌握扎实的科学文化基础和较为系统的经济金融基础理论、金融法律法规与风险管理、金融业务处理、证券投资分析等知识，具备较强的金融综合业务操作、金融投资业务咨询、金融风险识别与防范等能力，具有工匠精神和信息素养，能够从事银行等金融机构授信业务管理、银行网点柜面综合业务操作处理、理财规划与投资咨询分析等工作的高层次技术技能人才。

主要专业能力要求

1. 具有银行、证券、投资等专业基础理论与经济金融法律法规知识整合与综合运用的能力；

2. 具有金融机构授信业务调查、审查与检查、业务管理与催收、客户信用分析的能力；

3. 具有金融产品营销市场调研与分析、营销方案设计、数字化营销、客户关系维护的能力；

4. 具有金融企业存贷款业务、结算业务、往来业务规范核算处理的能力；

5. 具有客户财务分析、财富规划方案设计、智能投顾综合应用的能力；

6. 具有证券投资行业分析、上市公司分析、投资工具价值评估、投资组合构建的能力；

7. 具有金融业务领域大数据分析、区块链应用设计与分析、风险识别与防范的能力；

8. 具有绿色生产、环境保护、安全防护、质量管理的能力；

9. 具有探究学习、终身学习和可持续发展的能力。

主要专业课程与实习实训

专业基础课程：经济学原理、金融学概论、会计基础与实务、金融职业技能、金融科技基础、管理学基础、投资学原理、保险学原理、经济金融法律法规、金融职业道德。

专业核心课程：银行授信业务、金融产品营销、金融企业会计、银行网点柜面业务、个人财富管理、金融企业经营管理、金融风险管理、证券投资分析、金融大数据处理、区块链金融。

实习实训：对接真实职业场景或工作情境，在校内外进行货币反假、传票录入、服务礼仪等金融职业技能训练、存贷款与支付结算实训、金融产品营销技巧训练、客户理财方案设计、金融数据分析处理与业务上链场景设计等综合实训。在银行、证券等单位进行岗位实习。

职业类证书举例

职业资格证书：银行业专业人员职业资格、证券期货基金业从业人员资格、会计专业技术资格

职业技能等级证书：金融智能投顾、金融产品数字化营销、金融大数据处理

接续专业举例

接续专业硕士学位授予领域举例：金融

接续硕士学位二级学科举例：金融学

专业代码 330202
专业名称 金融科技应用
基本修业年限 四年

职业面向

面向金融业、软件和信息技术服务业的金融大数据分析、金融数字化营销、区块链金融应用（区块链融资、供应链金融）、数字人民币服务、金融科技应用运维、金融科技应用开发等岗位（群）。

培养目标定位

本专业培养德智体美劳全面发展，掌握扎实的科学文化基础和经济、金融、金融科技应用、Python 程序设计语言及相关法律法规等知识，具备适应金融产业数字化发展需求的大数据分析、业务上链、应用技术运维等能力，具有工匠精神和信息素养，能够从事金融大数据分析师、金融科技应用产品经理、金融数字营销师、金融科技应用运维工程师、金融科技应用开发工程师等工作的高层次技术技能人才。

主要专业能力要求

1. 具有适应金融产业数字化发展需求的应用技术运维、大数据分析的能力；
2. 具有大数据客户画像、精准营销、市场拓展、活动策划等数字化营销的能力；
3. 具有金融数据建模、数据挖掘、数据分析的能力；
4. 具有区块链搭链、智能合约开发与部署、数字货币编程的能力；
5. 具有业务系统的审核部署、运行维护、优化的能力；
6. 具有商业需求分析、产品研发、技术规程与技术方案设计的能力；
7. 具有借助工具实施金融科技风险控制的能力；
8. 具有技术研发、科技成果或实验成果转化的研究和创新发展的能力；
9. 具有探究学习、终身学习和可持续发展的能力。

主要专业课程与实习实训

专业基础课程：经济学、金融学、会计学、统计学、证券投资学、个人理财、数据库系统原理、Python 程序设计语言、金融科技应用基础。

专业核心课程：数据仓库与数据挖掘、金融大数据分析、区块链金融应用设计、供应链金融、数字货币应用、金融科技应用产品设计、金融数字化营销、金融科技应用法律法规、金融科技应用风险控制与监管。

实习实训：对接真实职业场景或工作情境，在校内外进行金融大数据分析、区块链金融应用操作、供应链金融应用、数字人民币服务管理等实训。在金融机构相关部门、金融科技企业等单位进行岗位实习。

职业类证书举例

职业资格证书：银行业专业人员职业资格、证券期货基金业从业人员资格

接续专业举例

接续专业硕士学位授予领域举例：金融

接续硕士学位二级学科举例：金融学、计算机应用技术

专业代码 330203
专业名称 保险
基本修业年限 四年

职业面向

面向保险专业人员、保险服务人员等职业，销售管理、综合内勤、投资理财、内控

合规、培训管理等岗位（群）。

培养目标定位

本专业培养德智体美劳全面发展，掌握扎实的科学文化基础和保险业务、保险中介业务、保险投资、风险管理等知识，具备保险业务处理、数据分析、风险评估、团队协作等能力，具有工匠精神和信息素养，能够从事客户管理、承保理赔、基层管理、投资理财、内控合规等工作的高层次技术技能人才。

主要专业能力要求

1. 具有开展保险销售、承保、理赔、保全、保险经纪、保险公估等业务的能力；
2. 具有开拓市场、客户管理、创新渠道、质量管理的能力；
3. 具有保险事故现场查勘、保险标的定损、损失理算以及做好理赔后续服务工作的能力；
4. 具有保险业务风险识别、风险控制、规范保险销售、业务操作和投诉处理的能力；
5. 具有为客户量身定制保险投资方案、理财规划、信用评估、法律风控、风险评估、投后管理的能力；
6. 具有保险数据分析处理、开展互联网保险业务和保险科技应用的信息技术能力；
7. 具有团队管理、运营合作、培训新业务和新员工的能力；
8. 具有研究和创新发展的能力；
9. 具有探究学习、终身学习和可持续发展的能力。

主要专业课程与实习实训

专业基础课程：经济学原理、金融学原理、保险学原理、统计学原理、投资学原理、经济法、管理学原理、人工智能概论、金融大数据分析与应用、保险医学基础。

专业核心课程：财产保险、人身保险、社会保险、保险投资、护理保险、保险会计、金融风险管理、保险法律法规与保险监管、保险科技应用、区块链金融、保险公司经营管理。

实习实训：对接真实职业场景或工作情境，在校内外进行展业、承保、理赔、保全、投资理财、风险评估、保险数据分析、保险科技应用等实训。在商业保险公司、互联网保险行业、保险中介机构、资产管理公司等单位（场所）进行岗位实习。

职业类证书举例

职业资格证书：精算师
职业技能等级证书：人身保险理赔、健康财富规划、交通事故查勘估损与理赔

接续专业硕士学位授予领域举例：保险、金融
接续硕士学位二级学科举例：金融学

专业代码　330204
专业名称　信用管理
基本修业年限　四年

职业面向

面向信用风险控制经理、信用评估分析师、信贷审核与贷后管理经理、征信数据分析师、金融机构客户服务与产品营销经理等职业。

培养目标定位

本专业培养德智体美劳全面发展，掌握扎实的科学文化基础和信用经济学、信用管理学、金融学等知识，具备信用风险控制与管理、征信数据分析、企业应收账款管理、金融机构客户服务与信用产品营销等能力，具有工匠精神和信息素养，能够从事信用分析、评估和管理等工作的高层次技术技能人才。

主要专业能力要求

1. 具有运用现代经济学、金融学与风险管理等方面基本技能，分析解决实际问题的能力；

2. 具有进行企业信用评级，能胜任企业信用管理部门商情、授信、商账和外勤等各岗位基本工作的能力；

3. 具有操作消费者信用管理业务、企业信用管理业务的能力；

4. 具有信用调查分析与评估、信用数据处理、信用风险控制、信贷审核、信用风险评估的能力；

5. 具有信用管理数字技能，掌握信息技术基础知识、专业信息技术，信用管理领域数字化的能力；

6. 具有计算机、互联网、人工智能、区块链的应用能力，具备信用管理专业必需的信息技术应用的能力；

7. 具有与信用管理专业相关的国家法律、行业规定、绿色生产、环境保护、安全防护、质量管理等相关岗位的能力；

8. 具有探究学习、终身学习和可持续发展的能力。

主要专业课程与实习实训

专业基础课程：经济学原理、金融学概论、统计学原理、会计学原理、经济法、信用经济学、信用管理学、计量经济分析。

专业核心课程：消费者信用管理、企业信用管理、资产评估、公司金融、金融风险管理、大数据财务分析、大数据征信、智能信用评级。

实习实训：对接真实职业场景或工作情境，在校内外进行企业信用管理、信用大数据分析、智能信用评级等实训。在政府、企事业单位校外实习基地、校内虚拟仿真实习基地等场所进行岗位实习。

职业类证书举例

职业资格证书：银行业专业人员职业资格、证券期货基金业从业人员资格、经济专业技术资格

职业技能等级证书：企业信用管理、金融大数据处理

接续专业举例

接续专业硕士学位授予领域举例：金融、保险、应用统计、资产评估

接续硕士学位二级学科举例：金融学（含保险学）、统计学、信用管理、数量经济学、国民经济学、区域经济学、财政学（含税收学）、国际贸易学、产业经济学、政治经济学、西方经济学、世界经济

3303　财务会计类

专业代码　330301
专业名称　大数据与财务管理
基本修业年限　四年

职业面向

面向政府机关、企事业单位、会计与税务中介服务机构的资金管理、全面预算管理、成本管理、税务管理、风险管理、财务大数据处理与分析、财务机器人应用与开发等财务管理岗位（群）。

培养目标定位

本专业培养德智体美劳全面发展，掌握扎实的科学文化基础和较为系统的财税、金融、管理以及大数据、人工智能等知识，具备财税管理、业财一体流程管控、新信息技术应用等能力，具有工匠精神和信息素养，能够从事投融资管理、预算管理、成本管理、税务管理、绩效管理、财务机器人应用与开发、财务大数据分析、风险控制等工作的高层次技术技能人才。

主要专业能力要求

1. 熟悉国家财务与税收等法律规定，以及绿色生产、环境保护、安全防护、质量管理的能力；

2. 具有扎实的科学与人文素养，熟练使用 Excel 等办公软件，具有良好的表达和沟通、团队协作的能力；

3. 学习一门外语并结合专业加以运用，具有一定的国际视野和跨文化交流的能力；

4. 熟悉财政和金融相关知识，了解资本市场和经济发展趋势，具有运用统计、大数据等技术与方法进行数据处理的能力；

5. 具有财务核算、成本管理与分析，以及税费计算与申报、税务风险管理、纳税筹划的能力；

6. 具有预算编制与执行、营运资金管理、投融资管理、绩效管理、内部会计控制、财务风险管理的能力；

7. 掌握业务财务、共享财务、财务机器人等新知识，具有财务新技术开发与应用等创新发展的能力；

8. 能够对企业业财一体化处理流程进行优化，具备会计信息系统运维，制定解决方案、提供中高端服务的能力；

9. 具有探究学习、终身学习和可持续发展的能力。

主要专业课程与实习实训

专业基础课程：经济学原理、管理学基础、会计基础、财政与金融、统计与计量经济学基础、经济法、财务会计、大数据技术在财务中的应用、数据库基础、财经应用文写作。

专业核心课程：智能化成本核算与管理、纳税实务、智能财务共享实务、会计信息系统应用、财务机器人应用与开发、财务管理、预算与绩效管理、内部控制与风险管理、财务大数据分析。

实习实训：对接真实职业场景或工作情境，在校内进行业务财务、共享财务、智能财税、预算管理、风险管理、内部控制、财务大数据处理等实训。在学校生产性实训基地、合作企业等单位进行岗位实习。

职业类证书举例

职业资格证书：会计专业技术资格、证券期货基金业从业人员资格、审计专业技术资格

职业技能等级证书：智能财税、财务数字化应用、数字化管理会计

接续专业举例

接续专业硕士学位授予领域举例：会计、审计、税务、工商管理
接续硕士学位二级学科举例：工商管理

专业代码　330302
专业名称　大数据与会计
基本修业年限　四年

职业面向

面向政府机关、企事业单位和中介机构的会计、税务、审计和管理咨询等岗位（群）。

培养目标定位

本专业培养德智体美劳全面发展，掌握扎实的科学文化基础和较为系统的会计基础理论等知识，具备一定财务大数据分析管理技术技能，大数据技术应用、业财一体程序设计、会计、税务与审计业务处理等能力，具有工匠精神和信息素养，能够从事较为复

杂的会计核算与监督、数据分析、管理咨询等工作的高层次技术技能人才。

主要专业能力要求

1. 具有支撑大数据与会计专业学习和可持续发展必备的文化基础知识、扎实的科学素养与人文素养，具备职业生涯规划的能力；

2. 具有法律、会计、税务、审计、信息技术、管理等方面的专业基础理论知识，具有较强的整合知识和综合运用知识的能力；

3. 具有运用大数据技术进行会计、税务、审计业务处理、数据挖掘与分析、业财一体化系统应用与开发和管理决策的能力；

4. 具有适应政府机关、企事业单位数字化发展需求的基本数字技能、业财一体化制度设计以及会计领域数字化转型的能力；

5. 具有良好的语言文字表达能力、沟通合作能力，具有较强的团队合作意识和能力，具有一定的国际视野和跨文化交流的能力；

6. 具有批判性思维、创新思维、创业意识，具有一定的应用研究的能力；

7. 具有探究学习、终身学习和可持续发展的能力。

主要专业课程

专业基础课程：商业伦理与会计职业道德、经济学原理、会计基础、大数据技术在财务中的应用、企业数字化管理、经济法、税法、管理会计基础、审计基础、统计与计量经济学基础。

专业核心课程：智能中级财务会计、智能成本会计、智能高级财务会计、智能税务管理、会计信息系统、数字化财务管理、数字管理会计、财务大数据分析、企业内部控制、Excel会计高级应用、大数据审计、业财一体制度设计。

实习实训：对接真实职业场景或工作情境，在校内外进行财务会计综合实训、管理会计综合实训、财务共享实训、数字企业模拟实训等实训。在会计、审计及税务服务行业和大中型企业进行大数据与会计专业相关岗位实习。

职业类证书举例

职业资格证书：会计专业技术资格

职业技能等级证书：财务数字化应用、智能财税、数字化管理会计

接续专业举例

接续专业硕士学位授予领域举例：会计、税务、审计

接续硕士学位二级学科举例：工商管理

专业代码 330303

专业名称 大数据与审计

基本修业年限 四年

职业面向

面向政府机关、企事业单位和会计师事务所的审计、会计、企业合规管理等岗位(群)。

培养目标定位

本专业培养德智体美劳全面发展,掌握扎实的科学文化基础和财经法规、会计、税务、审计、风险管理等知识,具备内部控制制度设计、大数据技术应用、风险管理和审计项目实施等能力,具有工匠精神和信息素养,能够从事注册会计师审计、内部审计、政府审计、会计、企业合规管理等工作的高层次技术技能人才。

主要专业能力要求

1. 掌握财经法规、会计、税务、内部控制与风险管理、审计等方面的专业基础理论知识,具有综合运用知识的能力;

2. 掌握信息技术基础知识以及审计领域数字化技能,具有适应产业数字化发展和数字化转型需求的基本数字技能素养,能够适应新技术、新岗位的要求,具有分析与解决复杂问题的能力;

3. 掌握企业数字化管理、会计核算与税费计算缴纳等技能,具有业财融合完成财税信息管理、辅助决策的能力;

4. 遵守审计准则和职业道德守则,理解职业怀疑的作用和内涵,具有合理运用职业判断,完成审计流程、发表审计意见的能力;

5. 掌握审计信息技术工具应用技能,具有利用技术工具完成大数据审计与信息系统审计的能力;

6. 掌握应用信息技术进行开发设计的技术技能,具有辅助完成审计信息系统开发的能力;

7. 掌握从事企业制度合规建设、管理和监督工作的技能,具有使企业及企业内部成员行为符合法律法规、监管要求的能力;

8. 了解绿色生产、环境保护、安全等相关知识,能够完成资源环境审计等审计工作的能力;

9. 具有探究学习、终身学习和可持续发展的能力。

主要专业课程与实习实训

专业基础课程:商业伦理与会计职业道德、经济学原理、经济法、大数据技术应用基础、统计与计量经济学基础、企业数字化管理、会计基础、审计基础、审计沟通与写作。

专业核心课程：财务会计、纳税实务、财务成本管理、财务大数据分析、内部控制与风险管理、大数据审计、审计机器人应用及开发、经济责任审计、内部控制审计、信息系统审计。

实习实训：对接真实职业场景或工作情境，在校内外进行会计、财务报表审计、大数据审计、审计机器人应用及开发、内部控制及合规管理等实训。在会计师事务所、企业、政府审计机构，或者符合条件的生产性实训基地、虚拟仿真实习基地等实习场所进行审计、会计、企业合规管理等岗位实习。

职业类证书举例

职业资格证书：审计专业技术资格、会计专业技术资格
职业技能等级证书：智能审计、审计信息化应用

接续专业举例

接续专业硕士学位授予领域举例：审计、会计
接续硕士学位二级学科举例：审计、会计

3305　经济贸易类

专业代码　330501
专业名称　国际经济与贸易
基本修业年限　四年

职业面向

面向外贸业务主管、外贸单证主管、外贸跟单主管、跨境电商运营与销售、营销主管等岗位（群）。

培养目标定位

本专业培养德智体美劳全面发展，掌握扎实的科学文化基础和国际货物贸易、国际服务贸易、数字贸易、国际市场营销、数字化工具应用等知识，具备外贸业务、外贸单证业务、外贸跟单业务、数字贸易业务、国际服务贸易业务运营与管理等能力，具有工匠精神和信息素养，能够从事外贸进出口、外贸单证、外贸跟单、跨境电商运营与销售、营销推广等管理工作的高层次技术技能人才。

主要专业能力要求

1. 具有运用国际经贸规则、主要国家的贸易政策和法律法规、数字贸易国际规则、主要数字贸易平台交易规则解决实际问题的能力；
2. 具有从事外贸业务、外贸单证和跟单业务管理等工作的能力；
3. 具有从事跨境电商运营、销售、营销推广等数字贸易业务的运营与管理的能力；
4. 具有从事国际服务贸易业务管理的能力；
5. 具有外贸企业合规管理、数字贸易平台治理以及外贸业务风险的防范和处理的能力；
6. 具有适应产业数字化发展需求的基本数字技能和专业信息技术的能力；
7. 具有跨文化沟通和团队合作的能力；
8. 具有探究学习、终身学习和可持续发展的能力。

主要专业课程与实习实训

专业基础课程：国际贸易、经济学基础、数据分析基础、中国对外贸易概论、数字贸易概论、数字经济概论、会计基础、企业管理、经济法、跨文化沟通与管理。

专业核心课程：国际市场营销、外贸英文函电、国际商务谈判（双语）、国际贸易实务、国际贸易英语、国际金融、物流与供应链管理、商务大数据分析与应用、国际商法、外贸风险管理、国际服务贸易、数字贸易实务。

实习实训： 对接真实职业场景或工作情境，在校内外开展外贸制单与结汇、外贸业务跟单、国际贸易业务、跨境电商业务等实训。在涉外经济部门、外贸企业、外资企业、跨境电商企业等单位进行岗位实习。

职业类证书举例

职业资格证书： 经济专业技术资格

职业技能等级证书： 跨境电商 B2B 数据运营、跨境电商 B2C 数据运营

接续专业举例

接续专业硕士学位授予领域举例： 国际商务

接续硕士学位二级学科举例： 国际贸易学

3306　工商管理类

专业代码　330601

专业名称　企业数字化管理

基本修业年限　四年

职业面向

　　面向数字化管理师、管理咨询专业人员等职业，企业经理、管理咨询专业人员、人力资源管理专业人员等岗位（群）。

培养目标定位

　　本专业培养德智体美劳全面发展，掌握扎实的科学文化基础和信息系统及数据库技术、企业生产运作管理、营销管理、人力资源管理、财务管理等知识，具备数据分析、数字化人力资源管理、数字化运营与决策管理等能力，具有工匠精神和信息素养，能够从事企业数字化经营管理、企业数字化管理咨询服务等工作的高层次技术技能人才。

主要专业能力要求

　　1. 具有运营规划、质量管理、营销管理、客户服务管理、安全危机管理、财务管理、依法合规经营等企业运营管理的能力；

　　2. 具有企业工作流程梳理、诊断分析、改进提升等企业数字化管理与数字技术应用的能力；

　　3. 具有借助数字化平台进行组织架构设计、人岗适配、个性化培训、绩效考评等数字化人力资源管理的能力；

　　4. 具有企业各职能模块运营数据收集、统计分析、科学决策判断等数字化运营与决策的能力；

　　5. 具有企业内外部环境分析、战略规划制订、数字化战略目标设置、诊断分析等企业战略管理的能力；

　　6. 具有企业市场调研分析、管理方案制订、管理改善执行、改善效果评估等管理咨询的能力；

　　7. 具有探究学习、终身学习和可持续发展的能力。

主要专业课程与实习实训

　　专业基础课程：管理学原理、经济学原理、组织行为学、项目管理、经济法实务、人工智能应用基础、大数据分析工具基础、企业战略管理、统计学基础、中华商文化、工商管理专业英语。

专业核心课程：财务管理、数字化生产运作管理、数字营销实务、人力资源管理、数字化供应链管理、企业管理咨询、数据库原理及信息操作系统、计算机网络与安全、信息系统分析与设计、物联网技术应用、质量管理与国际质量认证、企业战略管理。

实习实训：对接真实职业场景或工作情境，在校内外进行企业资源计划实训、商务数据分析实训、信息系统与数据库技术实训。在各类企事业单位，特别是管理咨询、商业、智能制造等企业进行岗位实习。

职业类证书举例

职业资格证书：经济专业技术资格

职业技能等级证书：人力资源数字化管理、电子商务数据分析、企业管理咨询

接续专业举例

接续专业硕士学位授予领域举例：工商管理

接续硕士学位二级学科举例：企业管理

专业代码　330602
专业名称　市场营销
基本修业年限　四年

职业面向

面向市场营销专业人员、品牌专业人员、人工智能训练师等职业，市场部经理、大区经理、销售总监、营销机器人训练师等岗位（群）。

培养目标定位

本专业培养德智体美劳全面发展，掌握扎实的科学文化基础和营销管理、财务管理、人工智能及语音技术及相关法律法规等知识，具备需求洞察、产品规划、品牌策划与管理、数字营销策划、营销机器人训练等能力，具有工匠精神和信息素养，能够从事营销管理、营销策划和营销机器人训练等工作的高层次技术技能人才。

主要专业能力要求

1. 具有商务数据分析、客户需求分析、客户行为分析、客户心智分析的能力；
2. 具有产品系列、功能、外观、价格、服务规划设计的能力；
3. 具有品牌核心价值挖掘、品牌定位分析、品牌形象规划、品牌维护及延伸的能力；

4. 具有数字画像、内容营销、互动营销、数字营销技术应用的能力；

5. 具有营销战略规划、整合营销方案制定、大客户关系维护、采购与供应链管理的能力；

6. 具有人工智能产品需求分析、人工智能产品设计、人工智能产品测试优化的数字技术能力；

7. 具有研究和创新发展的能力；

8. 具有探究学习、终身学习和可持续发展的能力。

主要专业课程与实习实训

专业基础课程：经济学原理、管理学原理、财务管理、人力资源管理、市场营销、市场调查与预测、消费者行为分析、人工智能及语音技术、中华商业文化、市场营销专业英语等。

专业核心课程：服务营销实务、国际营销实务、商务谈判实务、产品规划实务、商务数据分析与应用、数字营销策划、品牌策划与管理、客户体验管理、采购与供应链管理、企业战略管理、营销智能机器人训练实务等。

实习实训：对接真实职业场景或工作情境，在校内外进行需求洞察、品牌策划、营销机器人、数字营销等实训。在符合条件的企业、事业单位，特别是商业企业或各类企业的营销部或销售公司进行岗位实习。

职业类证书举例

职业资格证书：经济专业技术资格

职业技能等级证书：数字营销技术应用、新媒体营销、网店运营推广、电子商务数据分析、跨境电商 B2B 数据运营、呼叫中心客户服务与管理

接续专业举例

接续专业硕士学位授予领域举例：工商管理
接续硕士学位二级学科举例：工商管理

3307　电子商务类

专业代码　330701

专业名称　电子商务

基本修业年限　四年

职业面向

　　面向电子商务师、互联网营销师、商务策划专业人员、品牌专业人员等职业，运营经理、全渠道营销经理、销售经理、采购经理、客服经理、体验设计经理、产品开发经理等岗位（群）。

培养目标定位

　　本专业培养德智体美劳全面发展，掌握扎实的科学文化基础和电子商务运营、品牌建设与推广、供应链管理、互联网产品设计及相关法律法规等知识，具备运营数据分析与优化、全渠道营销策划与推广、用户体验优化和互联网产品设计、解决企业运营规划和经营战略决策较复杂问题等能力，具有工匠精神和信息素养，能够从事平台运营、渠道运营、行业运营数据分析、品牌建设、营销推广、销售管理、供应链管理、智能客服、用户体验设计、互联网产品设计等工作的高层次技术技能人才。

主要专业能力要求

　　1. 具有较强的整合和综合运用管理学、经济学、营销学、统计学等知识的能力；

　　2. 具有电子商务运营、智能客服运营的能力；

　　3. 具有全渠道营销策划推广、互联网销售及零售门店管理的能力；

　　4. 具有数据分析与处理、商品知识库维护、智能机器人调试及新功能研究测试等方面的能力；

　　5. 具有用户体验持续优化、互联网产品体系设计的能力；

　　6. 具有提供电子商务领域中高端服务的能力，具有较强的组织管理能力，具有参与解决企业运营规划和经营战略决策等较复杂问题的能力；

　　7. 具有诚实守信的职业道德和互联网安全意识，遵守电子商务相关的法律法规；

　　8. 具有适应产业数字化发展需求的基本数字技能和专业信息技术能力，具有良好的学习能力、表达沟通能力和团队合作精神，具有批判性思维、创新和创业的能力；

　　9. 具有探究学习、终身学习和可持续发展的能力。

主要专业课程与实习实训

专业基础课程： 电子商务基础、管理学基础、经济学基础、物流管理基础、市场营销、零售管理、财税实务、数据可视化、项目管理、商务数据分析与管理。

专业核心课程： 平台运营、零售门店 O2O 运营管理、行业数据化运营、品牌建设、网络营销推广、互联网销售管理、供应链管理、智能客服、用户体验设计、互联网产品设计等。

实习实训： 对接真实职业场景或工作情境，在校内外进行电子商务平台运营、数据化运营、智能客服、供应链管理、用户体验设计等实训。在互联网和相关服务、批发业、零售业等现代服务类、商贸流通类、生产制造类等企业单位的电子商务应用部门等场所进行岗位实习。

职业类证书举例

职业技能等级证书： 网店运营推广、电子商务数据分析、跨境电商 B2B 数据运营、直播电商、农产品电商运营

接续专业举例

接续专业硕士学位授予领域举例： 工商管理
接续硕士学位二级学科举例： 管理科学与工程、企业管理

专业代码 330702
专业名称 跨境电子商务
基本修业年限 四年

职业面向

面向国际商务专业人员、电子商务师、互联网营销师等职业，跨境电商运营经理、跨境电商站外推广经理、跨境电商数据分析经理、跨境电商客服经理、跨境电商美工经理、跨境电商物流经理、跨境电商供应链主管（经理）等岗位（群）。

培养目标定位

本专业培养德智体美劳全面发展，掌握扎实的科学文化基础和产品开发、海外营销推广、数据分析、跨境物流及相关法律法规等知识，具备跨境电子商务运营、海外市场营销推广、跨境电商数据分析、物流与供应链管理等能力，具有工匠精神和信息素养，能够从事跨境电商产品开发与优化、产品海外市场推广、数据分析与运营决策、客户服务与管理、

视觉营销与设计、跨境电商物流管理与服务、跨境采购管理等工作的高层次技术技能人才。

主要专业能力要求

1. 具有产品开发与优化、跨境电商运营和组织管理的能力；
2. 具有跨文化沟通、海外营销推广的能力；
3. 具有根据跨境商务数据分析制定总体运营方案的能力；
4. 具有视觉营销优化与升级的能力；
5. 具有跨境物流管理与服务、跨境采购与供应链管理的能力；
6. 具有诚实守信的职业道德和互联网安全意识，遵守与电子商务相关的法律法规；
7. 具有适应产业数字化发展需求的基本数字技能和专业信息技术的能力；
8. 具有良好的学习能力、表达沟通能力和团队合作精神，具有批判性思维、创新和创业的能力；
9. 具有探究学习、终身学习和可持续发展的能力。

主要专业课程与实习实训

专业基础课程：跨境电子商务基础、商品学、国际贸易、国际市场营销、管理学基础、经济学基础、零售基础、统计实务、国际商务文化与礼仪、跨境电商政策法规。

专业核心课程：跨境电商运营管理、产品开发、海外推广、跨境电商数据分析与管理、跨境电商客户管理、视觉营销设计、跨境物流管理、跨境采购与供应链管理。

实习实训：对接真实职业场景或工作情境，在校内外进行海外推广、数据分析与管理、跨境电商运营与服务管理、跨境物流管理、跨境采购与供应链管理等实训。在现代服务业、商贸流通业、生产制造业的外贸型、跨境电子商务服务型等单位进行岗位实习。

职业类证书举例

职业技能等级证书：跨境电商 B2B 数据运营、跨境电商 B2C 数据运营、网店运营推广、电子商务数据分析、跨境电子商务多平台运营

接续专业举例

接续专业硕士学位授予领域举例：国际商务、工商管理

接续硕士学位二级学科举例：管理科学与工程、工商管理

专业代码　330703
专业名称　全媒体电商运营
基本修业年限　四年

职业面向

面向互联网营销师、全媒体运营师等职业，市场策划主管、品牌策划经理、渠道营销经理、直播短视频运营经理、新媒体运营经理、客户经理、视觉营销设计师等岗位（群）。

培养目标定位

本专业培养德智体美劳全面发展，掌握扎实的科学文化基础和市场营销、电子商务、全媒体运营及相关法律法规等知识，具备全媒体渠道推广、内容规划与运营、客户开发与管理等能力，具有工匠精神和信息素养，能够从事市场策划、品牌开发、产品开发、全媒体渠道推广、直播与短视频运营、内容规划与运营、新媒体运营、客户开发与管理和视觉创意与设计等工作的高层次技术技能人才。

主要专业能力要求

1. 具有品牌定位和用户分析的能力；
2. 具有电商类产品需求分析及创意策划的能力；
3. 具有全媒体运营管理的能力；
4. 具有直播与短视频的内容策划、视觉设计及制作的能力；
5. 具有客户开发和组织管理的能力；
6. 具有与本专业从事职业活动相关的商业法律法规、行业规定、互联网交易安全、质量管理等相关的知识与技能；
7. 具有诚实守信的职业道德和互联网安全意识，遵守电子商务相关的法律法规；
8. 具有适应产业数字化发展需求的基本数字技能和专业信息技术能力，具有良好的学习能力、表达沟通能力和团队合作精神，具有批判性思维、创新和创业的能力；
9. 具有探究学习、终身学习和可持续发展的能力。

主要专业课程与实习实训

专业基础课程：经济学基础、管理学实务、统计学基础、财税基础、商业法律法规、零售基础、电子商务基础、市场调研与分析、商务数据分析与管理、采购与供应链管理。

专业核心课程：市场策划、品牌开发、产品开发、全媒体渠道开发与管理、内容规划与管理、直播运营管理、短视频运营管理、新媒体运营管理、客户开发与管理、视觉创意设计。

实习实训：对接真实职业场景或工作情境，在校内外进行产品开发与品牌策划、直播与短视频运营、全媒体推广、全媒体运营数据分析等实训。在电子商务企业、MCN 机构和新媒体等单位进行岗位实习。

职业类证书举例

职业技能等级证书：新媒体运营、直播电商、电子商务数据分析

接续专业举例

接续专业硕士学位授予领域举例：工商管理、国际商务

接续硕士学位二级学科举例：企业管理

3308　物流类

专业代码　330801
专业名称　物流工程技术
基本修业年限　四年

职业面向

面向物流工程技术人员等职业，物流系统规划、物流项目管理、物流数据分析等岗位（群）。

培养目标定位

本专业培养德智体美劳全面发展，掌握扎实的科学文化基础和物流设施与设备、物流大数据分析、物流项目管理、物流系统规划与设计等知识，具备物流设施设备应用与运维、物流大数据挖掘与可视化、物流系统建模与仿真软件操作、物流项目方案编制等能力，具有工匠精神和信息素养，能够从事智能物流装备集成与应用、物流大数据分析、物流工程项目方案设计与实施、物流系统规划与设计等工作的高层次技术技能人才。

主要专业能力要求

1. 具有物流设施设备安装配置、调试管理与运行维护的能力；
2. 具有物流系统数据采集、分析处理与决策支持的能力；
3. 具有物流运输管理、仓库管理、配送管理等系统安装配置、集成应用与运行维护的能力；
4. 具有物流系统规划设计与优化配置的能力；
5. 具有物流工程项目规划、方案设计、项目实施、绩效评估与风险控制的能力；
6. 具有将物联网、大数据、人工智能等现代信息技术应用于物流工程领域的能力；
7. 具有探究学习、终身学习和可持续发展的能力。

主要专业课程与实习实训

专业基础课程：智慧物流与供应链基础、高级工程制图、数字化供应链运营、数字化物流商业运营、数据库技术与应用、机械设计与制造、物流运筹模型与策略。

专业核心课程：智能物流设施与设备、智能仓储与运输技术、物流大数据分析与挖掘、物流信息技术与应用、物流信息系统设计与应用、物流系统工程、物流系统规划与设计、物流系统建模与仿真、物流工程项目管理。

实习实训：对接真实职业场景或工作情境，在校内外进行智能物流设备集成与运维、物流大数据分析、物流系统设计与仿真、物流项目方案编制与现场管理、供应链运营等实训。在制造企业、物流企业、供应链集成运营企业等进行岗位实习。

职业类证书举例

职业技能等级证书：物流管理、供应链数据分析、供应链运营

接续专业举例

接续专业硕士学位授予领域举例：物流工程、工程管理

接续硕士学位二级学科举例：管理科学与工程

专业代码　330802
专业名称　现代物流管理
基本修业年限　四年

职业面向

面向物流服务师、物流分析师等职业，物流数据应用、物流系统分析、物流项目管理等岗位（群）。

培养目标定位

本专业培养德智体美劳全面发展，掌握扎实的科学文化基础和智慧仓储与配送、物流运输、国际货运代理、物流数据分析、物流系统规划、物流项目运营、供应链管理等知识，具备物流业务管理、物流数据应用、物流系统分析、物流项目管理、物流技术研发、物流服务创新等能力，具有工匠精神和信息素养，能够从事物流数据应用与管理、物流系统分析与设计、物流项目规划与运营、物流数字化管理等工作的高层次技术技能人才。

主要专业能力要求

1. 具有管理智慧仓储、物流运输等业务的能力；
2. 具有对商务信息和物流数据进行分析与决策的能力；
3. 具有对物流系统进行分析、规划与管理的能力；
4. 具有对物流项目进行方案设计、资源组织等项目管理的能力；
5. 具有对物流业务进行数字化管理的能力；
6. 具有在全球供应链背景下处理国际物流事务的能力；
7. 具有快速应对突发事件的物流运作与管理的能力；

8. 具有将物联网、大数据、人工智能等现代信息技术应用于物流管理领域的能力；
9. 具有探究学习、终身学习和可持续发展的能力。

主要专业课程与实习实训

  专业基础课程：管理学基础与应用、经济学原理与应用、智慧物流与供应链基础、Python 编程基础、国际贸易实务、运筹学、财会应用基础、数字化物流商业运营、物流法律法规等。

  专业核心课程：智慧仓储与配送管理、物流运输管理、国际货运代理、采购管理、物流数据分析与应用、供应链管理、物流金融与区块链技术、物流成本与绩效管理、物流系统分析、物流项目运营、物流数字化管理等。

  实习实训：对接真实职业场景或工作情境，在校内外进行智慧仓储与配送、物流运输、国际货运代理、物流系统分析、物流项目管理、物流数字化管理等实训。在电商物流、国际物流、采购物流、生产物流等单位或场所进行岗位实习。

职业类证书举例

  职业技能等级证书：物流管理、供应链运营、智能仓储大数据分析

接续专业举例

  接续专业硕士学位授予领域举例：物流工程与管理、工商管理
  接续硕士学位二级学科举例：物流管理、物流工程、企业管理

34 旅游大类

3401 旅游类

专业代码 340101
专业名称 旅游管理
基本修业年限 四年

职业面向

面向旅游企业的运营管理、旅游产品策划、旅游市场营销、旅游质量管理、旅游风险控制与安全管理、旅游信息技术应用等岗位（群）。

培养目标定位

本专业培养德智体美劳全面发展，掌握扎实的科学文化基础和旅游企业运营管理、旅游策划营销及相关法律法规等知识，具备良好的沟通能力、团队合作能力和创新创业等能力，具有良好的服务意识、人文素养和数字素养，能够从事旅游企业运营管理、旅游产品策划、旅游市场营销、旅游信息技术应用、旅游质量管理、旅游安全管理等工作的高层次技术技能人才。

主要专业能力要求

1. 具有良好的语言文字表达能力和专业文案撰写的能力；
2. 具有良好的沟通协调能力、团队合作能力和跨文化交流的能力；
3. 具有旅游经济运行分析、市场调查与分析的能力，进行旅游市场开拓与营销的能力；
4. 具有整合旅游资源、策划旅游产品、提升顾客体验的能力；
5. 具有旅游数字技术应用的能力；
6. 具有提供高端旅游服务的能力，具有实施现场管理、解决岗位现场复杂问题的能力；
7. 具有旅游企业人力资源管理、财务管理、业务管理和安全生产管控的能力；
8. 安全管理和公共卫生突发事件应对能力；
9. 具有创新创业能力；
10. 具有探究学习、终身学习和可持续发展的能力。

主要专业课程与实习实训

专业基础课程：管理学、人力资源管理、沟通原理与应用、应用统计基础、旅游概论、旅游经济学、旅游企业财务管理、旅游心理学。

专业核心课程：旅游消费者行为、旅游目的地管理、旅游服务质量管理、旅游市场营销、旅游大数据分析与应用、旅行社管理与服务、智慧景区管理与服务、导游业务、旅游新媒体运营。

实习实训：对接真实职业场景或工作情境，在校内外进行旅游企业运营管理、旅游产品策划、旅游市场营销、旅游信息技术应用等综合实训。在旅游景区、度假区、自然保护区、主题公园、特色公园、旅游综合体、旅行社、在线旅游运营商等企业进行岗位实习。

职业类证书举例

职业资格证书：导游资格

职业技能等级证书：研学旅行策划与管理（EEPM）、旅行策划、定制旅行管家服务、研学旅行课程设计与实施、邮轮运营服务

接续专业举例

接续专业硕士学位授予领域举例：旅游管理

接续硕士学位二级学科举例：旅游管理

专业代码　340102
专业名称　酒店管理
基本修业年限　四年

职业面向

面向国内外酒店集团、高星级酒店、国际高端品牌酒店、高端民宿等住宿接待企业的经营管理、策划、咨询和培训等岗位（群）。

培养目标定位

本专业培养德智体美劳全面发展，掌握扎实的科学文化基础和现代酒店服务、经营、管理等知识，具备数字化运营、流程设计和实践管理等能力，具有良好的服务意识、人文素养和数字素养，能够从事酒店前厅、客房、餐饮、会议、市场营销、财务和人力资源等管理工作的高层次技术技能人才。

主要专业能力要求

1. 具有综合运用管理学、旅游学基础知识，开展中高端管理工作的能力；

2. 具有酒店前厅、客房、餐饮、会议等业务管理技能及市场营销、财务和人力资源职能管理的能力；

3. 具有从事管理流程设计、过程监控和服务创新的能力，具有参与制定住宿业服务流程和标准的能力；

4. 具有实施现场管理的能力，具有解决岗位现场较复杂问题的能力；

5. 具有适应酒店产业数智化发展需求的能力；

6. 具有获取和执行相关政策、法律法规和行业标准的能力；

7. 具有良好的表达和沟通能力，具有较强的集体意识和团队合作能力，具有一定的国际视野和跨文化交流的能力；

8. 具有探究学习、终身学习和可持续发展的能力。

主要专业课程与实习实训

专业基础课程：管理学原理、经济学原理、会计学原理、基础旅游学、酒店管理概论、现代服务管理、旅游消费者行为、大数据分析与应用。

专业核心课程：前厅运营与管理、客房运营与管理、餐饮运营与管理、会议策划与管理、酒店数字化营销管理、酒店人力资源管理、酒店财务管理、酒店管理信息系统。

实习实训：对接真实职业场景或工作情境，在校内外进行前厅运营与管理、客房运营与管理、餐饮运营与管理、酒店管理信息化系统和酒水服务运营等实训。在国内外酒店集团、高星级酒店、国际高端品牌酒店、高端民宿等单位进行岗位实习。

职业类证书举例

职业技能等级证书：酒店运营管理、现代酒店服务质量管理、前厅运营管理

接续专业举例

接续专业硕士学位授予领域举例：旅游管理
接续硕士学位二级学科举例：旅游管理

专业代码 340103
专业名称 旅游规划与设计
基本修业年限 四年

职业面向

面向国家公园、国家文化公园、国家级保护区、旅游景区、度假区、休闲游憩空间和文创园区等文旅项目综合体、乡村旅游建设的项目策划、规划制图、工程技术、项目管理、项目咨询等岗位（群）。

培养目标定位

本专业培养德智体美劳全面发展，掌握扎实的科学文化基础和美学设计、旅游资源、旅游规划、数字化应用等知识，具备良好的沟通协调、团队合作、适应旅游规划与设计领域数字化技术发展等能力，具有良好的审美意识、人文素养、创新创业意识、服务意识和数字素养，能够从事旅游策划、旅游文创项目设计、景观设计、旅游制图、旅游工程项目管理和旅游规划咨询等工作的高层次复合型技术技能人才。

主要专业能力要求

1. 具有分析项目地区域经济社会发展、旅游行业发展、市场潜力等情况的能力；
2. 具有制作旅游资源分布、旅游规划布局、旅游线路设计等图件的能力；
3. 具有策划小型旅游文创项目，协助策划并执行大中型旅游文创策划方案的能力；
4. 具有应用地理信息系统（GIS）等软件及数字化技术进行旅游规划与开发、文化旅游策划、创意设计旅游产品和项目的能力；
5. 具有组景设计、景观工程设计、绿化施工设计、景观生态分析的能力；
6. 具有旅游工程项目、旅游策划项目等事前可行性分析、事中管理与监督的能力；
7. 具有研究与创新旅游区规划、旅游策划、旅游文创方案的能力；
8. 具有良好的表达与沟通能力，具有较强的集体意识和团队合作的能力；
9. 具有创新创业的能力；
10. 具有探究学习、终身学习和可持续发展的能力。

主要专业课程与实习实训

专业基础课程： 基础旅游学、设计学概论、美学原理、旅游地理、旅游文化、资源与环境科学导论、旅游消费者行为、旅游景区管理、智慧旅游概论、地图与地理信息、计算机辅助设计。

专业核心课程： 旅游资源评价与开发、旅游市场与调查、旅游策划理论与实务、旅游规划理论与实务、景观规划与设计、旅游规划制图、旅游文化创意、旅游项目管理、场地规划与设计、旅游大数据与智慧旅游管理。

实习实训： 对接真实职业场景或工作情境，在校内外进行旅游资源调查、评价与开发、旅游项目策划、景观设计、旅游规划图件设计与制作等实训。在旅游规划和策划企业、旅游景区、博物馆等陈列场馆、文化创意园区、乡村旅游点、文化和旅游规划行政管理部门等进行岗位实习。

职业类证书举例

职业技能等级证书：产品创意设计、文创产品数字化设计、旅行策划

接续专业举例

接续专业硕士学位授予领域举例：旅游管理、风景园林、城市规划

接续硕士学位二级学科举例：旅游管理、城乡规划学、设计学

3402　餐饮类

专业代码　340201
专业名称　烹饪与餐饮管理
基本修业年限　四年

职业面向

面向中高级烹调师、厨房主管、餐饮门店、中央厨房和团餐管理人员等职业，餐饮产品生产、研发，餐饮经营管理等岗位（群）。

培养目标定位

本专业培养德智体美劳全面发展，掌握扎实的科学文化基础和烹饪科学基本理论，餐饮经营中计划、组织、领导、协调、控制等管理基本理论及相关法律法规等知识，具备熟练的烹饪技术、现代餐饮经营管理等能力，具有工匠精神和信息素养，能够从事餐饮产品生产研发、科学配餐、筵席设计和餐饮经营管理等工作的高层次技术技能人才。

主要专业能力要求

1. 具有菜点等餐饮产品的制作、生产的能力；
2. 具有餐饮产品设计、研发的能力；
3. 具有饮食美学、科学配餐与高端宴席设计的能力；
4. 具有餐饮企业、中央厨房运营管理的能力；
5. 具有餐饮信息化系统应用、数字化运营的能力；
6. 具有初步的烹饪科学研究、较强的解决复杂技术问题和创新创业的能力；
7. 具有一定的外语应用水平和中餐国际化交流的能力；
8. 具有绿色生产、安全防护、质量管理及法律法规应用的能力；
9. 具有探究学习、终身学习和可持续发展的能力。

主要专业课程

专业基础课程：烹饪化学、烹饪原料学、饮食营养、食品微生物学、饮食美学、管理学原理、食品产业文化、食疗与药膳。

专业核心课程：餐饮食品安全控制技术、中式烹调工艺与技术、中式面点工艺与技术、烹饪加工原理与应用、餐饮专业英语、餐饮产品创新设计、科学配餐与宴席设计、现代餐饮企业经营与管理、中央厨房运营、餐饮数字化运营。

实习实训：对接真实职业场景或工作情境，在校内进行餐饮产品生产、研发，科学配餐、宴席设计和餐饮经营管理等实训。在现代餐饮企业、大中型中央厨房等单位进行岗位实习。

职业类证书举例

职业技能等级证书：餐饮管理运行

接续专业举例

接续专业硕士学位授予领域举例：食品加工与安全、工商管理
接续硕士学位二级学科举例：烹饪科学、企业管理

35 文化艺术大类

3501 艺术设计类

专业代码 350101

专业名称 工艺美术

基本修业年限 四年

职业面向

面向工艺美术品设计师、工艺美术专业人员等职业，工艺美术设计、工艺美术品制作、工艺品修复、文创产品开发等岗位（群）。

培养目标定位

本专业培养德智体美劳全面发展，掌握扎实的科学文化基础和工艺美术设计原则、工艺制作流程、标准规范等知识，具备创意设计、工艺制作、数字造型、材料应用、创作研究等能力，具有工匠精神和信息素养，能够从事工艺美术设计、工艺美术品制作、工艺品修复、文创产品开发等工作的高层次技术技能人才。

主要专业能力要求

1. 具有相关工艺设备工具操作维护、工具改进改良的能力；
2. 具有工艺美术品创新思维，具有手绘表现、计算机辅助设计的能力；
3. 具有采用传统技艺、天然材料或民族特色工艺进行工艺品创作的能力；
4. 具有工艺美术领域新技术、新材料、新工艺应用的能力；
5. 具有使用 3D 打印、数控雕刻等数字化技术的能力；
6. 具有对相关工艺美术专业及方向领域研究创新的能力；
7. 具有社会考察、市场调研报告等文案写作策划和展示陈列的能力；
8. 具有对工艺美术专业领域相关标准、法律法规的学习、理解和执行的能力；
9. 具有探究学习、终身学习和可持续发展的能力。

主要专业课程与实习实训

专业基础课程：美术基础、图形图像设计、工艺基础、设计基础、计算机辅助设计基础、创新设计、中外工艺美术史、民间美术。

专业核心课程：工艺品设计表现、工艺品创意设计与表达、手工雕刻技法、3D 打印与数字雕刻技术、陶瓷设计与应用、金属设计与应用、漆工艺与应用、刺绣设计与应用、首饰设计与应用、工艺品修复技术。

实习实训：对接真实职业场景或工作情境，在校内外进行工艺美术设计、工艺美术品制作、工艺品修复、文创产品开发等实训。在工艺美术行业的设计公司、制作公司、博物馆、礼品公司、工作室等单位进行岗位实习。

职业类证书举例

职业技能等级证书：贵金属首饰制作与检验、文创产品数字化设计

接续专业举例

接续专业硕士学位授予领域举例：艺术

接续硕士学位二级学科举例：艺术学、设计、美术与书法、设计学

专业代码 350102
专业名称 视觉传达设计
基本修业年限 四年

职业面向

面向美术编辑、视觉传达设计师、广告设计师、包装设计师、新媒体设计师等岗位（群）。

培养目标

本专业培养德智体美劳全面发展，掌握扎实的科学文化基础和视觉传达设计专业、艺术理论、多媒体技术、生产工艺流程等知识，具备创意设计、视觉表现、设计实操等能力，能够从事美术编辑、视觉传达设计师、广告设计师、包装设计师、新媒体设计师等工作的高层次技术技能人才。

主要专业能力要求

1. 具有较好的综合设计能力，具有较好的创新意识和创意的能力；
2. 具有较高的审美素养和艺术表现能力，熟练掌握计算机设计软件，具有绘制高质量的手绘图稿和电脑图稿的能力；
3. 具有标志设计、品牌形象设计、版面设计、海报设计、包装设计、书籍设计、传播与策划、视觉与空间设计等专业基础理论知识和设计实操的能力；
4. 具有较好的文字表达能力，能准确详尽地撰写设计说明，具有撰写与设计主题、

内容等相关文案的能力；

5. 了解和熟悉相关的生产材料、工艺等，能够准确选择材料、熟悉工艺流程；具备较强的实操能力，具备制作样品的能力，具备指导并参与加工样品制作的能力；

6. 了解行业与市场的供求关系，了解消费者心理，具备对行业、市场和消费者信息的搜集、提炼、分析与总结的能力；

7. 具有团队意识和协同创新的能力，具有运用数字信息技术的能力；

8. 具有与业界同行及社会公众沟通和交流的能力；

9. 具有探究学习、终身学习和可持续发展的能力。

主要专业课程与实习实训

专业基础课程：美术基础、图形图像设计、创新设计、字体设计、编排设计、设计史、图形图像软件基础等。

专业核心课程：品牌形象设计、版面设计、广告设计、包装设计、跨媒介设计、界面设计、视觉与空间设计等。

实习实训：对接真实职业场景或工作情境，在校内外进行品牌形象设计、版面设计、广告设计、包装设计、跨媒介设计、界面设计、视觉与空间设计等实训。在设计公司、出版社、广告公司、互联网公司等单位进行岗位实习。

职业类证书举例

职业技能等级证书：界面设计

接续专业举例

接续专业硕士学位授予领域举例：艺术设计、设计学
接续硕士学位二级学科举例：设计学

专业代码　350103
专业名称　数字媒体艺术
基本修业年限　四年

职业面向

面向数字媒体艺术设计员、工艺美术和创意设计员等职业，影视后期制作、三维动画设计、虚拟现实技术应用、交互设计、互联网产品开发、网络多媒体制作等岗位（群）。

培养目标定位

本专业培养德智体美劳全面发展，掌握扎实的科学文化基础和数字媒体艺术、数字媒体技术、媒体传播等知识，具备数字媒体内容创意、设计、制作等能力，具有工匠精神和信息素养，能够从事影视制作、三维动画设计与制作、虚拟现实技术应用、交互设计、互联网产品开发、网络多媒体制作及相关管理服务工作的高层次技术技能人才。

主要专业能力要求

1. 具有三维动画设计与制作能力；
2. 具有影视拍摄、影视后期制作能力；
3. 具有虚拟现实技术应用和人机交互设计能力；
4. 具有互联网产品开发和网络多媒体制作能力；
5. 具有数字媒体产品策划和项目运营能力；
6. 具有了解本专业领域的发展历史、前沿、研究动态及创新目标的能力；
7. 具有支撑本专业学习的计算机信息技术能力；
8. 具有适应产业数字化发展需求，能够完成项目应用研发、方案设计与制作及相关管理服务的能力；
9. 具有探究学习、终身学习和可持续发展的能力。

主要专业课程与实习实训

专业基础课程：数字媒体概论、造型与色彩基础、设计基础、视听语言、摄影摄像、数字图像处理、计算机图形设计软件、三维软件应用基础。

专业核心课程：软件应用开发基础、交互设计原理、视频编辑与特效制作、音乐音效制作、UI界面设计、三维动画设计与制作、虚拟现实应用设计、人机交互设计、网页设计与制作、新媒体应用与推广。

实习实训：对接真实职业场景或工作情境，在校内外进行影视短片创作、虚拟现实人机交互设计、数字媒体产品策划与制作、新媒体运营与策划等实训。在文化艺术业、互联网和相关服务、数字内容服务等行业的电视台、网络影视平台、各企事业单位的影视制作部门、动画设计公司、游戏公司、互联网公司等企业进行岗位实习。

职业类证书举例

职业技能等级证书：数字媒体交互设计、虚拟现实应用设计与制作、界面设计

接续专业举例

接续专业硕士学位授予领域举例：艺术设计、广播电视

接续硕士学位二级学科举例：设计艺术学、广播电视艺术学、美术学

专业代码 350104

专业名称 产品设计

基本修业年限 四年

职业面向

面向数字创意产业、工业设计服务行业的产品创意设计、产品造型设计、文化创意设计、用户体验设计等岗位（群）。

培养目标定位

本专业培养德智体美劳全面发展，掌握扎实的科学文化基础和产品设计基础理论、设计美学、大数据技术、市场营销等知识，具备设计调研、产品创意表达、产品造型设计、数字化设计、CMF 设计、交互设计等能力，具有工匠精神和信息素养，能够从事工业产品创新设计、产品的研发与改良设计，产品造型设计、文化创意设计、用户体验设计、交互设计等领域的开发、研究、策划、咨询和管理等工作的高层次技术技能人才。

主要专业能力要求

1. 具有利用大数据手段分析前沿技术，开展市场和用户调研的能力；
2. 具有熟悉知识产权相关法律法规，依法开展产品设计创新的能力；
3. 具有较强的产品创意沟通和设计综合表现的能力；
4. 具有较强的产品功能、结构与造型设计的能力；
5. 具有良好的信息架构和交互设计的能力；
6. 具有利用生态设计、绿色设计理念开展设计创新的能力；
7. 具有一定的对产品进行成本控制、生产管理和工艺管理的能力；
8. 具有一定的材料与技术应用转化的整合创新设计能力；
9. 具有探究学习、终身学习和可持续发展的能力。

主要专业课程与实习实训

专业基础课程：美术基础、创新设计、工业设计史、设计程序与方法、图形图像设计、人因工程学概论、产品材料与加工工艺、信息可视化设计。

专业核心课程：设计调研、产品功能与结构设计、产品形态设计、用户体验与创新设计、产品整合创新设计、信息与交互设计、设计管理、绿色设计原理与方法。

实习实训：对接真实职业场景或工作情境，在校内外进行设计调研、产品模型制作、用户体验与创新设计、产品整合创新设计、信息与交互设计、设计管理等实训。在制造业、数字创意产业、文化艺术业、信息传输等行业的设计公司、企业机构等单位进行岗位实习。

职业类证书举例

职业技能等级证书：产品创意设计、数字媒体交互设计、数字创意建模

接续专业举例

接续专业硕士学位授予领域举例：艺术、机械

接续硕士学位二级学科举例：设计学

专业代码　350105
专业名称　服装与服饰设计
基本修业年限　四年

职业面向

面向服装设计师、服饰与家纺设计师、服装制版师、服装营销陈列等岗位（群）。

培养目标定位

本专业培养德智体美劳全面发展，掌握扎实的科学文化基础和服装款式造型设计、色彩搭配与图案设计、家纺设计、服装营销等知识，具有设计研发、制版与工艺技术实践、数字化新技术运用等能力，具有中华优秀传统文化素养、工匠精神和信息素养，能够从事服装与服饰品设计、色彩搭配与图案设计、家纺用品设计、服装结构设计制版与工艺制作、品牌策划与营销陈列等工作的高层次技术技能人才。

主要专业能力要求

1. 具有服装款式造型设计、色彩与图案设计、服装结构设计制版、工艺制作、服饰与家纺设计、营销陈列的能力；

2. 具有服装成衣、服饰品与图案、服装结构、家纺用品、面料外观形态等设计研究的创新能力；

3. 具有针对纺织服装产业高端领域从事设计研发相关岗位的前瞻性和创新思维意识；

4. 具有从服装款式造型设计到结构设计制版的数字化设计（虚拟仿真）应用以及成品工艺制作的能力；

5. 具有较好的服装品牌策划、运营管理、产品营销陈列的能力；
6. 具有较敏锐的服装市场信息搜集、流行趋势分析及预测能力；
7. 具有探究学习、终身学习和可持续发展的能力。

主要专业课程与实习实训

专业基础课程：设计概论、中外服装史、专业速写、效果图与时装画、服装数字化设计应用、服装款式造型设计、色彩与图案设计表现、服装结构与工艺制作、面辅料认知与创意再造、商品组织与营销。

专业核心课程：服装创新思维与设计、平面结构设计、立体结构设计、面辅料设计应用、时尚成衣制作、流行趋势分析与设计、专题设计成衣制作、服饰品设计制作、商品企划、营销陈列数字化表现。

实训实习：对接真实职业场景或工作情境，在校内外进行服装服饰专题设计项目、服装工艺制作项目、营销陈列设计项目、服装数字化设计应用项目、毕业设计等综合实训。在纺织服装行业的服装服饰企业或生产性实训基地进行岗位实习。

职业证书类型

职业技能等级证书：文创产品数字化设计、服装陈列设计、新媒体营销

接续专业举例

接续专业硕士学位授予领域举例：艺术、艺术设计
接续硕士学位二级学科举例：设计艺术学

专业代码 350106
专业名称 环境艺术设计
基本修业年限 四年

职业面向

面向环境艺术设计师等职业，室内外环境艺术设计、工程施工与管理等岗位（群）。

培养目标定位

本专业培养德智体美劳全面发展，掌握扎实的科学文化基础和环境艺术设计等知识，具备环境艺术设计、工程施工及管理等能力，具有工匠精神和信息素养，能够从事室内外环境艺术设计、工程施工与管理等工作的高层次技术技能人才。

主要专业能力要求

1. 具有环境艺术设计项目沟通、项目调研、资料收集、项目分析及项目策划能力；
2. 具有运用相关理论与设计方法进行室内外环境艺术设计构思能力；
3. 具有对环境空间进行艺术创新创意设计的能力；
4. 具有使用各类数字化设计软件进行环境艺术设计及综合表现的能力；
5. 具有适应数字经济发展新需求的设计服务能力；
6. 具有材料、工艺和技术运用等实践操作能力；
7. 具有学习施工工艺、施工标准和法律规范的能力；
8. 具有环境工程造价、施工与管理能力；
9. 具有根据室内外多样的环境空间需求，实现现实与虚拟场景的多维呈现能力；
10. 具有探究学习、终身学习和可持续发展的能力。

主要专业课程与实习实训

专业基础课程： 美术基础、设计构成、环境工程制图与识图、三维设计软件数字创意表现、SU+Lumion 数字创意表现、图形图像设计、环境设计原理、建筑设计初步、创新设计。

专业核心课程： 居住空间设计、公共空间设计、建筑设计、景观规划设计、城市公共环境设计、家具设计、陈设艺术设计、智能声光电设计、施工图设计、材料与工艺、工程施工与管理、工程概预算。

实习实训： 对接真实职业场景或工作情境，在校内外进行室内外环境艺术设计与绘图、工程施工与管理等实训。在文化艺术、土建及园林等行业的环境艺术设计企业等场所进行岗位实习。

职业类证书举例

职业资格证书： 建造师、注册城乡规划师、监理工程师
职业技能等级证书： 数字创意建模、建筑信息模型（BIM）、室内设计

接续专业举例

接续专业硕士学位授予领域举例： 艺术
接续硕士学位二级学科举例： 设计艺术学

专业代码 350107
专业名称 美术

基本修业年限 四年

职业面向

面向美术专业人员、工艺美术与创意设计专业人员、专业化设计服务人员等职业，美术创作、美术与创意设计等岗位（群）。

培养目标定位

本专业培养德智体美劳全面发展，掌握扎实的科学文化基础和美术专业等知识，具备良好的审美、创新思维等能力，具有工匠精神和信息素养，能够从事绘画、公共艺术、装置艺术制作、艺术品修复、美术编辑、美术创意产品开发、美术培训等工作的高层次技术技能人才。

主要专业能力要求

1. 具有厚实的中华优秀传统文化知识，具有了解中西方艺术发展动向的能力；
2. 具有利用造型、色彩、构图等知识进行美术创作的能力；
3. 具有良好的审美能力、造型能力和创新思维；
4. 具有书画创作、工艺美术创作的能力；
5. 具有公共艺术与当代艺术创作的能力；
6. 具有从事文化创意和设计服务行业所需的知识和能力；
7. 具有互联网、艺术品管理与经营、艺术与科学融合等领域的信息技术知识和能力；
8. 具有探究学习、终身学习和可持续发展的能力。

主要专业课程与实习实训

专业基础课程： 素描、色彩、中国画基础、油画基础、设计原理、摄影图像、雕塑基础、图形图像设计、美术史。

专业核心课程： 中国画、油画、专业写生与考察、综合材料研究、艺术品设计与制作、当代艺术与应用、新媒体技术、艺术管理与策划、创新设计。

实习实训： 对接真实职业场景或工作情境，在校内外进行中国画技法、油画技法、综合材料研究、多媒体装置艺术制作、专业写生与考察、毕业创作等实训。在文化艺术行业的美术、工艺美术、艺术品管理及设计服务公司等单位进行岗位实习。

职业类证书举例

职业技能等级证书： 数字创意建模

接续专业举例

    接续专业硕士学位授予领域举例：美术、艺术设计

    接续硕士学位二级学科举例：美术学、工艺美术、视觉传达设计

专业代码   350108

专业名称   公共艺术设计

基本修业年限   四年

职业面向

    面向公共艺术设计员等职业，公共空间景观设计、灯光建声场景设计、公共艺术工程设计等岗位（群）。

培养目标定位

    本专业培养德智体美劳全面发展，掌握扎实的科学文化基础和公共艺术设计文案撰写、设计创意、样品制作、工程设计等知识，具备设计与制作、声光电设计应用、实景工程设计等能力，具有工匠精神和信息素养，能够从事公共空间景观设计、灯光建声场景设计、公共艺术工程设计与制作等工作的高层次技术技能人才。

主要专业能力要求

    1. 具有公共艺术设计场地调研、资料收集策划的能力；

    2. 具有编写公共艺术设计文案和绘制公共艺术设计图稿的能力；

    3. 具有对公共空间进行艺术设计创新创意的能力；

    4. 具有制作、测试公共艺术模型、样品的能力；

    5. 具有参与公共艺术工程设计与制作的能力；

    6. 具有数字技术、互联网信息技术应用的能力；

    7. 具有把控设计前沿技术和发展动态的能力；

    8. 具有根据场景音效、灯光需求，实现现实与虚拟场景多维呈现的能力；

    9. 具有探究学习、终身学习和可持续发展的能力。

主要专业课程与实习实训

    专业基础课程：中外设计史、设计构成、美术基础、设计美学、手绘表现技法、图形图像设计、创新设计。

    专业核心课程：多媒介材料与工艺构造、装饰品艺术设计实训、公共设施设计实训、

艺术性装置设计与制作、灯光建声场景设计、公共空间景观设计、公共艺术工程设计与制作、城乡空间艺术设计、空间艺术品设计与制作。

实习实训：对接真实职业场景或工作情境，在校内外进行室内外公共空间艺术景观设计、灯光建声场景设计与表现、艺术性装置设计与制作等实训。在文化艺术行业的公共艺术设计、装饰艺术设计、装饰品制作企业等单位进行岗位实习。

职业类证书举例

职业技能等级证书：数字创意建模

接续专业举例

接续专业硕士学位授予领域举例：艺术设计

接续硕士学位二级学科举例：设计艺术学

专业代码 350109

专业名称 游戏创意设计

基本修业年限 四年

职业面向

面向动画设计、数字媒体艺术、视觉传达设计、电子竞技运营等职业，游戏策划、游戏设计与开发、游戏运营管理等岗位（群）。

培养目标定位

本专业培养德智体美劳全面发展，掌握扎实的科学文化基础和游戏设计理论、游戏产品创意、游戏开发技术等知识，具备游戏产品策划、游戏关卡设计、游戏产品研发、电子竞技运营等能力，具有工匠精神和信息素养，能够从事游戏创意与策划、游戏美术设计、游戏资产制作、游戏技术开发、游戏及电子竞技运营管理等工作的高层次技术技能人才。

主要专业能力要求

1. 具有扎实的美术绘画功底，具有使用手绘草图表达设计思想的能力；

2. 具有道具设计、材质及纹理贴图、灯光及渲染等游戏资产制作的能力；

3. 具有角色道具建模、骨骼设定、游戏动作与特效设计等游戏视觉表现的能力；

4. 具有游戏地图编辑、游戏引擎开发、游戏程序开发的能力；

5. 具有游戏及电子竞技运营策划、宣传、直转播包装设计的能力；

6. 具有游戏文案策划、游戏系统策划、游戏数值策划的能力；

7. 具有以用户体验、互动娱乐设计为核心的游戏创意能力；

8. 具有利用信息技术、数字技术分析问题和解决问题的能力；

9. 具有探究学习、终身学习和可持续发展的能力。

主要专业课程与实习实训

专业基础课程： 游戏设计概论、游戏创意基础、游戏心理学、设计基础、数字绘画、数字色彩、原画技法、游戏美术设计。

专业核心课程： 游戏用户体验设计、创意视觉表达、游戏策划文案、游戏角色动画设计、次世代材质设计、游戏引擎项目开发、游戏程序开发、游戏运营与管理。

实习实训： 对接真实职业场景或工作情境，在校内外进行游戏美术创意设计、游戏美术资产制作、游戏动作与特效设计、游戏引擎及游戏程序开发等实训。在动漫游戏数字内容服务、互联网游戏服务等行业的动漫游戏设计企业、游戏开发与运营企业、自媒体运营企业等单位进行岗位实习。

职业类证书举例

职业技能等级证书： 游戏美术设计、界面设计

接续专业举例

接续专业硕士学位授予领域举例： 艺术设计、新闻与传播

接续硕士学位二级学科举例： 数字媒体艺术、动画学

专业代码 350110
专业名称 展示艺术设计
基本修业年限 四年

职业面向

面向会议、展览及相关服务行业的会展设计、会展策划、展馆设计、卖场设计等岗位（群）。

培养目标定位

本专业培养德智体美劳全面发展，掌握扎实的科学文化基础和展示艺术设计美学基础、设计规范、设计流程、制图标准等知识，具备展示艺术设计及表现、声光电全媒体设计、材料与施工技术应用、工程造价与管理等能力，具有工匠精神和信息素养，能够

从事会展设计、会展策划、展馆设计、卖场设计等工作的高层次技术技能人才。

主要专业能力要求

1. 具有一定的分析问题和解决问题的能力；
2. 具有数字化设计和适应数字经济发展新需求的展示艺术设计服务的能力；
3. 具有运用设计方法与相关理论进行展示空间设计构思的能力；
4. 具有使用各类数字化设计软件进行展示设计识图、绘图、审图的能力；
5. 具有材料运用、工艺运用、技术运用等动手实践的能力；
6. 具有学习施工工艺、施工标准和规范的能力；
7. 具有展示空间设计及工程造价、施工管理的能力；
8. 具有运用展示空间声光电全媒体设计技术的能力；
9. 具有运用展示空间环保材料技术的能力和工艺美术底蕴及跨学科、跨行业的国际化视野；
10. 具有探究学习、终身学习和可持续发展的能力。

主要专业课程与实习实训

专业基础课程： 美术基础、创新设计、空间形态基础、工程制图、图形图像设计、品牌形象设计、会展策划设计。

专业核心课程： 商业展示设计、展馆设计、展览设计、虚拟展厅设计、空间智能化设计、声光电全媒体设计、施工图设计、材料与工艺、工程施工与管理、工程概预算。

实习实训： 对接真实职业场景或工作情境，在校内外进行会展设计、会展策划、展馆设计、卖场设计等实训。在会议、展览及相关服务行业的会议及展览服务、工艺美术与创意设计、虚拟现实工程技术公司等单位进行岗位实习。

职业类证书举例

职业技能等级证书： 数字创意建模、数字媒体交互设计、室内设计

接续专业举例

接续专业硕士学位授予领域举例： 艺术
接续硕士学位二级学科举例： 设计学、美术学、城乡规划学、风景园林

专业代码 350111
专业名称 数字影像设计
基本修业年限 四年

职业面向

面向影视与媒体服务行业的摄影记者、摄像师、商业摄影师、后期剪辑师、新媒体策划师、互联网运营等职业。

培养目标定位

本专业培养德智体美劳全面发展，掌握扎实的科学文化基础和数字影像设计专业等知识，具备数字影像摄制、数字后期与包装、互联网运营等能力，具有工匠精神和信息素养，能够从事摄影与摄像、后期及特效、影视广告、互联网运营等工作的高层次技术技能人才。

主要专业能力要求

1. 具有相机及附件的操作能力及数字影像的艺术表现能力；
2. 具有摄像机及辅助设备的操作及视频表现的能力；
3. 具有摄影的后期制作、视频素材的剪辑及特效制作的能力；
4. 具有产品广告、商业艺术人像、新闻摄影的拍摄和表现能力；
5. 具有短视频项目脚本策划、文案撰写及摄制的能力；
6. 具有新媒体艺术设计、制作与传播及交互设计的能力；
7. 具有适应产业数字化发展需求的信息技术、数字技术应用能力；
8. 具有熟悉相关专业法律法规，依法从事工作的能力；
9. 具有探究学习、终身学习和可持续发展的能力。

主要专业课程与实习实训

专业基础课程：摄影摄像基础、美术基础、影视照明技术、数字音频制作、图形图像设计、非线性编辑课程、创新设计。

专业核心课程：影视后期剪辑及特效、数字高清影像制作、无人机航拍技术、商业广告摄影、艺术人像摄影、短视频创作、电视现场制作与导播、数字电影调色。

实习实训：对接真实职业场景或工作情境，在校内外进行数字影像摄制、数字后期与包装、新媒体运营等实训。在影视制作与媒体服务公司等单位进行岗位实习。

职业类证书举例

职业技能等级证书：新媒体运营

接续专业举例

接续专业硕士学位授予领域举例：艺术

接续硕士学位二级学科举例：戏剧影视美术设计

专业代码　350112

专业名称　时尚品设计

基本修业年限　四年

职业面向

面向时尚陈设设计、时尚配饰设计、时尚文创产品设计、时尚数码产品设计等岗位（群）。

培养目标定位

本专业培养德智体美劳全面发展，掌握扎实的科学文化基础、设计美学原理、制作标准与流程、潮流趋势预测分析等知识，具备设计提案、设计效果表现、材料与设计应用、时尚品设计开发、工艺制作、设计管理、设计服务等能力，具有工匠精神和信息素养，能够从事时尚陈设设计、时尚配饰设计、时尚文创产品设计、时尚数码产品设计等领域工作的高层次技术技能人才。

主要专业能力要求

1. 具有时尚品设计思维、创意和审美能力；
2. 具有时尚市场调研与数据分析、国际潮流趋势分析、时尚品定位等设计提案能力；
3. 具有造型设计、二维制图、三维建模渲染等设计效果表现技术技能；
4. 具有金属、陶瓷、纤维、玻璃、树脂、木质等各类材料的设计应用能力；
5. 具有陈设品、配饰、文创产品、数码产品等时尚品设计开发的能力；
6. 具有时尚品的工艺制作技术能力；
7. 具有时尚品领域的设计管理能力与设计服务能力；
8. 具有绿色生态理念，掌握设计前沿技术和发展动态和相关数字技术应用；
9. 具有探究学习、终身学习和可持续发展的能力。

主要专业课程与实习实训

专业基础课程：美术基础、时尚设计表现、纹样与数字化设计、现代设计史、设计心理学、创新设计、图形图像设计、产品形态与构造、设计色彩。

专业核心课程：材料实验与设计应用、陈设设计与实践、时尚配饰设计、时尚数码产品设计、时尚文创产品设计与实践、奢侈品管理、流行趋势分析、设计管理与服务。

实习实训：对接真实职业场景或工作情境，在校内外进行时尚品设计开发、数字化设计、材料设计与应用等实训。在时尚行业的时尚陈设设计、时尚配饰设计、时尚文创产品设计、时尚数码产品设计公司等单位进行岗位实习。

职业类证书举例

职业技能等级证书：文创产品数字化设计、数字创意建模、数字媒体交互设计

接续专业举例

接续专业硕士学位授予领域举例：艺术设计

3502 表演艺术类

专业代码 350201
专业名称 音乐表演
基本修业年限 四年

职业面向

面向声乐演唱、器乐演奏、群众文化活动指导和艺术教育培训等岗位（群）。

培养目标定位

本专业培养德智体美劳全面发展，掌握扎实的科学文化基础和音乐理论、歌唱技巧、乐器演奏、音乐教学法等知识，具备较强的舞台表演、音乐作品分析与鉴赏、音乐数字技术运用等能力，具有精益求精、守正创新的精神和信息素养，能够从事声乐演唱、器乐演奏、群众文化活动指导和音乐教育培训等工作的高层次技术技能人才。

主要专业能力要求

1. 具有较强的独立演唱或演奏技能和表演能力，能完成高级程度的中外优秀作品；
2. 具有良好的听辨能力、音乐分析能力、音乐鉴赏能力和熟练的伴奏、合奏、合唱、重奏、重唱等协作能力；
3. 具有适应音乐产业数字化发展需求的基本技能，掌握文化艺术领域数字化技能；
4. 具有良好的沟通交流能力、较强的集体意识和团队合作能力；
5. 具有良好的音乐表演专业教学辅导能力和群众文化活动组织、策划、指导能力；
6. 具有创新发展思维和创业意识，具有较强的研究分析和解决问题的能力；
7. 具有研究和创新发展的能力；
8. 具有探究学习、终身学习和可持续发展的能力。

主要专业课程与实习实训

专业基础课程： 视唱练耳、乐理、和声、中国音乐史、外国音乐史、中国传统音乐、音乐欣赏、艺术概论。

专业核心课程： 声乐演唱、器乐演奏、合唱、合奏、钢琴伴奏、音乐作品分析、音乐教学法、表演艺术、文化活动策划与组织。

实习实训： 对接真实职业场景或工作情境，在校内外进行独唱重唱合唱训练、独奏重奏合奏训练、举办音乐会、参加赛事展演等实训。在艺术团体、音乐培训机构、各级各类公共文化服务单位进行岗位实习。

职业类证书举例

职业技能等级证书：器乐艺术指导

接续专业举例

接续专业硕士学位授予领域举例：艺术

接续硕士学位二级学科举例：音乐与舞蹈学、艺术学理论

专业代码 350202

专业名称 舞蹈表演与编导

基本修业年限 四年

职业面向

面向舞蹈表演、文艺创作与编导、群众文化活动指导、舞蹈教学等岗位（群）。

培养目标定位

本专业培养德智体美劳全面发展，掌握扎实的科学文化基础和舞蹈表演、舞蹈编创、文艺活动策划等知识，具备舞蹈表演与编创、文艺活动策划与组织、舞蹈教学与培训等能力，具有精益求精、守正创新的精神和信息素养，能够从事舞蹈表演、舞蹈编导、舞蹈教学、旅游演艺、艺术辅导与社会培训等方面工作的高层次技术技能人才。

主要专业能力要求

1. 具有扎实的舞蹈基本功和较强的舞台表演能力，能够熟练运用多样性舞蹈语汇，创造性演绎不同风格、类型的舞蹈作品；

2. 具有较强的舞蹈编创与排演、文艺活动策划与组织的能力；

3. 具有较强的舞蹈教学与辅导培训能力；

4. 具有较强的作品构思、脚本撰写、编创方案制定与舞台作品合成的能力；

5. 具有较强的舞蹈音乐和舞台美术的认知与设计思维能力；

6. 具有数字技术运用能力，能够依据舞蹈节目编排需要，完成音视频素材摄录、剪辑和数字影像处理；

7. 具有较高的艺术审美和舞蹈作品的鉴赏能力；

8. 具有较强的沟通合作能力，以及分析问题、解决问题的能力；

9. 具有研究和创新发展的能力；

10. 具有探究学习、终身学习和可持续发展的能力。

主要专业课程与实习实训

    专业基础课程：乐理与曲式分析、地域性风格舞蹈、舞蹈综合教学法、中外舞蹈赏析与评论、数字媒体编创与制作、表演与导演基础、造型设计、演出制作与舞台管理、运动损伤与保健、艺术概论。

    专业核心课程：舞蹈基本功、中国古典舞身韵、中外舞蹈素材、即兴表演、创意编舞、舞蹈教学组合编排、剧目表演与导演、文化活动策划与组织。

    实习实训：对接真实职业场景或工作情境，在校内外进行剧目编创与排练、舞蹈教学、活动策划组织等实训。在各类专业艺术团体、文旅演艺企业、文化馆站、青少年宫、社会艺术培训机构、中等职业学校等单位进行岗位实习。

职业类证书举例

    职业资格证书：教师资格、演出经纪人员资格

    职业技能等级证书：人物化妆造型、在线学习服务

接续专业举例

    接续专业硕士学位授予领域举例：艺术

    接续硕士学位二级学科举例：音乐与舞蹈学、艺术学理论

专业代码   350203

专业名称   戏曲表演

基本修业年限   四年

职业面向

    面向戏曲表演、戏曲教育与培训、群众文化活动服务与指导等岗位（群）。

培养目标定位

    本专业培养德智体美劳全面发展，掌握扎实的科学文化基础和戏曲发展史、戏曲理论、戏曲创编等知识，具备戏曲人物形象塑造、戏曲创编与指导、戏曲教学等能力，具有精益求精、守正创新的精神和信息素养，能够从事戏曲表演、戏曲编导、戏曲教学、文化艺术培训、群众文化活动服务与指导等工作的高层次技术技能人才。

主要专业能力要求

    1. 具有系统掌握四功（唱、念、做、打）、五法（手、眼、身、法、步），并熟练运用戏曲技术技能于舞台人物塑造的戏曲表演能力；

2. 具有一定的戏曲表演、戏曲创编的理论和实践运用能力，具有艺术实践指导、艺术创新创造能力；

3. 具有运用戏曲新媒体和戏曲教育数字化教学方法进行戏曲唱腔、形体、剧目的示范、讲解和指导的能力；

4. 具有较好的中华优秀传统文化素养，具备戏曲作品的分析、鉴赏和审美能力，具有一定的国际视野和较好的艺术综合表现能力；

5. 具有较强的沟通合作能力，一定的文化艺术活动的组织和策划能力；

6. 具有研究和创新发展的能力；

7. 具有探究学习、终身学习和可持续发展的能力。

主要专业课程与实习实训

专业基础课程：中国戏曲史、艺术概论、乐理与视唱练耳、戏曲美学、表导演基础、戏曲发声、中外戏剧赏析、新媒体传播。

专业核心课程：腿毯、把子、身段、唱念、剧目、形体设计、角色创造、表导演创作、戏曲教学法。

实习实训：对接真实职业场景或工作情境，在校内外进行观摩、剧目排演、展演交流等实训。在专业文艺院团、文化企业、各级各类公共文化服务单位、教育和培训单位进行岗位实习。

职业类证书举例

暂无

接续专业举例

接续专业硕士学位授予领域举例：艺术

接续硕士学位二级学科举例：戏剧与影视学

专业代码 350204
专业名称 舞台艺术设计
基本修业年限 四年

职业面向

面向舞美设计、舞台效果处理、演艺设备工程技术、演艺新媒体数字化制作等岗位（群）。

培养目标定位

本专业培养德智体美劳全面发展，掌握扎实的科学文化基础和舞台美术设计理念、中外剧场发展历史、数字舞美艺术特征等知识，具备舞台艺术空间造型设计与制作、灯光设计、影视人物化妆造型设计、数字化舞美设计制作等能力，具有工匠精神和信息素养，能够从事戏剧、影视及大型演艺场景的舞美设计、置景道具制作、灯光设计、形象设计、舞台艺术空间造型设计、舞台数字媒体制作、演出监制等工作的高层次技术技能人才。

主要专业能力要求

1. 具有较高的舞台艺术空间造型设计与制作能力、舞台演出和影视等场景制作及指导舞台制作的能力、舞台演出监督能力；

2. 具有较强的舞台演出、影视节目中灯光设计及灯光艺术效果处理的能力；

3. 具有较好的舞台人物和影视人物的化妆造型设计并进行造型体现的能力，具有舞台演出、影视片等服装道具创作和管理的能力；

4. 具有数字化舞台空间造型设计制作操控能力、影视后期制作能力；

5. 具有较强的创造性思维，具有在舞台艺术设计中把握舞台设备技术更新、技术应用拓展和开发的能力；

6. 具有较好的艺术审美和创意设计能力；

7. 具有较强的沟通协调能力、团队合作能力；

8. 具有研究和创新发展的能力；

9. 具有探究学习、终身学习和可持续发展的能力。

主要专业课程与实习实训

专业基础课程：设计素描、设计色彩、雕塑、中国书画、舞台美术基础、艺术概论、中外剧场史、导演基础、计算机辅助设计。

专业核心课程：材料与空间、舞台设计与制作、舞台绘景、舞台灯光设计、影视照明、舞台灯光技术、舞台影视服装设计与制作、舞台人物造型设计、视频设计与制作、舞台数字媒体创作与体现。

实习实训：对接真实职业场景或工作情境，在校内外进行舞美设计、舞美制作、剧（节）目合成、舞台数字媒体创作等实训。在文化企业或文艺院团等单位进行岗位实习。

职业类证书举例

职业技能等级证书：数字创意建模

接续专业举例

接续专业硕士学位授予领域举例：艺术

接续硕士学位二级学科举例：戏剧与影视学、美术学、设计学

3504 文化服务类

专业代码 350401

专业名称 文物修复与保护

基本修业年限 四年

职业面向

面向文物修复师、可移动文物保护专业人员等职业，文物修复、文物保护等岗位（群）。

培养目标定位

本专业培养德智体美劳全面发展，掌握扎实的科学文化基础和文博专业等知识，具备文物科技分析、修复方案制定和对文物本体进行修复保护等能力，具有工匠精神和信息素养，能够从事文物修复与保护工作的高层次技术技能人才。

主要专业能力要求

1. 具有运用历史、艺术和科学等基础知识识别不同类别的文物，对文物年代、材质、保存状态和制作工艺等信息进行调查分析的能力；

2. 具有识别文物常见病害，运用数字化手段规范绘制文物病害图，分析文物病害产生原因的能力；

3. 具有规范操作常用科学仪器设备开展文物样品检测分析和基本的数据解读能力；

4. 具有进行文物保存环境调查，识别文物常见风险并设计、实施预防性保护措施的能力；

5. 具有正确选择并熟练应用文物保护修复材料与工艺的能力；

6. 具有解读基本的分析检测报告并运用分析结果，编写文物保护修复方案和档案，对文物本体进行修复、保护和保管的能力；

7. 具有应用数字化技术对文物进行规范化测绘、记录的能力；

8. 具有正确运用相关文物法律法规和熟练应用相关技术标准的能力；

9. 具有探究学习、终身学习和可持续发展的能力。

主要专业课程与实习实训

专业基础课程：文物学概论、博物馆学概论、考古学概论、中国古代科学技术史、工艺美术基础、文物绘图、文物保护与修复基础、文物政策法规及技术标准。

专业核心课程：中国古代书画、中国古代陶瓷、中国古代金属器、文物科技分析、文物预防性保护、文物保护与修复材料、纸质文物保护与修复技术、陶瓷文物保护与修复技术、金属文物保护与修复技术、文物数字化技术。

实习实训：对接真实职业场景或工作情境，在校内外进行某类文物系统性保护修复、文物保存环境监控、文物保存现状调查、文物样品检测分析等实训。在博物馆、考古机构、文物保护与修复机构等单位进行岗位实习。

职业类证书举例

职业资格证书：文物保护工程从业资格

接续专业举例

接续专业硕士学位授予领域举例：文物与博物馆

36 新闻传播大类

3601 新闻出版类

专业代码 360101

专业名称 网络与新媒体

基本修业年限 四年

职业面向

面向各类互联网媒体平台的信息内容策划与采编、数据分析与应用、平台运营等岗位（群）。

培养目标定位

本专业培养德智体美劳全面发展，掌握扎实的科学文化基础和网络与新闻传播、新媒体技术等知识，具备网络文案策划、多媒体制作、新媒体运营与营销等能力，具有良好的职业道德、工匠精神和信息素养，能够从事互联网策划、编辑、运营等工作的高层次技术技能人才。

主要专业能力要求

1. 具有拟定选题、制订采编计划及执行的能力；
2. 具有音视频内容采编与制作、产品设计与完善的能力；
3. 具有多终端内容分发和制作的能力；
4. 具有用户行为数据分析与网络舆情监测的能力；
5. 具有新媒体平台运行数据收集跟踪、分析处理和优化运营方案的能力；
6. 具有将大数据、云计算等现代信息技术应用于新媒体出版领域的能力；
7. 具有探究学习、终身学习和可持续发展的能力。

主要专业课程与实习实训

专业基础课程：马克思主义新闻观、新闻学概论、新媒体概论、中外传播简史、网络传播概论、新闻出版法律与法规、摄影基础、非线性编辑、图形图像处理、融合新闻。

专业核心课程：新媒体运营、网络舆情报告写作、视频剪辑与合成、新媒体数据分析与应用、新媒体创意与策划、采访与写作、数字多媒体作品创作、网页设计与制作。

实习实训：对接真实职业场景或工作情境，在校内外进行视频拍摄、新媒体采访、网络直播、网络舆情分析、新媒体编辑、新媒体产品设计与运营等实训。在出版社、各级融媒体中心、媒体衍生服务业及各类互联网企业或政府机构宣传部门进行岗位实习。

职业类证书举例

　　职业技能等级证书：新媒体运营、融媒体内容制作、新媒体编辑

接续专业举例

　　接续专业硕士学位授予领域举例：新闻与传播、广播电视、出版
　　接续硕士学位二级学科举例：新闻传播学、新闻与传播、出版

3602　广播影视类

专业代码　360201
专业名称　播音与主持
基本修业年限　四年

职业面向

面向播音、配音、讲解、节目主持、采访报道、活动主持、新媒体主持等岗位（群）。

培养目标定位

本专业培养德智体美劳全面发展，掌握扎实的科学文化基础和语音发声、播音创作、主持艺术等知识，具备较强的语言表达、作品演播、播音主持等能力，具有工匠精神和信息素养，具有新闻伦理与新闻道德，能够从事各类新闻播音、采访报道、音视频配音、节目主持、活动主持、网络与新媒体口语传播及语言艺术培训等工作的高层次技术技能人才。

主要专业能力要求

1. 具有较强的文字表达能力和语言沟通交流能力；
2. 具有广播、电视、新媒体新闻的播音能力，具有信息获取和采访报道能力；
3. 具有专题片配音和影视配音创作能力及对外传播能力；
4. 具有音视频节目策划、主持、制作的能力；
5. 具有企事业内外宣传、策划、统筹、主持的能力；
6. 具有本专业需要的自我形象管理和塑造能力，具有个人礼仪修养和人际交往能力；
7. 熟悉传媒行业相关法律法规；
8. 具有现代数字信息处理及融媒体市场运营的能力；
9. 具有一定的研究和创新发展的能力；
10. 具有探究学习、终身学习和可持续发展的能力。

主要专业课程与实习实训

专业基础课程：播音主持艺术概论、形体与体态语、表演基础、新闻学概论、新媒体传播、广播电视概论、基础写作、现代汉语。

专业核心课程：语音与发声、播音创作基础、即兴口语表达、文艺作品演播、音频节目播音与主持、视频节目播音与主持、现场报道、演播空间处理。

实习实训：对接真实职业场景或工作情境，在校内外进行播音、配音、主持、文艺作品演播、新媒体直播等实训。在广播电视台、融媒体中心、网络直播基地等单位进行岗位实习。

职业类证书举例

职业资格证书：广播电视播音员、主持人资格，新闻记者职业资格

接续专业举例

接续专业硕士学位授予领域举例：新闻与传播、广播电视

接续硕士学位二级学科举例：戏剧与影视学

专业代码　360202
专业名称　影视摄影与制作
基本修业年限　四年

职业面向

面向影视摄影、剪辑、包装与合成、全媒体制作与运营等岗位（群）。

培养目标定位

本专业培养德智体美劳全面发展，掌握扎实的科学文化基础和影视摄影与制作、全媒体运营等知识，具备影像拍摄、剪辑、特效与包装、新媒体内容生产等能力，具有工匠精神和信息素养，能够从事摄影摄像、影视剪辑、影像包装设计、影视合成特效、全媒体运营等工作的高层次技术技能人才。

主要专业能力要求

1. 具有对影视美学、视听语言、传播学、节目策划等方面的较强的整合知识和综合运用知识的能力；

2. 具有分镜头设计、影像拍摄等镜头画面创作的能力；

3. 具有影像编辑、影视剪辑与画面后期处理的实践能力；

4. 具有影视特效制作、画面调色等影视后期制作与包装能力；

5. 具有短视频策划、制作、运营、新媒体编辑等新媒体内容生产的能力；

6. 具有运用信息技术基础知识进行影视节目制作领域数字化创作的能力；

7. 熟悉传媒行业相关法律法规；

8. 具有一定的研究问题和创新发展的能力；

9. 具有探究学习、终身学习和可持续发展的能力。

主要专业课程与实习实训

专业基础课程：摄影基础、视听语言、数字图形图像、影视制作技术、影视照明基础、影视声音基础、色彩构成、视觉传达设计、传播学概论、新媒体概论。

专业核心课程：影视摄像、摄影技术与艺术、无人机摄影摄像技术、影视编辑、影视特技与合成、节目包装设计、数字校色、影视节目策划、剧情片创作、纪录片创作、新媒体文案、新媒体运营。

实习实训：对接真实职业场景或工作情境，在校内外进行节目策划、纪录片创作、剧情片创作、影像剪辑与包装、新媒体运营等实训。在广播电视台、融媒体中心、影视制作公司、视频网站等单位进行岗位实习。

职业类证书举例

暂无

接续专业举例

接续专业硕士学位授予领域举例：电影、广播电视、新闻与传播

接续硕士学位二级学科举例：戏剧与影视学、新闻传播学

专业代码 360203
专业名称 数字广播电视技术
基本修业年限 四年

职业面向

面向广播电视播控系统集成、技术支持与运维，传输与接收技术支持与运维、融媒体系统集成与技术支持等岗位（群）。

培养目标定位

本专业培养德智体美劳全面发展，掌握扎实的科学文化基础和数字广播电视系统技术架构、媒体融合、云计算与大数据等知识，具备数字广播电视系统设计、施工、调试与运维，融媒体平台系统集成与运维等能力，具有工匠精神和信息素养，能够从事广播电视播控系统集成与运维，有线和无线广播电视信号传输与接收系统方案设计与运维，融媒体系统集成与运维等工作的高层次技术技能人才。

主要专业能力要求

1. 具有演播室、转播车、融媒体平台系统集成、调试与运维能力；

2. 具有有线数字电视前端和传输系统、卫星数字电视接收系统方案设计、施工、调试与运维能力；

3. 具有数字广播电视终端安装与调试能力；

4. 具有交互式网络电视（IPTV）集成播控平台值机、传输网络检测与维护能力；

5. 具有制播网络系统集成与运维能力；

6. 具有熟练使用广播电视系统常用测量仪器的能力；

7. 具有适应产业数字化发展需求的基本数字技能、信息技术基础知识、专业信息技术能力；

8. 熟悉传媒行业相关法律法规，熟悉安全防护、质量管理等相关知识；

9. 具有一定的研究和创新发展的能力；

10. 具有探究学习、终身学习和可持续发展的能力。

主要专业课程与实习实训

专业基础课程：电路基础、电子技术、数字电路、信号与系统、数字通信原理、计算机网络技术、光纤传输技术、现代电视原理。

专业核心课程：数字电视技术、视频测量技术、交互式网络电视（IPTV）技术与应用、有线数字电视技术、网络制播技术、数字卫星通信、融媒体技术与应用、数字电视演播室技术。

实习实训：对接真实职业场景或工作情境，在校内外进行数字电视前端系统集成与设备参数设置，有线广播电视光传输网络的规划设计、设备安装、调试、维护与检修，演播室、转播车、融媒体平台系统集成、调试与运维等实训。在广播电视台、融媒体中心、广播电视网络公司、广播电视系统设备集成公司等单位进行岗位实习。

职业类证书举例

暂无

接续专业举例

接续专业硕士学位授予领域举例：通信工程

接续硕士学位二级学科举例：通信与信息系统、信号与信息处理

专业代码 360204
专业名称 影视编导
基本修业年限 四年

职业面向

面向编导、影视导演、剪辑、策划、撰稿等岗位（群）。

培养目标定位

本专业培养德智体美劳全面发展，掌握扎实的科学文化基础和影视编导、摄影摄像、策划等知识，具备广播影视及网络视听节目策划、制片、编导、剪辑等能力，具有工匠精神和信息素养，能够从事策划、编剧、影视导演、文案写作、节目编导、后期剪辑等工作的高层次技术技能人才。

主要专业能力要求

1. 具有影视编导、统筹项目、解决现场问题的能力；

2. 具有视听节目创意、策划等能力；

3. 具有影视剧本、创意提案、广告语、影视配文、宣传稿等各类文体写作能力；

4. 具有拍摄指导、现场调度、前后期对接等影视摄制工作的能力；

5. 具有完成广告片、宣传片、短视频、栏目、网络节目等剪辑和特效包装工作的能力；

6. 具有策划、制定并执行新媒体运营策略的能力；

7. 具有适应产业数字化发展需求的数字技能，具有传媒文化领域需要的数字化能力；

8. 熟悉传媒行业相关法律法规；

9. 具有一定的研究和创新发展的能力；

10. 具有探究学习、终身学习和可持续发展的能力。

主要专业课程与实习实训

专业基础课程：影视艺术基础、视听语言、影视照明、影视录音、影视导播、影视短片创作、摄影摄像、影视后期制作、影视美学、拉片分析。

专业核心课程：影视节目策划、影视剧本创作、影视制片管理、影视导演实务、影视文案策划与写作、节目编导执行、全媒体视听节目创作、影视广告创意、影视特效、新媒体运营。

实习实训：对接真实职业场景或工作情境，在校内外进行剧本创作、影视导演、节目策划、文案写作、后期制作、新媒体投放等实训。在广播电视台、融媒体中心、影视制作公司、新媒体公司、文化传媒机构等单位进行岗位实习。

职业类证书举例

职业资格证书：新闻记者职业资格、演出经纪人员资格

职业技能等级证书：新媒体运营

接续专业举例

接续专业硕士学位授予领域举例：广播电视、新闻与传播

接续硕士学位二级学科举例：戏剧与影视学

专业代码 360205

专业名称 全媒体新闻采编与制作

基本修业年限 四年

职业面向

面向全媒体采访、写作、摄像、编辑、宣传、策划、评论等岗位（群）。

培养目标定位

本专业培养德智体美劳全面发展,掌握扎实的科学文化基础和马克思主义新闻思想、新闻传播、媒体融合等知识,具备全媒体新闻采写、全媒体新闻编辑制作、全媒体新闻策划等能力,具有工匠精神和信息素养,能够从事新闻采访、新闻写作、新闻摄像、新闻编辑、新闻宣传、新闻策划、新闻评论及全媒体新闻传播工作的高层次技术技能人才。

主要专业能力要求

1. 具有摄影、摄像、编辑等技术技能,具有全媒体音视频新闻制作的能力;
2. 具有全媒体新闻采访、全媒体新闻写作的能力;
3. 具有撰写新闻评论的能力;
4. 具有完成出镜报道的能力;
5. 具有较强的新闻敏感性及扎实的口头表达能力、书面表达能力与视听表达能力;
6. 具有完成全媒体受众调查、新闻策划、媒体运营等工作的能力;
7. 具有适应产业数字化发展需求的数字技能,具有传媒领域需要的数字化能力;
8. 熟悉传媒行业相关法律法规;
9. 具有研究和创新发展能力;
10. 具有探究学习、终身学习和可持续发展的能力。

主要专业课程与实习实训

专业基础课程：马克思主义新闻思想、新闻学概论、传播学概论、视听传播概论、融合新闻概论、中外新闻史、新闻法规与职业道德、视听语言。

专业核心课程：图片摄影、摄像技术、全媒体新闻采访、全媒体新闻编辑、视频剪辑与特效、短视频创作、音频节目制作、新闻评论、出镜报道。

实习实训：对接真实职业场景或工作情境，在校内外进行摄影摄像、全媒体新闻采访写作、全媒体编辑策划、纪录片与短视频创作等实训。在报社、广播电视台、融媒体中心、新媒体公司、传媒公司等单位及其他企事业单位宣传部门进行岗位实习。

职类证书举例

职业资格证书： 新闻记者职业资格

职业技能等级证书： 新媒体编辑、媒体融合运营

接续专业举例

接续专业硕士学位授予领域举例： 新闻与传播

接续硕士学位二级学科专业举例： 新闻学、传播学

专业代码 360206
专业名称 数字动画
基本修业年限 四年

职业面向

面向动画编导、动画设计与制作、动画特效与合成、引擎动画制作等岗位（群）。

培养目标定位

本专业培养德智体美劳全面发展，掌握扎实的科学文化基础和数字动画基本理论、动画原理、动画编剧等知识，具备动画造型设计、数字动画设计与制作、动画项目创意策划、动画编导等能力，具有工匠精神和信息素养，能够从事动画创意策划、动画编导、三维动画设计与制作、动画特效与后期合成、动画制片与管理等工作的高层次技术技能人才。

主要专业能力要求

1. 具有进行动画项目创意策划、编导动画短片项目的能力；

2. 具有空间透视的绘制能力、动静态角色的结构塑造能力，熟练运用美术手绘技法进行创意设计的能力；

3. 具有动画电影思维及熟练运用视听语言进行镜头设计的能力，能够根据剧本、角色、导演要求进行动画表演；

4. 具有数字动画制作、创作相关的数字化技能，具有将动画原理知识、艺术表现与数字技术融合应用于数字动画设计、制作与创作的能力；

5. 能够主动学习智能动画新技术，具有规范操作动作捕捉等先进设备的技能，具有动作捕捉数据优化使用的能力；

6. 熟悉传媒行业相关法律法规；

7. 了解动画项目制片流程及各个生产岗位要求，具有辅助动画项目管理的能力；

8. 具有根据各类新媒体特点与要求，推广动画项目或作品的能力；

9. 具有一定的研究和创新发展的能力；

10. 具有探究学习、终身学习和可持续发展的能力。

主要专业课程与实习实训

专业基础课程：数字动画概论、速写、数字色彩、动画写生、视听语言、计算机动画基础、艺用解剖与透视、动画运动规律、版式设计。

专业核心课程：动画创意策划、动画剧本创作、动画美术设计、动画分镜设计、三维模型制作、动画绑定、角色动作设计、动画材质与灯光渲染、动画特效与后期合成、动画制片管理、动画短片创作。

实习实训：对接真实职业场景或工作情境，在校内外进行数字建模、动画绑定、动画材质与灯光渲染、特效合成、引擎动画制作等实训。在动漫、游戏数字内容服务行业的动画公司、游戏公司、校企合作实训基地等单位进行岗位实习。

职业类证书举例

职业技能等级证书：动画制作、数字创意建模

接续专业举例

接续专业硕士学位授予领域举例：电影、广播电视、艺术设计

接续硕士学位二级学科举例：戏剧与影视学、设计学

37　教育与体育大类

3701　教育类

专业代码　370101
专业名称　学前教育
专业修业年限　四年

职业面向

面向幼儿园教师等职业。

培养目标定位

本专业培养德智体美劳全面发展,掌握扎实的科学文化基础和学前教育理论等知识,有理想信念、有道德情操、有扎实学识、有仁爱之心,热爱儿童、忠诚学前教育事业,具有深厚的教育情怀,良好的人文素养、科学素养和创新意识,具有一定的信息素养和国际视野,具备突出的保育教育实践技能、较强的适岗能力和可持续发展等能力,能够从事幼儿园保育教育、一日生活组织与管理、教育研究与指导等工作,能在保教实践中解决较复杂问题的高素质幼儿园教师。

主要专业能力要求

1. 具有积极从教意愿与科学的学前教育理念,熟悉学前教育领域相关法律法规,具备认识学前教育发展现状与趋势的能力;

2. 具有社会责任感和担当精神,具有师德践行能力,具备在保教活动过程中融入思政元素,将德育贯穿于幼儿一日生活的能力;

3. 具有幼儿园保教活动所必需的弹、唱、跳、画、说等基本技能,具有应用以上技能开展教育教学活动的能力;

4. 具有环境创设与利用、一日生活组织与保育、游戏活动支持与引导、教育活动设计与实施等能力,具有对保教活动中幼儿行为观察与指导、激励与评价的能力;

5. 具有幼儿园班级管理及融合教育的能力,具有将研究成果整合与综合运用于游戏、课程开发等教育实践的能力;

6. 具备基本信息素养,掌握学前教育领域数字化教学技能,具备适应学前教育数字化发展的能力;

7. 具有科学的美育理念,具有一定的欣赏美、表现美与创造美的能力;

8. 具有教育研究和创新发展的能力；

9. 具有探究学习、终身学习和可持续发展的能力。

主要专业课程与实习实训

  专业基础课程：教师职业道德与教育政策法规、教育概论、普通心理学、学前教育研究方法、学前教育史、数字化教育技术应用、教师口语、幼儿教师艺术技能（音乐、舞蹈、美术）、儿童文学等。

  专业核心课程：学前儿童卫生与保健、学前儿童发展心理学、学前教育概论、幼儿园课程概论、学前儿童游戏与指导、幼儿园教育活动设计与实施、学前儿童行为观察与指导、幼儿园教育环境创设与利用、现代幼儿园班级管理等。

  实习实训：鼓励校、园多种形式合作，开展实践教学。主要包括实验、实训、见习、实习、研习、毕业设计、社会实践等。在幼儿园等教育机构进行师德体验、保教实践、班级管理实践和教研实践等内容的见习、实习与研习，将教育见习、教育实习、教育研习贯通。在校内外进行教育基本技能、学前儿童卫生与保健、学前儿童游戏与指导、幼儿园教育活动设计与实施、学前儿童行为观察与指导、幼儿园教育环境创设与利用等课程的实训。

职业类证书举例

  职业资格证书：教师资格

  职业技能等级证书：幼儿照护、母婴护理、研学旅行策划与管理（EEPM）、社会心理服务、器乐艺术指导

接续专业举例

  接续专业硕士学位授予领域举例：学前教育

  接续硕士学位二级学科举例：学前教育学、特殊教育、课程与教学论、教育学原理

3702 语言类

专业代码 370201
专业名称 应用英语
基本修业年限 四年

职业面向

面向翻译人员、商务专业人员、销售人员、商务咨询服务人员等职业，语言服务及涉外商贸服务与管理等岗位（群）。

培养目标定位

本专业培养德智体美劳全面发展，掌握扎实的科学文化基础和英语语言基础、基本的翻译理论和常用的翻译方法、国际商贸业务等知识，具备较强的语言表达、现场口译及资料翻译、涉外业务处理等能力，具有精益求精的职业精神和信息素养，能够从事商务英语翻译、机器翻译译后编校、国际商务、外贸业务等工作的高层次技术技能人才。

主要专业能力要求

1. 具有较高水平的英语听、说、读、写综合应用能力，具有较强的文字表达能力和语言沟通能力；

2. 具有较好的现场口译和较强的资料笔译能力、翻译技术应用及机器翻译译后编校的能力；

3. 具有较强的国际商贸实务处理、涉外沟通与接待、海外业务拓展、客户关系维护的能力；

4. 具有较强的涉外商务活动组织、协调和管理能力、谈判公关能力，具有各种常见涉外工作风险防范和处理的能力；

5. 具有在国际商务、国际贸易等领域提供中高端服务，从事海外业务拓展方案设计及过程监控，解决岗位现场较复杂问题的能力；

6. 具有运用良好的跨文化交际技巧妥善应对文化差异或冲突的能力；

7. 具有较强的现代信息技术应用能力，具有在数字化信息平台上用英语进行国际市场调研、产品推广及海外客户开发与维护的能力；

8. 具有良好的研究能力、创新发展能力和创业能力；

9. 具有探究学习、终身学习和可持续发展的能力。

主要专业课程与实习实训

　　专业基础课程： 综合英语、应用英语视听说、英语阅读、英语写作技巧、英语翻译理论、英语演讲与辩论、英语国家社会与文化、国际商务礼仪。

　　专业核心课程： 商务英语、英语应用文写作、应用英语口笔译、机器翻译译后编校、英语商务信函写作、国际商务谈判英语、跨文化交际、海外客户开发与管理、国际贸易实务、商务沟通技巧。

　　实习实训： 对接真实职业场景或工作情境，在校内外进行涉外商务接待、机器翻译译后编校、国际商务谈判及业务磋商、海外客户开发及平台运维等实训。在翻译公司、跨国公司、贸易企业、跨境电商企业等单位进行岗位实习。

职业类证书举例

　　职业资格证书： 翻译专业资格

接续专业举例

　　接续专业硕士学位授予领域举例： 翻译
　　接续硕士学位二级学科举例： 英语语言文学、外国语言学及应用语言学

专业代码　　370202
专业名称　　应用日语
基本修业年限　　四年

职业面向

　　面向翻译人员、商务专业人员、商务咨询服务人员、销售人员等职业，涉日语言服务、商贸服务与管理等岗位（群）。

培养目标定位

　　本专业培养德智体美劳全面发展，掌握扎实的科学文化基础和日语语言基础、基本的翻译理论和常用的翻译方法、国际商贸业务等知识，具备较强的语言表达、现场口译及资料笔译、涉日业务处理等能力，具有精益求精的职业精神和信息素养，能够从事翻译、国际商务、外贸业务等工作的高层次技术技能人才。

主要专业能力要求

　　1. 具有较高水平的日语听、说、读、写综合应用能力，具有较强的文字表达能力和语言沟通能力；

2. 具有较强的现场口译能力和资料笔译能力；

3. 具有较强的涉日企业服务能力、商务事务处理能力和商务活动组织协调能力；

4. 具有较强的涉日商务活动公关能力，具有较强的常见涉日工作风险防范和处理能力；

5. 具有在国际商务、国际贸易等领域提供中高端服务，从事海外业务拓展方案设计及过程监控，解决岗位现场较复杂问题的能力；

6. 具有运用良好的跨文化交际技巧妥善应对文化差异或冲突的能力；

7. 具有较强的现代信息技术应用能力，具有在数字化信息平台上用日语进行国际市场调研、产品推广及海外客户开发与维护的能力；

8. 具有良好的研究能力、创新发展能力和创业能力；

9. 具有探究学习、终身学习和可持续发展的能力。

主要专业课程与实习实训

专业基础课程：基础日语、日语听力、日语会话、日语阅读、日语写作、日本概况、跨文化交际、日本企业文化。

专业核心课程：高级日语、实用日语视听说、日语专业阅读、日语应用文写作、日语口译、日语笔译、职场日语、国际贸易实务。

实习实训：对接真实职业场景或工作情境，在校内外进行日语口笔译、国际商务谈判及业务磋商、国际商务综合业务操作等实训。在翻译公司、涉日工贸或贸易企业、涉日跨境电商企业等单位进行岗位实习。

职业类证书举例

职业资格证书：翻译专业资格

接续专业举例

接续专业硕士学位授予领域举例：翻译

接续硕士学位二级学科举例：日语语言文学、外国语言学及应用语言学

专业代码 370203
专业名称 应用韩语
基本修业年限 四年

职业面向

面向翻译人员、商务专业人员、销售人员等职业，语言服务及涉外商贸服务与管理

等岗位（群）。

培养目标定位

本专业培养德智体美劳全面发展，掌握扎实的科学文化基础和韩语语言基础、基本的翻译理论和常用的翻译方法、国际商贸业务等知识，具备较强的语言表达、现场口译及资料翻译、涉外业务处理等能力，具有精益求精的职业精神和信息素养，能够从事韩语相关的商务翻译、涉外企业管理、跨境电商运营管理、涉外旅游管理等工作的高层次技术技能人才。

主要专业能力要求

1. 具有较高水平的韩语听、说、读、写、译综合应用能力，具有较强的文字表达能力和语言沟通能力；

2. 具有较高水平的韩汉双语翻译及人工智能翻译应用能力；

3. 具有使用韩语进行生产经营、商务营销等活动的能力；

4. 具有较强的涉外企业管理、跨境电商运营管理、涉外旅游管理等行业知识与相关能力，具有各种常见涉外工作风险防范和处理的能力；

5. 具有运用良好的跨文化交际技巧妥善应对文化差异或冲突的能力；

6. 具有较强的现代信息技术应用能力，具有在数字化信息平台上用韩语进行相关业务的能力；

7. 具有良好的岗位适应能力，具有运用创新思维、思辨性思维主动适应新技术和新业态需求的能力；

8. 具有良好的研究能力和创新创业能力，具有较强的分析问题和解决问题的能力；

9. 具有探究学习、终身学习和可持续发展的能力。

主要专业课程与实习实训

专业基础课程： 综合韩语、韩语听力、韩语口语、韩语阅读、韩语写作、韩国概况、国际贸易基础、休闲与旅游基础。

专业核心课程： 高级韩语、韩语视听说、韩语职场交际、韩语实用阅读、韩语应用文写作、韩汉翻译实务、机器翻译译后编校、商务韩语、旅游韩语、中韩跨文化交际。

实习实训： 对接真实职业场景或工作情境，在校内外进行商务韩语翻译、国际贸易实操、跨境电商平台运营、涉外旅游虚拟仿真等实训。在翻译公司、韩资企业、外贸企业、跨境电商企业、涉外服务类企业等单位进行岗位实习。

职业类证书举例

职业资格证书： 翻译专业资格

接续专业举例

接续专业硕士学位授予领域举例：翻译

接续硕士学位二级学科举例：亚非语言文学、外国语言学及应用语言学

专业代码 370204

专业名称 应用俄语

基本修业年限 四年

职业面向

面向翻译人员、商务专业人员、销售人员、商务咨询服务人员等职业，语言服务、涉外商贸服务与管理等岗位（群）。

培养目标定位

本专业培养德智体美劳全面发展，掌握扎实的科学文化基础、俄语语言基础知识、基本的翻译理论和常用的翻译方法、国际商贸业务等知识，具备较强的语言表达、现场口译及资料翻译、涉外业务处理等能力，具有精益求精的职业精神和信息素养，能够从事俄语相关的商务翻译、工程项目管理、外贸业务管理、跨境电商运营、涉外旅游服务与管理等工作的高层次技术技能人才。

主要专业能力要求

1. 具有较高水平的俄语听、说、读、写、译综合应用能力，具有较强的文字表达能力和语言沟通能力；

2. 具有较高水平的俄汉双语翻译、翻译技术应用及机器翻译译后编校能力；

3. 具有较强的国际商务实务处理、涉外沟通与接待、海外业务拓展、客户关系维护能力；

4. 具有较强的涉外企业管理、工程项目管理、跨境电商运营管理、涉外旅游管理能力，具有常见涉外工作风险防范和处理的能力；

5. 具有运用良好的跨文化交际技巧妥善应对文化差异或冲突的能力；

6. 具有较强的现代信息技术应用能力，具有在数字化信息平台上用俄语开展相关业务的能力；

7. 具有良好的岗位适应能力，具有运用创新思维、思辨性思维主动适应新技术和新业态需求的能力；

8. 具有良好的研究能力和创新创业能力，具有较强的分析和解决问题的能力；

9. 具有探究学习、终身学习和可持续发展的能力。

主要专业课程与实习实训

专业基础课程： 综合俄语、俄语会话、俄语听力、俄语阅读、俄语报刊选读、俄语基础写作、俄语国家与地区概况、俄文办公软件。

专业核心课程： 高级俄语、俄语视听说、俄汉汉俄口笔译、俄语商务信函写作、中俄跨文化交际、经贸俄语、俄语商务谈判、机器翻译译后编校、国际贸易实务。

实习实训： 对接真实职业场景或工作情境，在校内外进行语言技能、经贸翻译、合同与商务信函写作、商务谈判、基本业务流程等实训。在虚拟仿真实习基地、校内本地化运营中心等场所及与本专业职业面向岗位（群）相关的企事业等单位进行岗位实习。

职业类证书举例

职业资格证书： 翻译专业资格

接续专业举例

接续专业硕士学位授予领域举例： 翻译

接续硕士学位二级学科举例： 俄语语言文学、外国语言学及应用语言学

专业代码 370205
专业名称 应用泰语
基本修业年限 四年

职业面向

面向翻译人员、商务专业人员、销售人员、商务咨询服务人员等职业，泰语服务及涉泰商务服务与管理等岗位（群）。

培养目标定位

本专业培养德智体美劳全面发展，掌握扎实的科学文化基础和泰语语言基础、基本的翻译理论和常用的翻译方法、国际商贸业务等知识，具备较强的语言表达、泰语口笔译、涉外业务处理等能力，具有精益求精的职业精神和信息素养，能够从事泰语翻译、人工智能翻译译后编校、涉外企业管理、外贸业务管理、跨境电商运营、涉外旅游服务与管理等工作的高层次技术技能人才。

主要专业能力要求

1. 具有较高水平的泰语听、说、读、写、译综合应用能力，具有较强的文字表达

能力和语言沟通能力；

2. 具有较高水平的泰汉双语翻译及人工智能翻译应用能力；

3. 具有较强的国际贸易、涉外企业管理、跨境电商平台运营、客户接待与谈判、平台客户开发与维护的能力；

4. 具有在涉外企业管理、外贸业务管理、跨境电商运营、旅游管理等领域提供中高端服务的能力；

5. 具有运用良好的跨文化交际技巧妥善应对文化差异或冲突的能力；

6. 具有较强的现代信息技术应用能力，具有在数字化信息平台上用泰语进行相关业务的能力；

7. 具有良好的岗位适应能力，具有主动适应新技术、新业态、新模式、新产业需求的能力；

8. 具有良好的研究能力、创新发展能力和创业能力，具有较强的分析问题和解决问题的能力；

9. 具有探究学习、终身学习和可持续发展的能力。

主要专业课程与实习实训

专业基础课程：综合泰语、泰语听力、泰语口语、泰语阅读、泰语基础写作、泰语翻译理论与实践、国际贸易实务、泰国概况。

专业核心课程：泰语视听说、泰语应用文写作、高级泰语、泰语笔译、泰语口译、跨文化交际、商务泰语、跨境电商实务、东盟国家经济与社会、信息技术与应用。

实习实训：对接真实职业场景或工作情境，在校内外进行泰语笔译、泰语口译、泰语综合能力实践、商务沟通与谈判、跨境电商平台操作技能等实训。在翻译公司、国际贸易、商务服务等单位（场所）进行岗位实习。

职业类证书举例

职业技能等级证书：电子商务数据分析、跨境电商 B2C 数据运营

接续专业举例

接续专业硕士学位授予领域举例：翻译

接续硕士学位二级学科举例：亚非语言文学、外国语言学及应用语言学

专业代码 370206
专业名称 应用外语
基本修业年限 四年

职业面向

面向翻译人员、商务专业人员、销售人员、商务咨询服务人员等职业，语言服务及涉外商贸服务与管理等岗位（群）。

培养目标定位

本专业培养德智体美劳全面发展，掌握扎实的科学文化基础和相关外语语言基础、基本的翻译理论和常用的翻译方法、国际商贸业务等知识，具备较强的语言表达、现场口译及资料翻译、涉外业务处理等能力，具有精益求精的职业精神和信息素养，能够从事商务翻译、外贸业务管理、跨境电商运营、涉外企业管理等工作的高层次技术技能人才。

主要专业能力要求

1. 具有较高水平的外语听、说、读、写、译综合应用能力，具有较强的文字表达能力和语言沟通能力；

2. 具有较高水平的外汉双语翻译及人工智能翻译应用能力；

3. 具有使用外语进行生产经营、商务营销等活动的服务与管理能力；

4. 具有较强的涉外企业管理、外贸业务管理、跨境电商运营管理等行业知识及相关能力，具有各种常见涉外工作风险防范和处理的能力；

5. 具有运用良好的跨文化交际技巧、妥善应对文化差异或冲突的能力；

6. 具有较强的现代信息技术应用能力，具有在数字化信息平台上用外语进行相关业务的能力；

7. 具有良好的岗位适应能力，具有运用创新思维、思辨性思维、主动适应新技术和新业态需求的能力；

8. 具有良好的研究能力、创新发展能力和创业能力，具有较强的分析问题和解决问题的能力；

9. 具有探究学习、终身学习和可持续发展的能力。

主要专业课程与实习实训

专业基础课程：综合外语、外语视听说、外语阅读、外语报刊选读、外语写作、翻译理论与实践、对象国概况、国际贸易实务。

专业核心课程：高级外语、商务外语口语、商务外语笔译、商务外语口译、商务外语函电、外语应用文写作、跨文化交际（双语）、跨境电商多平台操作、国际商务谈判、国际市场营销。

实习实训：对接真实职业场景或工作情境，在校内外进行商务外语口译、商务外语函电、跨境电商多平台操作、国际商务模拟谈判等实训。在翻译公司、跨境电商企业、中资企业驻外机构等单位（场所）进行岗位实习。

职业类证书举例

职业资格证书：翻译专业资格

职业技能等级证书：跨境电商 B2C 数据运营

接续专业举例

接续专业硕士学位授予领域举例：翻译

接续硕士学位二级学科举例：外国语言学及应用语言学

专业代码 370207

专业名称 应用西班牙语

基本修业年限 四年

职业面向

面向翻译人员、商务专业人员、销售人员、商务咨询服务人员等职业，西班牙语翻译、外贸业务员、跨境电商专员、语言服务及涉外商贸服务与管理等岗位（群）。

培养目标定位

本专业培养德智体美劳全面发展，掌握扎实的科学文化基础和西班牙语语言基础、基本的翻译理论和常用的翻译方法、国际商贸业务等知识，具备较强的语言表达、现场口译及资料翻译、涉外业务处理、跨文化交际等能力，具有精益求精的职业精神和信息素养，能够从事西班牙语翻译、国际贸易、跨境电商运营管理等工作的高层次技术技能人才。

主要专业能力要求

1. 具有较高水平的西班牙语听、说、读、写、译综合应用能力，具有较强的文字表达能力和语言沟通能力；

2. 具有较好的现场口译和较强的资料笔译能力、翻译技术应用及机器翻译译后编校的能力；

3. 具有较强的国际商贸实务处理、涉外沟通与接待、海外业务拓展、客户关系维护的能力；

4. 具有较强的涉外商务活动组织、协调和管理能力、谈判公关能力，以及各种常见涉外工作风险防范和处理的能力；

5. 具有在国际商务、国际贸易等领域提供中高端服务、从事海外业务拓展方案设计及加强过程监控、解决岗位现场较复杂问题的能力;

6. 具有运用良好的跨文化交际技巧、妥善应对文化差异或冲突的能力;

7. 具有较强的现代信息技术应用能力,具有在数字化信息平台上用西班牙语进行市场调研、产品推广以及海外客户开发与维护的能力;

8. 具有良好的研究能力、创新发展能力和创业能力;

9. 具有探究学习、终身学习和可持续发展的能力。

主要专业课程与实习实训

专业基础课程: 综合西班牙语、西班牙语听力、西班牙语会话、西班牙语阅读、西班牙语国家和地区概况、跨文化交际、西班牙语写作、西班牙语翻译。

专业核心课程: 高级西班牙语、职场西班牙语、西班牙语应用文写作、商务西班牙语口译实践、跨境电商西班牙语(双语)、西班牙语国际贸易实务(双语)、中拉经贸与文化交流、西班牙语国家企业制度。

实习实训: 对接真实职业场景或工作情境,在校内外进行西班牙语翻译、外贸业务实务、跨境电商平台运维等实训。在外贸公司、跨境电商企业、跨国公司等单位进行岗位实习。

职业类证书举例

职业资格证书: 翻译专业资格

接续专业举例

接续专业硕士学位授予领域举例: 翻译
接续硕士学位二级学科举例: 西班牙语语言文学、外国语言学及应用语言学

专业代码 370208
专业名称 中文国际教育
基本修业年限 四年

职业面向

面向国际中文教师等职业。

培养目标定位

本专业培养德智体美劳全面发展,掌握扎实的科学文化基础和中文国际教育等知识,

具备中文国际教育专业等知识和语言教学等能力，具有较强的外语交流能力和宽阔的国际视野，具有良好的师德和信息素养，能够从事中文国际教学等工作的高层次技术技能人才。

主要专业能力要求

1. 掌握并运用中文语言与文化知识，具有良好的中文国际教学能力；

2. 具有良好的语言文化教学能力，具有扎实的现代信息技术教学技能，能熟练地进行线下、线上汉语教学；

3. 具有较强的外语听、说、读、写、译能力及熟练运用外语进行沟通交流的能力；

4. 了解中国国情与文化，具有较好的中华文化阐释能力；

5. 具有宽阔的国际视野与较强的跨文化交际能力；

6. 具有较强的人际沟通协调能力与团队协作能力；

7. 具有良好的职业道德与职业素养；

8. 具有一定的信息收集处理和研究创新能力，具有较强的分析问题和解决问题的能力；

9. 具有探究学习、终身学习和可持续发展的能力。

主要专业课程与实习实训

专业基础课程：现代汉语、古代汉语、语言学概论、应用英（外）语、中文国际教育概论、教育心理学基础、中国文化概论、中国国情与中外文化交流、汉英语言对比、中外文化比较。

专业核心课程：第二语言教学法、对外汉语教学设计与实施、汉语教学技能与训练、汉语课堂组织与管理、跨文化交际基础与实践、中国文化教学与传播、汉语课堂观摩与实践、汉语文化活动设计与组织、语言教育技术应用、特殊用途汉语（中文+）教学。

实习实训：对接真实职业场景或工作情境，在校内外进行汉语教学技能训练、汉语课堂观摩与实践、语言教育技术应用训练等实训。在国内外中文国际教育机构（学校）、中文培训机构等单位进行岗位实习。

职业类证书举例

职业资格证书：教师资格

接续专业举例

接续专业硕士学位授予领域举例：汉语国际教育
接续硕士学位二级学科举例：语言学及应用语言学、汉语言文字学

3703 体育类

专业代码 370301

专业名称 社会体育指导与管理

基本修业年限 四年

职业面向

面向社会体育指导员、健身和娱乐场所服务人员、体育专业人员等职业,健身指导、体育赛事组织管理、体育俱乐部经营管理等技术领域。

培养目标定位

本专业培养德智体美劳全面发展,掌握扎实的科学文化基础和较为系统的社会体育基础理论等知识,具备较强的运动技术专长和一定的全民健身指导和体育活动组织策划、体育产品市场推广、体育俱乐部(协会)管理机制体制优化等能力,具有工匠精神和信息素养,能够从事大众体育健身指导、体育俱乐部(协会)运营与管理等工作的高层次技术技能人才。

主要专业能力要求

1. 具有对大众人群进行科学的健身指导的能力;
2. 具有体育俱乐部经营管理的能力;
3. 具有体育活动和赛事策划、组织、管理、项目开发与推广的能力;
4. 具有对健身指导、体育赛事组织、体育俱乐部运营管理等进行数字化改造设计、优化提升的能力;
5. 具有体育健身项目管理与团队管理的能力;
6. 具有进行社会体育科学研究的能力;
7. 具有参与标准与技术方案制订、开展社会体育应用技术研发或成果转化的能力;
8. 具有分析和解决问题的能力;
9. 具有探究学习、终身学习和可持续发展的能力。

主要专业课程与实习实训

专业基础课程: 社会体育概论、运动人体科学基础、体育保健康复基础、体育产业概论、体育管理原理与实务、体育政策法规、运动训练理论与方法、体育科学研究方法。

专业核心课程: 体育健身原理与方法、运动与健康促进、运动营养指导、运动损伤预防与康复、体育活动策划与组织、体育场馆设施维护技术、体育赛事管理、体育俱乐部经营管理、运动数据处理技术、运动技能专修。

实习实训：对接真实职业场景或工作情境，在校内外进行体质监测与评价、体育活动组织与策划、体育赛事管理、健身指导、体育俱乐部运营与管理等实训。在体育行业的健身机构、体育俱乐部、社区体育组织、体育社团（协会）和体育相关企业等单位或场所进行岗位实习。

职业类证书举例

职业资格证书：社会体育指导员、游泳救生员

职业技术等级证书：运动营养咨询与指导

接续专业举例

接续专业硕士学位授予领域举例：体育

接续硕士学位二级学科举例：体育教育训练学、体育人文社会学、民族传统体育学

专业代码　370302

专业名称　休闲体育

基本修业年限　四年

职业面向

面向水上运动、山地户外运动、航空运动等领域，休闲运动教育与培训、休闲体育赛事、休闲体育项目策划与推广、体育旅游与组织、休闲体育俱乐部经营岗位（群）。

培养目标定位

本专业培养德智体美劳全面发展，掌握扎实的科学文化基础和休闲体育运动、休闲运动产业等知识，具备休闲运动技术教学与培训、休闲体育活动策划与组织、休闲体育俱乐部经营、休闲活动项目设计、开发与市场推广等能力，具有工匠精神和信息素养，能够从事休闲体育活动指导与管理、休闲体育俱乐部经营与服务等工作的高层次技术技能人才。

主要专业能力要求

1. 具有休闲运动专项技能的教学与培训能力；

2. 具有安全防护、户外求生及急救的技术能力，能够处理突发事件，开展运动损伤救护、安全防护与急救；

3. 具有休闲运动营地设计与管理能力；

4. 具有规范使用休闲运动设施设备的技术能力；
5. 具有休闲体育俱乐部经营与管理的能力；
6. 具有休闲运动项目设计、开发、推广与经营的能力；
7. 具有与休闲运动领域相关的基本数字技能；
8. 具有参与休闲体育活动技术研发和创新发展的能力；
9. 具有探究学习、终身学习和可持续发展的能力。

主要专业课程与实习实训

专业基础课程：休闲体育概论、运动解剖基础、运动生理基础、运动心理基础、体育社会学、体育旅游概论、运动训练理论与方法、体育科学研究方法。

专业核心课程：休闲体育专项技能训练、户外运动安全防护与急救、休闲运动组织与管理、休闲体育俱乐部经营与管理、运动损伤与防护、游泳与救生、营地设计与管理、休闲项目策划与开发、体育旅游设计与开发、休闲体育营销实务。

实习实训：对接真实职业场景或工作情境，在校内外进行休闲体育专项技能实操、休闲体育活动组织管理、休闲体育项目策划与推广等专项技能实训。在休闲体育公园、休闲体育俱乐部、体育综合体以及社会经营休闲体育活动场所等单位或场所进行岗位实习。

职业类证书举例

职业资格证书：社会体育指导员、游泳救生员

接续专业举例

接续专业硕士学位授予领域举例：体育

接续硕士学位二级学科举例：体育人文社会学、体育教育训练学

专业代码 370303
专业名称 体能训练
基本修业年限 四年

职业面向

面向教练员、健身和娱乐场所服务人员、体育专业人员等职业，儿童青少年体能训练、体育俱乐部体能训练、运动队体能训练指导等岗位（群）。

培养目标定位

本专业培养德智体美劳全面发展，掌握扎实的科学文化基础和运动人体科学、体能

训练指导、运动防护等知识，具备综合体能训练指导、数字化运动测评和分析、体能训练产品化课程设计研发和实施等能力，具有工匠精神和信息素养，能够从事儿童青少年体能训练、体育俱乐部体能训练、运动队体能训练指导等工作的高层次技术技能人才。

主要专业能力要求

1. 具有系统指导体能训练的能力；
2. 具有根据测试结果进行分析、应用的能力；
3. 具有指导活动与恢复再生训练的能力；
4. 具有儿童青少年、健身人群体能训练产品化课程设计和研发，并组织个性化教学的能力；
5. 具有分析并指导运动员进行体能训练并提升其运动表现的能力；
6. 具有制定特殊人群体能训练计划并安全有效组织实施的能力；
7. 具有参与标准与技术方案制订、开展应用技术研发或成果转化的能力；
8. 具有适应体育产业数字化发展需求的能力；
9. 具有探究学习、终身学习和可持续发展的能力。

主要专业课程与实习实训

专业基础课程： 运动解剖基础、运动生理基础、运动生物力学基础、实用肌动学、体能训练理论与方法、运动训练理论与方法、运动心理基础、运动营养。

专业核心课程： 体能训练技术与应用、准备活动与恢复再生技术、评估技术与数字化应用、竞技体能训练设计与实施、健康促进体能训练设计与实施、儿童青少年体能训练设计与实施、特殊人群体能训练设计与实施、体能训练常用工具应用、运动防护、运动项目专项训练。

实习实训： 对接真实职业场景或工作情境，在校内外进行各类运动人体科学、体能评估测试、专项运动技术、综合体能训练等实训。在青少年儿童体能训练机构、体育俱乐部、运动队等单位或场所进行岗位实习。

职业类证书举例

职业技能等级证书： 运动营养咨询与指导

接续专业举例

接续专业硕士学位授予领域举例： 体育
接续硕士学位二级学科举例： 运动人体科学、体育教育

专业代码 370304

专业名称 电子竞技技术与管理

基本修业年限 四年

职业面向

面向电子竞技员、电子竞技运营师等职业，电子竞技技术指导、活动组织、内容制作等岗位（群）。

培养目标定位

本专业培养德智体美劳全面发展，掌握扎实的科学文化基础和电子竞技技术、活动策划与管理、软（硬）件设备操作等知识，具备电子竞技指导与竞赛、活动管理与执行、多媒体信息处理等能力，具有工匠精神和信息素养，能够从事电子竞技技术指导、活动组织、内容制作等工作的高层次技术技能人才。

主要专业能力要求

1. 具有良好的电子竞技软（硬）件设备操作的能力；
2. 具有专业的电子竞技技（战）术指导的能力；
3. 具有良好的电子竞技数据收集和处理的能力；
4. 具有良好的电子竞技项目执裁的能力；
5. 具有良好的电子竞技项目（活动）解说（主持）的能力；
6. 具有良好的电子竞技活动管理与执行的能力；
7. 具有良好的电子竞技内容制作与营销的能力；
8. 具有电子竞技项目研发和内容创新的数字化能力；
9. 具有探究学习、终身学习和可持续发展的能力。

主要专业课程与实习实训

专业基础课程： 电子竞技概论、电子竞技心理应用、体育管理原理与实务、电子竞技项目技术基础、电子竞技项目创意、电子竞技音视频剪辑、直播与盈利模式、电子竞技设备软硬件维护。

专业核心课程： 电子竞技技（战）术训练与运用、电子竞技项目数据采集与分析、电子竞技活动文案策划、电子竞技项目解析、电子竞技赛事运营与管理、电子竞技解说与评论、电子竞技裁判、电子竞技品牌设计、电子竞技赛事导播视听语言、电子竞技主持解说形象塑造。

实习实训： 对接真实职业场景或工作情境，在校内外进行电子竞技技（战）术训练、赛事（活动）组织、电子竞技内容制作与推广等实训。在电子竞技赛事（活动）公司、电子竞技俱乐部、新媒体运营公司、电子竞技产品研发公司等单位进行岗位实习。

职业类证书举例

  职业技能等级证书：电子竞技赛事运营

接续专业举例

  接续专业硕士学位授予领域举例：竞赛组织管理、社会体育指导
  接续硕士学位二级学科举例：体育教育训练学

38　公安与司法大类

3802　公安技术类

专业代码　380201

专业名称　刑事科学技术

（略）

专业代码　380202

专业名称　网络安全与执法

（略）

3803 侦查类

专业代码 380301
专业名称 刑事侦查
（略）

3804 法律实务类

专业代码 380401

专业名称 法律

基本修业年限 四年

职业面向

面向法律服务行业的基层法律服务工作者等职业。

培养目标定位

本专业培养德智体美劳全面发展，掌握扎实的科学文化基础和中国特色社会主义法治体系、法律咨询和法务工作等知识，具备较强法律咨询代书、基层纠纷处理、企业法务办理等能力，具有强烈的社会责任感、担当奉献精神、法治意识和信息素养，能够从事基层法律服务等工作的高层次技术技能人才。

主要专业能力要求

1. 具有良好的法律思维能力和分析法律关系的能力；

2. 具有法律咨询和较强的制作法律文书的能力；

3. 具有合同管理、法律审核、企业合规建设、法律风险防范等企业法律事务处理的能力；

4. 具有较强的法律援助事务、公证事务、书证物证取证鉴定等事务办理的能力；

5. 具有较强的纠纷预防与调处、民事诉讼、仲裁代理等纠纷处理的能力；

6. 具有适应法律服务需求的语言表达、庭审论辩和沟通协调的能力；

7. 具有运用数字技术开展基层法律服务的能力；

8. 具有运用创新思维和法律方式分析、研究并解决较复杂基层法律问题的能力；

9. 具有探究学习、终身学习和可持续发展的能力。

主要专业课程与实习实训

专业基础课程：习近平法治思想概论、宪法学、法理学、法律逻辑、民法原理与实务、刑法原理与实务、行政法与行政诉讼法原理与实务、刑事诉讼法原理与实务、法律职业伦理、基层法律服务工作概论。

专业核心课程：法律咨询、法律文书制作、民事诉讼代理、企业法律服务、法律援助实务、公证实务、人民调解实务、仲裁实务。

实习实训：对接真实职业场景或工作情境，在校内外进行案件分析与汇报、法律文书制作、法律咨询、纠纷调解、模拟法庭等实训。在基层法律服务所、司法局、律师事务所、公证处、国有企业、非公有制企业等单位进行岗位实习。

职业类证书举例

暂无

接续专业举例

接续专业硕士学位授予领域举例：法律

接续硕士学位二级学科举例：宪法学与行政法学、刑法学、民商法学、诉讼法学

3805 法律执行类

专业代码 380501
专业名称 刑事矫正与管理
基本修业年限 四年

职业面向

面向监狱机关的人民警察等职业，监狱管理、教育改造等岗位（群）。

培养目标定位

本专业培养德智体美劳全面发展，掌握扎实的科学文化基础和刑事法律、监狱理论和刑罚执行等知识，具备管理监狱、执行刑罚和对罪犯进行教育改造等能力，具有强烈的社会责任感、忠诚奉献担当精神、法治意识和信息素养，能够从事监狱刑罚执行和教育改造等工作的高层次技术技能人才。

主要专业能力要求

1. 具有执行刑罚与应用刑事法律的能力；
2. 具有对罪犯进行监管改造的能力；
3. 具有对罪犯进行教育改造的能力；
4. 具有应用监狱管理数字技术的能力；
5. 具有良好的语言、文字表达和沟通的能力；
6. 具有安全防卫和质量管理的能力；
7. 具有探究学习、终身学习和可持续发展的能力。

主要专业课程与实习实训

专业基础课程： 习近平法治思想概论、宪法学、法理学、刑法原理与实务、刑事诉讼法原理与实务、监狱学原理、司法行政机关人民警察理论与实务、犯罪学理论与实务、罪犯心理理论与实务、监狱信息化理论与实务，警察防卫与控制、警戒具与枪械使用。

专业核心课程： 监狱刑罚执行、狱政管理、狱内侦查、监狱应急管理、罪犯劳动管理、罪犯教育、罪犯危险性评估与矫正、罪犯心理矫治、监区工作实务、智慧警务技术、中国监狱历史与文化、外国监狱制度。

实习实训： 对接真实职业场景或工作情境，在校内外进行智能狱务、罪犯教育、罪犯危险性评估、罪犯心理咨询、监狱管理虚拟仿真、监狱防暴处突等实训。在监狱等单位进行岗位实习。

职业类证书举例

暂无

接续专业举例

接续专业硕士学位授予领域举例：法律、警务

接续硕士学位二级学科举例：刑法学、诉讼法学

专业代码 380502
专业名称 司法警务管理
基本修业年限 四年

职业面向

面向司法机关的人民警察等职业，审判警务保障、执行警务保障等岗位（群）。

培养目标定位

本专业培养德智体美劳全面发展，掌握扎实的科学文化基础和司法警察基本理论等知识，具备警务活动协调与指挥、警务风险研判与防控、舆情引导与突发事件处置、警务数字化运用等能力，具有强烈的社会责任感、忠诚奉献担当精神、法治意识和信息素养，能够从事审判警务保障和执行警务保障等工作的高层次技术技能人才。

主要专业能力要求

1. 具有运用专业知识，分析研判、制定和论证警务行动方案的能力；
2. 具有组织实施庭审和强制执行警务保障的能力；
3. 具有警务方案设计、组织协调指挥、突发事件预防与处置的能力；
4. 具有警务风险研判与防控、警务工作沟通与舆论引导的能力；
5. 具有警察防卫与控制、依法规范使用武器和警械的能力；
6. 具有适应警务信息化、数字化发展新需求的能力；
7. 具有运用创新思维和法律方式分析、研究并解决较复杂司法警务保障问题的能力；
8. 具有良好心理调适和团队合作的能力；
9. 具有探究学习、终身学习和可持续发展的能力。

主要专业课程与实习实训

专业基础课程： 习近平法治思想概论、宪法学、法理学、刑法原理与实务、民法原理与实务、民事诉讼法原理与实务、行政法与行政诉讼法原理与实务、司法警察概论、大数据技术与智慧司法、外国司法警察制度。

专业核心课程： 刑事诉讼法原理与实务、审判保障警务、法院执行警务、司法机关安全保卫、司法强制措施执行实务、特殊勤务、智慧警务技术应用、警察防卫与控制、警戒具与枪械使用。

实习实训： 对接真实职业场景或工作情境，在校内外进行司法审判保障警务组织实施、民事强制执行措施运用、司法惩戒案件调查处理、警务信息化运用等实训。在地方各级人民法院司法警察总（支、大）队，地方各级人民检察院业务部门等单位进行岗位实习。

职业类证书举例

暂无

接续专业举例

接续专业硕士学位授予领域举例： 法律、警务
接续硕士学位二级学科举例： 法学理论、诉讼法学

专业代码 380503
专业名称 综合行政执法
基本修业年限 四年

职业面向

面向行政机关综合行政执法人员等职业，城市管理、乡镇治理等岗位（群）。

培养目标定位

本专业培养德智体美劳全面发展，掌握扎实的科学文化基础和行政执法基础理论等知识，具备行政执法法律政策运用、舆情引导与风险防控、群众工作与应急处突、执法科技运用等能力，具有强烈的社会责任感、忠诚奉献担当精神、法治意识和信息素养，能够依法从事城（镇）管理行政处罚及与行政处罚相关的行政检查、行政强制措施等工作的高层次技术技能人才。

主要专业能力要求

1. 具有过硬的政治能力，具备良好的法律思维、法律关系分析的能力；
2. 具有对综合行政执法、城（镇）管理执法领域违法行为的分析判断及处置的能力；
3. 具有纠纷调解处理能力、教育说服能力和舆情应对与管控的能力；
4. 具有防卫控制与突发事件应急处置的能力；
5. 具有适应综合行政执法信息化、数字化发展的技术运用的能力；
6. 具有运用专业知识，调查、分析、研判、制定综合行政执法工作实施方案的能力；
7. 具有运用创新思维和法律方式分析、研究并解决较复杂综合行政执法问题的能力；
8. 具有探究学习、终身学习和可持续发展的能力。

主要专业课程与实习实训

专业基础课程：习近平法治思想概论、宪法学、法理学、行政法原理与实务、行政诉讼法原理与实务、民法原理与实务、城市和农村公共事务管理、管理心理理论与实务、行政管理理论与实务、外国行政执法概论。

专业核心课程：行政执法理论与实务、行政许可与备案实务、行政执法检查实务、违法行为处置实务、行政强制执行理论与实务、行政救济理论与实务、智慧行政执法、行政执法安全与防卫、突发事件处置与舆情应对。

实习实训：对接真实职业场景或工作情境，在校内外进行行政许可与备案、行政执法检查、违法行为处置、突发事件处置等实训。在综合行政执法局（队）、城市管理行政执法局（队）、乡镇（街道）综合行政执法队等单位进行岗位实习。

职业类证书举例

暂无

接续专业举例

接续专业硕士学位授予领域举例：法律、公共管理

接续硕士学位二级学科举例：宪法学与行政法学、行政管理

3806 司法技术类

专业代码　380601
专业名称　智慧司法技术与应用
基本修业年限　四年

职业面向

面向司法行政机关的人民警察等职业，智慧监所技术等岗位（群）。

培养目标定位

本专业培养德智体美劳全面发展，掌握扎实的科学文化基础和监所业务、信息技术、信息安全等知识，具备监所信息系统建设规划、信息化管理体系建设与新一代信息技术应用创新等能力，具有强烈的社会责任感、忠诚奉献担当精神、法治意识和信息素养，能够从事智慧监所建设与管理技术保障等工作的高层次技术技能人才。

主要专业能力要求

1. 具有基本的监所执法管理与教育改造能力；
2. 具有良好的监所网络安全和信息化整体规划与设计能力；
3. 具有良好的监所网络规划、建设及运维能力；
4. 具有良好的监所安防系统、信息系统建设、管理及运维能力；
5. 具有良好的监所信息安全保障与应急处理能力；
6. 具有良好的云计算、大数据、物联网、人工智能等新一代信息技术应用能力；
7. 具有良好的运用法治思维和方式解决问题的能力；
8. 具有良好的"智慧司法"研究能力；
9. 具有探究学习、终身学习和可持续发展的能力。

主要专业课程与实习实训

专业基础课程： 习近平法治思想概论、宪法学、法理学、刑法（行政法）原理与实务、司法行政机关人民警察概论、智慧监所导论、程序设计基础、操作系统、网络数据库技术、警察防卫与控制、警戒具与枪械使用。

专业核心课程： 监所执法管理、罪犯（强戒人员）教育矫正、监所智慧警务、监所网络与数据中心建设、监所信息系统项目管理、监所安防智能化系统运维、监所网络安全技术、信息安全管理实务、监所新一代信息技术应用。

实习实训： 对接真实职业场景或工作情境，在校内外进行监所网络与数据中心建设、智慧监狱（智慧戒毒）项目实施、监所网络安全应急演练等实训。在监狱、强制隔离戒毒所等单位进行岗位实习。

职业类证书举例

职业资格证书：计算机技术与软件专业技术资格

职业技能等级证书：网络安全评估、大数据分析与应用

接续专业举例

接续专业硕士学位授予领域举例：电子信息

接续硕士学位二级学科举例：网络空间安全、计算机科学与技术、软件工程

3807 安全防范类

专业代码 380701

专业名称 数字安防技术

基本修业年限 四年

职业面向

面向工程技术与设计服务行业的安全工程技术人员等职业,智能化安防工程技术支持、集成设计等技术领域。

培养目标定位

本专业培养德智体美劳全面发展,掌握扎实的科学文化基础和数字安防基础理论等知识,具备数字安防设备应用、系统规划设计、系统分析及问题处理等能力,具有强烈的社会责任感、忠诚奉献担当精神、法治意识和信息素养,能够从事公共安全领域安防技术支持等工作的高层次技术技能人才。

主要专业能力要求

1. 具有熟练应用数字安防新技术、新产品的能力;
2. 具有处理数字安防软硬件产品技术问题的能力;
3. 具有分析大型数字安防系统的能力;
4. 具有统筹规划和设计城市级安防项目的能力;
5. 具有技术交流和营销推广安防解决方案的能力;
6. 具有支持一线业务重大项目实施管理的能力;
7. 具有掌握数字技术集成和本行业绿色生产、安全防护、质量管理的能力;
8. 具有运用创新思维分析、研究并解决较复杂安防技术问题的能力;
9. 具有探究学习、终身学习和可持续发展的能力。

主要专业课程与实习实训

专业基础课程:习近平法治思想概论、公共安全概论、常见安防系统、Linux 操作系统使用、程序语言设计、计算机网络应用、数据库应用、法学概论。

专业核心课程:数字安防应用技术、数字安防系统运行维护、综合安防系统分析、数字安防系统集成方案设计、安防品牌与技术营销、安防工程项目实施与管理。

实习实训:对接真实职业场景或工作情境,在校内外进行典型安防系统故障分析与处理、大型安防系统设计、安防解决方案剖析、安防项目技术质量管理等实训。在典型数字安防产品供应商、大型安防系统集成商等单位进行岗位实习。

职业类证书举例

职业技能等级证书：综合安防系统建设与运维、安全防范系统建设与运维、智慧安防系统实施与运维

接续专业举例

接续专业硕士学位授予领域举例：电子信息

接续硕士学位二级学科举例：模式识别与智能系统、电子科学与技术、计算机科学与技术、信息与通信工程

专业代码　380702

专业名称　国际安保服务与管理

基本修业年限　四年

职业面向

面向国际安保人员等职业，安保勤务、涉外安全风险评估、数字安防等技术领域。

培养目标定位

本专业培养德智体美劳全面发展，掌握扎实的科学文化基础和安全防范、国际安全保护等知识，具备较强的跨文化沟通交流、涉外安全风险评估和运用现代安防技术等能力，具有强烈社会责任感、忠诚奉献担当精神、法治意识、信息素养和国际视野、国际安保意识，能够从事国际安全保护服务工作的高层次技术技能人才。

主要专业能力要求

1. 具有运用外语（英语或所在地官方语言）跨文化交流的能力；
2. 具有在国际法普遍规则下开展安保业务的能力；
3. 具有守卫、巡逻等安保勤务能力及组织管理的能力；
4. 具有数字安防技术运用的能力；
5. 具有安全风险评估和突发安全事件处置的能力；
6. 具有运用创新思维分析、研究并解决较复杂国际安保服务问题的能力；
7. 具有良好心理调适和团队合作的能力；
8. 具有探究学习、终身学习和可持续发展的能力。

主要专业课程与实习实训

专业基础课程：习近平法治思想概论、国际安保实用英语、国际安保服务业概论、国际法、跨文化沟通、国际政治概论、心理危机干预、法学概论。

专业核心课程：国际安保实务、安全防护实务、防卫与控制、数字安全防范技术应用、现代智能安防运营管理、安全风险评估与预警、应急管理实务。

实习实训：对接真实职业场景或工作情境，在校内外进行安全保卫实务、个人安全防护、安全防范技术应用、安全风险评估与预警、应急处置等实训。在海外安保企业、大型央企、国企的海外安全部门等单位进行岗位实习。

职业类证书举例

职业资格证书：保安员、应急救援员

职业技能等级证书：综合安防系统建设与运维

接续专业举例

接续专业硕士学位授予领域举例：国际商务、警务、公共管理

接续硕士学位二级学科举例：暂无

39　公共管理与服务大类

3901　公共事业类

专业代码　390101
专业名称　社会工作
基本修业年限　四年

职业面向

面向社会工作者、社会组织专业人员、社区工作者等职业，社会工作服务、社会工作行政管理等岗位（群）。

培养目标定位

本专业培养德智体美劳全面发展，掌握扎实的科学文化基础和社会工作专业价值与伦理、社会调查与需求评估、社会工作专业方法、服务项目策划与管理、志愿者管理等知识，具备专业关系建立、整合应用社会工作方法、服务项目策划实施和评估、伦理困境辨识及应对等能力，具有工匠精神和信息素养，能够从事服务策划实施与评估、服务规划与管理、项目开发与管理、政策执行与倡导、志愿者招募与管理等工作的高层次技术技能人才。

主要专业能力要求

1. 具有持守社会工作专业价值观与伦理守则，并辨识伦理困境的能力；
2. 具有建立专业关系的能力；
3. 具有开展社会调查，了解、分析和评估服务对象问题与需求的能力；
4. 具有分析运用社会政策、整合使用社会工作方法，开展社会工作专业服务的能力；
5. 具有策划、实施和评估社会服务项目的能力；
6. 具有与志愿者联动，服务与管理志愿者的能力；
7. 具有适应数字化升级改造，持续融合改进服务质量、提升服务绩效的能力；
8. 具有跨界思维、创新思维、创业意识，掌握跨行业、跨学科、跨领域知识迁移的方法与技巧；
9. 具有探究学习、终身学习和可持续发展的能力。

主要专业课程与实习实训

　　专业基础课程：社会工作导论、社会学与生活、心理学与生活、社会工作理论、人类行为与社会环境、社会调查方法、社会工作法规与政策。

　　专业核心课程：个案工作、小组工作、社区工作、社会工作行政、社会工作评估、整合社会工作、社会服务项目策划与管理、社会工作与人工智能。

　　实习实训：对接真实职业场景或工作情境，在校内外进行个案工作、小组工作、社区工作、整合社会工作服务、社会服务项目策划与实施等实训。在社会工作服务组织、街道（乡镇）、社区（村）、社会服务类企事业单位进行岗位实习。

职业类证书举例

　　职业资格证书：社会工作者职业资格

　　职业技能等级证书：社区治理、失智老年人照护、社会心理服务、生涯规划指导、家务管理

接续专业举例

　　接续专业硕士学位授予领域举例：社会工作、公共管理
　　接续硕士学位二级学科举例：社会学

专业代码　390102
专业名称　党务工作
基本修业年限　四年

职业面向

　　面向党的基层组织党务工作者等职业，组织工作、宣传工作、纪检工作、党群工作等岗位（群）。

培养目标定位

　　本专业培养德智体美劳全面发展，掌握扎实的科学文化基础和党建理论、党务业务等知识，具备组织管理、宣传教育、沟通协调、群众工作、公文写作、调查研究等能力，具有良好的党性修养和信息素养，能够从事发展、教育、管理和服务党员等工作，对党的路线、方针、政策和决议进行宣传，监督、执纪和问责，组织、团结和服务群众等工作的高层次技术技能人才。

主要专业能力要求

1. 具有组织学习和宣传党的基本理论和路线、方针、政策、决议，开展互联网宣传和群众性精神文明创建的能力；

2. 具有开展多种形式调研和分析、研判、引导舆情的能力；

3. 具有发展党员，教育、管理和服务党员的能力；

4. 具有分析研判信访举报问题，对失职失责行为依法开展问责调查和对党员的控告、申诉进行检查和处理、复议复查的能力；

5. 具有组织、宣传、凝聚、服务、教育引导群众和了解社情民意、维护群众正当权益的能力；

6. 具有常用公文写作、档案管理、社会调查等方面的能力；

7. 具有人际交往、沟通协调和谈心谈话的能力；

8. 具有利用人工智能、大数据等现代信息技术，处理党务工作的能力；

9. 具有探究学习、终身学习和可持续发展的能力。

主要专业课程与实习实训

专业基础课程： 马克思主义哲学原理、中共党史、政治学原理、行政管理学、实用法律基础、形式逻辑、社会心理学、思想政治教育学原理、社会工作、社会调查研究与方法、办公自动化。

专业核心课程： 党的学说与党的建设、当代中国政治制度、党内法规学、公共行政管理、组织工作、宣传工作、党群工作、纪检工作、公文写作、档案管理。

实习实训： 对接真实职业场景或工作情境，在校内外进行发展党员、教育和管理党员、新闻报道、公文写作、开展群团活动等实训。在党政机关、事业单位、国有企业、非公有制企业和群众团体、社会团体和其他成员组织等单位进行岗位实习。

职业类证书举例

暂无

接续专业举例

接续专业硕士学位授予领域举例： 社会工作、公共管理

接续硕士学位二级学科举例： 中共党史、马克思主义中国化研究、思想政治教育、行政管理

专业代码 390103

专业名称 智慧社区管理

基本修业年限 四年

职业面向

面向社区工作者和城市管理网格员等职业，社会政策咨询与倡导、公共事务办理与跟进、社区服务活动指导与设计、社区社会组织管理与发展等技术领域。

培养目标定位

本专业培养德智体美劳全面发展，掌握扎实的科学文化基础和社区法规政策、政务管理、项目开发管理、网格管理、信息化应用等知识，具备宣传倡导、政务代理、整合资源、创新服务等能力，具有工匠精神和信息素养，能够从事政策咨询与倡导、公共事务办理与跟进、社区服务活动指导与设计、社区社会组织管理与发展等工作的高层次技术技能人才。

主要专业能力要求

1. 具有贯彻执行、宣传落实法规政策，开展政策普及、动员和倡导等工作的能力；

2. 具有办理与协调公共事务、公益事业，有针对性提供政务代理、上门服务、线上服务等工作的能力；

3. 具有整合社区资源、对接居民需求，开展和创新社区服务项目的能力；

4. 具有组织和实施居民自治活动，培育发展社区社会组织，引导群团组织和社会组织参与基层治理的能力；

5. 具有使用智能设备采集、编辑、处理图像视频和上报责任网格所有信息的数字技术能力；

6. 具有调处矛盾纠纷、处理网格事务和高效开展工作的能力；

7. 具有探究学习、终身学习和可持续发展的能力。

主要专业课程与实习实训

专业基础课程：社区公共事业管理、城市社会学、社区管理、社会政策与法规、社区发展与社会工作、行政公文写作、社区活动策划与实施、社区信息化基础。

专业核心课程：社区公共事务管理、公共关系与沟通、社区资源与需求评估、社区服务项目设计、社区社会组织管理与发展、社区营造与规划、社区信息化应用、基层治理与大数据分析。

实习实训：对接真实职业场景或工作情境，在校内外进行政策宣传倡导、政务和网格管理系统操作、社区服务项目设计、社区大数据分析、社区信息化应用等实训。在社区公共服务中心、乡镇（街道）政务服务中心、社会组织等单位进行岗位实习。

职业类证书举例

职业技能等级证书：社区治理

接续专业举例

接续专业硕士学位授予领域举例：公共管理
接续硕士学位二级学科举例：公共管理

3902　公共管理类

专业代码　390201
专业名称　民政管理
基本修业年限　四年

职业面向

面向行政办事员、社区工作者、社团会员管理员、劝募员等职业，民政行政管理、社会事务管理、彩票发行与销售管理等岗位（群）。

培养目标定位

本专业培养德智体美劳全面发展，掌握扎实的科学文化基础和民政管理政策法规与标准、民政文化与民政史、民政与社会事务管理、社会福利与社会救助管理、彩票发行与销售管理等知识，具备民政与社会管理、社会福利与社会救助管理、社会事务与社会组织管理、彩票发行与销售管理、民政大数据与智慧管理、民政文化传播等能力，具有为人民服务的精神和信息素养，能够从事民政和社会事务管理、彩票发行与销售管理等工作的高层次技术技能人才。

主要专业能力要求

1. 具有行政公文写作、民政公共行政管理、民政管理政策法规与标准等方面理论知识，以及从事民政工作的专业执法能力；

2. 具有民政文化传播、民政电子政务及民政大数据和智慧管理能力；

3. 具有运用社会政策进行社会管理的理论功底和实践能力；

4. 具有基层政权与社区治理的理论功底和实践能力；

5. 具有行政区划与地名管理、社会福利机构管理、婚姻登记服务与管理、殡葬管理等技术技能，以及社会事务管理能力和实践能力；

6. 具有社会团体、社会组织机构和基金会管理知识，以及社会组织管理的理论功底和实践能力；

7. 具有社会工作方法知识与技能，以及一定的社会工作实务能力；

8. 具有彩票发行与销售管理和实践的能力；

9. 具有批判性思维、创新思维、创业意识，较强的分析问题和解决问题的能力，具有研究和创新发展的能力；

10. 具有探究学习、终身学习和可持续发展的能力。

主要专业课程与实习实训

　　专业基础课程： 社会学、社会心理学、公共事业管理、民政公共行政管理、民政政策法规与标准、民政文化与新媒体传播、民政工作发展史、民政电子政务管理、大数据与民政调查方法、行政公文写作与秘书实务。

　　专业核心课程： 社会救助、社会福利政策、社会保障、行政区划与地名管理、基层政权建设与社区治理、婚姻登记服务与管理、殡葬管理、社会组织管理、彩票发行与销售管理、社会福利机构管理、社会工作实务、民政大数据与智慧管理。

　　实习实训： 对接真实职业场景或工作情境，在校内外进行民政业务综合、社会保障与社会救助、社区服务与管理、民政大数据与智慧管理、民政电子政务、彩票发行与销售管理、社会工作等实训。在各级民政机构、乡镇街道、村（居）委会、社区服务中心、彩票发行与销售中心等单位进行岗位实习。

职业类证书举例

　　职业技能等级证书： 社区治理、老年照护

接续专业举例

　　接续专业硕士学位授予领域举例： 公共管理、社会工作
　　接续硕士学位二级学科举例： 社会学

专业代码　390202
专业名称　人力资源管理
基本修业年限　四年

职业面向

　　面向人力资源管理专业人员、人力资源服务专业人员等职业，人力资源管理与服务、职业信息分析与职业指导、数字化人力资源管理等岗位（群）。

培养目标定位

　　本专业培养德智体美劳全面发展，掌握扎实的科学文化基础知识和人力资源管理、人力资源与社会保障服务、职业信息分析与应用及数字化管理等知识，具备规划人力资源发展方向与重点，优化组织内部人力资源结构与供给，提供人力资源与社会保障事务代理服务及利用大数据辅助管理和决策等能力，具有工匠精神和信息素养，能够从事人力资源管理与服务、职业信息分析与培训指导、人力资源大数据管理与应用等工作的高

层次技术技能人才。

主要专业能力要求

1. 具有人力资源规划设计、招聘配置、培训开发、绩效考核、薪酬福利等管理能力；
2. 具有人力资源招聘、职业指导、人才测评、人力资源管理咨询等服务的能力；
3. 具有人力资源和社会保障信息采集整理、分析应用及决策咨询服务的能力；
4. 具有签订劳动合同、办理社会保险事务及处理劳动争议的能力；
5. 具有发现、疏导、初步化解员工职业心理压力的能力；
6. 具有数字化管理平台与软件的使用、大数据决策分析等数字化管理的能力；
7. 具有商务沟通、组织协调、团队协作、语言表达及文案撰写等能力；
8. 具有熟练运用外语进行日常工作交流、熟练阅读本专业文献资料和较强的外语写作工作文书的能力；
9. 具有探究学习、终身学习和持续发展的能力。

主要专业课程与实习实训

专业基础课程： 管理学理论与实务、经济学理论与实务、组织理论与组织行为、统计基础、会计基础与实务、人力资源管理理论与实务、劳动法理论与实务、大数据管理与应用。

专业核心课程： 绩效与薪酬管理、工作分析与组织设计、人才测评与招聘管理、员工关系管理、人力资源培训与开发、人力资源服务、数字化人力资源管理、人力资源大数据分析与管理。

实习实训： 对接真实职业场景或工作情境，在校内外进行人力资源管理综合业务、人力资源大数据分析应用、数字化人力资源管理实务等实训。在校企合作实习实训基地、用人单位及其他企事业组织等单位进行岗位实习。

职业类证书举例

职业技能等级证书： 人力资源数字化管理、人力资源共享服务、薪酬管理

接续专业举例

接续专业硕士学位授予领域举例： 工商管理、公共管理
接续硕士学位二级学科举例： 企业管理、公共管理

专业代码　390203
专业名称　行政管理
基本修业年限　四年

职业面向

面向公共管理和社会组织中行政业务办理人员、行政事务处理人员、基层群众自治组织负责人等职业，行政办事员、社区事务员、秘书、村（居）委会负责人等岗位（群）。

培养目标定位

本专业培养德智体美劳全面发展，掌握扎实的科学文化基础和系统的行政管理及一般管理等知识，具备组织策划、沟通协调、文字表达、公关谈判、危机应对、信息处理及管理创新等能力，具有工匠精神和信息素养，能够从事行政事务管理、现代办公管理、数字政务、人力资源管理、社区管理等工作的高层次技术技能人才。

主要专业能力要求

1. 具有专业相关的政策解读与分析能力；
2. 具有组织策划与协调能力；
3. 具有团队合作与沟通能力；
4. 具有文书写作与处理能力；
5. 具有公关策划与谈判能力；
6. 具有危机预警与控制能力；
7. 具有行政事务相关的信息技术、数字技术等应用能力；
8. 具有探究学习、终身学习和可持续发展的能力。

主要专业课程与实习实训

专业基础课程：管理学基础、公共管理基础、人力资源管理实务、个人与团队管理、管理心理学基础、社区治理实务、公共关系实务、企业行政管理实务。

专业核心课程：公共政策分析、行政法理论与实务、管理沟通、办公室管理、应用文写作、公共危机预警与处理实务、社会调查方法、大数据与电子政务、行政管理案例分析。

实习实训：对接真实职业场景或工作情境，在校内外进行办公室管理、文书写作、公关策划、社会调查、危机预警等实训。在党政机关、企事业单位、社会组织、村（居）委会等单位进行岗位实习。

职业类证书举例

职业技能等级证书：社区治理、人力资源共享服务

接续专业举例

接续专业硕士学位授予领域举例：公共管理

接续硕士学位二级学科举例：公共管理

专业代码　390204

专业名称　外事实务

基本修业年限　四年

职业面向

　　面向行政办事员、秘书、国际商务专业人员和翻译人员等职业，涉外服务与管理管理岗位（群）。

培养目标定位

　　本专业培养德智体美劳全面发展，掌握扎实的科学文化基础和外语语言基础、涉外政策法规、国际政治与经济、领事保护等知识，具备外语综合应用、涉外沟通与交流、涉外活动组织、应急处理、行政管理等能力，具有精益求精的职业精神和信息素养，能够从事国际事务管理、涉外文秘、国际商务、外事翻译等工作的高层次技术技能人才。

主要专业能力要求

　　1.　具有较高水平的外语听、说、读、写、译综合运用能力，具备较强的文字表达能力和语言沟通能力；

　　2.　具有较好的外事活动现场口译能力，具备外事文书和资料的笔译能力；

　　3.　具有较强的涉外事务分析与处理能力、涉外谈判与公关能力、外事接待与宣传能力；

　　4.　具有较强的外事公文写作能力，具备策划、组织和管理各种涉外项目与活动的能力；

　　5.　具有一定的国际政治形势、国际关系判断与分析能力，具备各种常见涉外工作风险防范和处理的能力；

　　6.　具有良好的跨文化交际能力，具备妥善应对文化差异或冲突的能力；

　　7.　具有较强的现代信息技术应用能力，具备在数字化信息平台上用外语进行国际市场调研、产品推广及海外客户开发与维护的能力；

　　8.　具有探究学习、终身学习和可持续发展的能力。

主要专业课程与实习实训

　　专业基础课程：初级外语视听说、综合外语、基础口笔译、涉外文秘、行政管理实务、国际公法、国际政治经济学、中外文化比较等。

专业核心课程：高级外语视听说、笔译技巧与实践、口译技巧与实践、外事公文写作与处理、外事实务、国际谈判、国际关系等。

实习实训：对接真实职业场景或工作情境，在校内外进行外语综合能力实训、涉外文秘实务、模拟外事接待、外事翻译、国际谈判等实训。在涉外机构、涉外组织、企业涉外部门、外贸公司等单位（场所）进行岗位实习。

职业类证书举例

暂无

接续专业举例

接续专业硕士学位授予领域举例：翻译、公共管理

接续硕士学位二级学科举例：外交学、管理学

3903 公共服务类

专业代码　390301
专业名称　现代家政管理
基本修业年限　四年

职业面向

面向家政服务员等职业，家政企业运营与管理、家政服务培训、高端家政服务及研发等技术领域。

培养目标定位

本专业培养德智体美劳全面发展，掌握扎实的科学文化基础和家政市场分析、企业管理、人员培训、高端家政服务等知识，具备家政服务市场调研、企业运营与管理、人员培训、高端家政服务与设计等能力，能够从事家政企业运营与管理、家政人员培训、高端家政服务技术及研发等工作的高层次技术技能人才。

主要专业能力要求

1. 具有家政服务行业发展趋势分析能力；
2. 具有家庭服务需求判断和家政服务设计能力；
3. 具有现代家政管理事务、家政企业运营与管理等能力；
4. 具有现代家政企业运营策划、销售、客服与管理能力，能够制定现代家政企业的宣传策略，具有家政客户市场开发维护能力；
5. 具有家政服务人员组织和协调管理能力，能制定培训计划，开展家政技能、业务推广、客户维护等技能培训；
6. 具有家庭营养及配餐、家庭成员照护、家庭服务心理及高端家政服务等技能；
7. 具有家政服务综合分析、创新、研发能力，并具有家政信息技术、数字技术应用能力；
8. 具有探究学习、终身学习和可持续发展的能力。

主要专业课程与实习实训

专业基础课程：家政学通论、人体结构与功能、家庭社会学、管理学基础、家庭营养基础、家政服务营销、家政服务心理、家政人际沟通与礼仪。

专业核心课程：家政企业运营与管理、家居环境美化、现代营养与配餐、家庭成员照护技术、家政培训理论与指导、家政电子商务、家政新媒体运营、智能家居。

实习实训：对接真实职业场景或工作情境，在校内外进行家政市场调研分析、家政运营与管理、家政人员培训、家政服务项目设计、老年照护、母婴护理照护、婴幼儿照护等实训。在各类家政企业（门店）、家政服务机构及家政服务协会与管理组织等单位进行岗位实习。

职业类证书举例

职业技能等级证书：幼儿照护、母婴护理、老年照护

接续专业举例

接续专业硕士学位授予领域举例：社会工作

接续硕士学位二级学科举例：社会学

专业代码　390302
专业名称　智慧健康养老管理
基本修业年限　四年

职业面向

面向养老护理员、健康照护师、老年能力评估师等职业，老年评估、养老项目管理、医养个案管理、服务设施管理、适老化环境规划等岗位（群）。

培养目标定位

本专业培养德智体美劳全面发展，掌握扎实的科学文化基础和智慧健康养老管理等知识，具备养老服务综合评估、老年人建筑和环境智慧化设计与改造、养老项目筹建规划、养老服务设施智慧化管理、养老服务培训与能力建设等能力，具有工匠精神和信息素养，能够从事养老评估、智慧适老环境规划、养老服务设施管理、智能服务设施及产品研发、养老培训等工作的高层次技术技能人才。

主要专业能力要求

1. 具有利用智能设施设备对老年人群进行综合评估及对评估数据进行评估管理和应用的能力；

2. 具有对居家、社区、机构等场所老年人建筑和环境进行适老化、智能化规划设计的能力；

3. 具有依据政策法规对养老机构或设施进行选址、论证、筹备、建设的能力；

4. 具有对养老机构、社区居家机构一体化综合养老、社区嵌入式养老机构与设施、

居家养老进行智能化管理、质量管理的能力；

5. 具有运用数字技术规划养老产品性能、结构，进行智能化产品改进、优化的能力；

6. 具有运用个案管理知识和工作方法为服务对象提供定制化服务的能力；

7. 具有针对现代养老服务需求规划、组织、管理培训服务的能力；

8. 具有研究创新照护技术、改进照护流程、优化管理模式，解决智慧健康养老较复杂问题的能力；

9. 具有探究学习、终身学习和可持续发展的能力。

主要专业课程与实习实训

专业基础课程：智慧康养管理导论、老年健康基础、社会调查与研究方法、养老政策法规与标准、管理学基础、智慧康养基本技术、大数据应用技术、智慧康养管理统计。

专业核心课程：养老服务综合评估、适老化智慧环境规划与改造、智慧康养设施规划与筹建、健康养老大数据分析与管理、养老照护管理实务、现代养老机构运营管理、社区居家养老管理、医养个案管理实务、健康养老产品规划设计、养老培训实务和人力资源建设。

实习实训：对接真实职业场景或工作情境，在校内外进行老年评估、老年人建筑和环境适老化设计与改造、养老项目规划设计、养老设施运营管理、社区居家养老管理等实训。在养老院、老年公寓、老年人日间照料中心、养老培训机构、老年产业研究设计机构等单位进行岗位实习。

职业类证书举例

职业技能等级证书：老年照护、医养个案管理、老年护理服务需求评估

接续专业举例

接续专业硕士学位授予领域举例：公共管理
接续硕士学位二级学科举例：公共管理

读者意见反馈

为收集对教材的意见建议，进一步完善教材编写并做好服务工作，读者可将对本教材的意见建议通过如下渠道反馈至我社。

咨询电话　400-810-0598

反馈邮箱　gjdzfwb@pub.hep.cn

通信地址　北京市朝阳区惠新东街 4 号富盛大厦 1 座

　　　　　高等教育出版社总编辑办公室

邮政编码　100029